Esoterik

Joan Wester Anderson hat neben vielen Beiträgen für große Magazine wie *Readers Digest* bereits mehrere Bücher über esoterische Themen geschrieben. Sie hat fünf erwachsene Kinder und lebt mit ihrem Mann in einem Vorort von Chicago.

Dieses Buch wurde auf chlor- und säurefreiem Papier gedruckt.

Deutsche Erstausgabe März 1998

Titel der Originalausgabe »Where Wonders Prevail«

Originalverlag Ballantine Books, New York
Umschlaggestaltung Peter F. Strauss
DTP-Satz und Herstellung Barbara Rabus
Druck und Bindung Ebner Ulm
Printed in Germany
ISBN 3-426-86167-4

2 4 5 3 1

JOAN WESTER ANDERSON

Wenn Wunder geschehen

Wahre Berichte über Hilfe aus einer anderen Dimension

Aus dem Amerikanischen von
Hans-Joachim Grimm

Knaur

Meinem Gatten in Dankbarkeit
für Ermutigung, Trost und Unterstützung
auf meinem Weg als Schriftstellerin.

Denn ich tauchte in die Zukunft ein,
so weit das menschliche Auge sehen kann,
hatte eine Vision von der Welt
und allen künftigen Wundern.

ALFRED LORD TENNYSON
Locksley Hall

Inhalt

Danksagungen 9
Prolog 11
Einleitung 17

Aus Liebe zu Logan 29
Ein Wunder in Mobile 39
Unsichtbare Beschützer 43
Die Überraschungszeugin 47
Der Bote aus Cork 52
Vom Wissen der Kinder 60
Gott weiß, wo wir sind 68
Die Träumemacherin 73
Erins Weihnachtsvision 78
Bilder aus dem Himmel 86
Nichts ist zu klein 96
Liebe Grüße von oben 99
Das Versprechen auf der ersten Seite 106
Der stille Beifahrer 113
Die außer Kraft gesetzte Ordnung 117
Eine Vision der Hoffnung 128
Rettung in Nashville 132

Ein unerkannter Engel 142
Es gibt genug für alle 145
Der Mann in den Flammen 158
Marias Mantel 163
Der Fremde auf der Fotografie 170
Heilung aus dem Himmel 176
In Liebe von Mutter 185
Göttliche Leibwächter 191
Der große Dinge tut 197
Eine wunderbare Botschaft 202
Janets Vision 208
Ein Engel im Meer 216
Liebe im Licht 220
Hundewache 225
Immer ein Vater 229
Wenn wir bitten 233
Der Wundermann 245
Die dem Herrn dienen 251
Das Wunder mit der Quelle 257
Endlich zusammen 261
Beschützer im Dschungel 266
Wunder am Himmel 272

Nachwort 281
Anmerkungen 283
Bibliographie und Quellenangaben 285
Nachwort der Verfasserin 287

Danksagungen

Zum Entstehen eines Buches tragen viele Menschen bei. Ich möchte mich bei denen bedanken, die sich die Zeit genommen haben, mir wertvolle Hinweise auf – im wahrsten Sinne des Wortes – »wundervolle« Geschichten zu geben. Zu ihnen gehören Mary Lou Douglas aus Pinson, Alabama; Louise Eldridge aus Bangor, Maine; Louise Bergstrom aus Dunedin, Florida; Mary Spence Tryba aus Riverside, Illinois; Larry Wilhelm von der Full Gospel Businessmen's Association in Dayton, Ohio; Lynn Grissard Fuller aus Birmingham, Alabama, Verfasser der *Alabama Miracles;* Bill Anderson und die Nachrichtenabteilung des WTVF-Fernsehens in Nashville, Tennessee; und Norman Laster, Moderator der Sendung »Dialogue« beim Sender WFDU in Fairlawn, New Jersey.

George Gallup III vom Princeton Religion Research Center in Princeton, New Jersey, danke ich für technische und fachliche Hilfe; ebenso danke ich dem Kinderarzt Dr. William P. Kuhn, Alington Heights, Illinois; Mark Seiderman vom National Climatic Data Center, Asheville, North Carolina; Peter J. Kreeft, Professor für Philosophie am Boston College, Boston, Massachusetts; Mutter Angelica vom Eternal Word Television Network, Birmingham, Alabama; und Barry L. Paschal, Leitartikler und früher Reporter bei *The Augusta Chronicle*, Augusta in Georgia. Das Personal des

Guideposts Magazine, The Christian Broadcasting Network, die Asher Library am Spertus College of Judaica, die Utah Power and Light Company sowie die Centers for Disease Control waren mir auch behilflich. Ebenso meine Schriftstellerkollegen Chuck Schiappacasse und John Ronner, die wie immer bereitwillig Ergebnisse aus ihrer Forschungsarbeit zur Verfügung stellten.
Bedanken möchte ich mich auch bei Dick Staub vom Salem Radio Network und bei Catherine Johns vom WLS Radio in Chicago; sie waren die ersten Medienvertreter, die mich 1992 aufgenommen haben und mich seither immer engagiert unterstützen.
Wohl ganz besonders zu danken habe ich meinen Lesern, die bei Talkshows in Rundfunk und Fernsehen anrufen, zu meinen Lesungen und Vorträgen kommen, meine Bücher im Unterricht und in der Missionsarbeit verwenden, aufmunternde Briefe schreiben und mich auf vielerlei freundliche Art und Weise ermutigen, diesen Geschichten weiter nachzugehen und auch anderen davon zu erzählen. Mögen unsere Augen immer offen sein für die Wunder, die Er schickt.

Prolog

Glaube beginnt wie gute Dichtung mit einem Kloß im Halse. ROBERT FROST

Es war an einem Herbstmorgen des Jahres 1971, kurz nachdem wir in unser erstes Haus gezogen waren. Die Kinder packten im Obergeschoß ihre Sachen aus, und ich schaute aus dem Fenster und beobachtete, wie mein Vater in etwas sonderbarer Weise auf dem Rasen vor dem Hause herumhantierte. Meine Eltern wohnten in der Nähe, und Papa hatte uns schon mehrere Male besucht. »Was machst du denn da draußen?« rief ich ihm zu.

Er schaute lächelnd auf. »Eine Überraschung für dich.«

Was für eine Überraschung? wunderte ich mich. Da ich meinen Vater als kreativen und idealistisch eingestellten Menschen kannte, konnte ich mich auf alles mögliche gefaßt machen. Aber mehr sagte er nicht, und da ich ganz in der Hektik unseres neuen Lebens aufging, vergaß ich es schließlich.

Bis ich Ende März wieder einmal kurz einen Blick aus dem Fenster warf. Draußen war es kalt und düster, der Himmel bewölkt, und schmutziger Schnee lag noch immer in kleinen Häufchen auf dem Rasen, während unsere Garderobe mit Stiefeln und nassen Handschuhen vollgestopft war. Ich habe den Winter stets gehaßt. Würde er denn *nie* zu Ende gehen?

Und dennoch … sah ich recht? Ich schaute noch einmal genauer hin, denn ich glaubte, etwas Rosafarbenes wie ein Wunder aus einem Schneehaufen hervorlugen zu sehen. Und war da nicht auch ein blauer Tupfer auf der anderen Hofseite, ein kleines optimistisch stimmendes Zeichen auf dieser ganzen düsteren Fläche? Ich griff nach meinem Mantel und lief hinaus, um mir das aus der Nähe anzusehen.
Da standen Krokusse, allerdings nicht wie in einem richtigen Garten in Reih und Glied an der Hauswand entlang (wo ich sie vom Fenster aus nie gesehen hätte), sondern überall vor dem Haus neckisch auf dem Rasen verstreut. Lavendelköpfchen – blaue, gelbe und rosafarbene, die ich am liebsten mag – wiegten sich im eisigen Wind und sprachen von einer Hoffnung, die ich schon fast verloren hatte. »Siehst du«, schienen sie zu sagen, »den langen düsteren Winter hast du überstanden, und wenn du noch ein Weilchen wartest, wird das Leben wieder schön.«
Mein Vater. Ich lächelte. Mir kamen die Knollen in den Sinn, die er letzten Herbst insgeheim gepflanzt hatte. Was hätte noch besser so zur rechten Zeit kommen können, wo ich es so dringend brauchte? Wie ich mich glücklich schätzte! Nicht nur wegen der Blumen, sondern auch, weil ich meinen Vater hatte.
In den nächsten vier oder fünf Jahren blühten seine Krokusse jedes Frühjahr und brachten immer wieder neue Zuversicht: *Die schweren Zeiten sind fast vorbei, das Licht kommt wieder, halte aus, halte aus* … Danach aber schienen die Knollen nichts mehr hergeben zu können. In dem einen Frühjahr blühten nur noch halb so viele Krokusse, im nächsten dann, 1979 war es wohl, überhaupt keine mehr. Ich

vermißte sie, hatte aber immer andere Dinge im Kopf, und ein richtiger Gärtner bin ich ja auch nie gewesen. Ich werde Papa bitten, einmal vorbeizukommen und mir neue zu pflanzen, dachte ich. Tat's aber nicht.

Ganz unerwartet starb mein Vater. An einem sehr schönen Oktobertag 1985. Wir trauerten sehr lange, aber ohne Gewissensbisse. Nichts war unerledigt geblieben, nichts zu bedauern, und es gab keine Schuldgefühle. Wir waren immer eine gläubige Familie gewesen, und darauf stützten wir uns nun. Natürlich war Papa im Himmel. Wo sollte so ein lieber Mensch denn sonst hinkommen? Er war noch ein Teil von uns. Wahrscheinlich konnte er jetzt, da er Gott näher war, sogar noch mehr für seine Familie tun.

Wenn ich dann im stillen dunklen Kämmerlein so meine Überlegungen anstellte, wenn ich mir Beigebrachtes anzweifelte, weil der Glaube auf einmal mehr Tapferkeit zu fordern schien, als ich aufbringen konnte, wenn ich leise die vor langer Zeit gesagten Worte jenes römischen Zenturios nachsprach: »Ich glaube aber *doch!* Heile mich von meiner Ungläubigkeit!«, erfuhr niemand etwas davon. Wir litten. Fanden uns mit unserem Schmerz ab. Lachten und weinten gemeinsam. Das Leben nahm seinen Lauf.

Es vergingen weitere vier Jahre. An einem tristen Frühjahrstag 1989 fand ich, daß ich eigentlich nur Botengänge erledigte, und war deprimiert. *Die üblichen Winterdepressionen*, sagte ich mir. *Die bekommst du jedes Jahr. Ist ganz natürlich.* Vielleicht. Aber da war noch etwas. Ich mußte wieder an meinen Vater denken. Eigentlich nichts Ungewöhnliches, denn wir sprachen oft über ihn, kramten freudig in Erinnerungen. Aber jetzt im Wagen kam meine alte Besorgnis wieder hoch. Wie ging es ihm? Und obwohl ich es haßte zu fragen, wo er war, da ich es doch wußte, sagte ich zu Gott in den für mich üblichen Phrasen: *»Könntest Du mir denn nicht ein Zeichen schicken, ein ganz kleines nur, daß Vater zu Hause bei Dir ist?«*

Gleich darauf bekam ich Schuldgefühle. Gott war sehr gut zu mir gewesen, und eigentlich hatte Er ein Anrecht darauf, etwas von mir zu erwarten. Ich hatte Ihm vor langer Zeit mein Herz geschenkt und müßte eigentlich mit dieser endlosen Fragerei aufhören. Aber manchmal ist es so schwer zu glauben, dachte ich, als ich in die Zufahrt zu unserem Hause einbog.

Ich fuhr auf einmal langsamer, brachte den Wagen zum Stehen und starrte auf den Rasen. Kleine graue Häufchen schmelzenden Schnees. Schmutziges Gras. Und dazwischen – unerschrocken im Winde hin- und herschwankend – ein rosafarbener Krokus.

Halte durch, mach weiter, bald kommt das Licht ... Ich wußte, daß eine über achtzehn Jahre alte Knolle, die mehr als zehn Jahre nicht geblüht hat, keine Blüte mehr hervorbringt. Aber da stand ein Krokus, wie eine Umarmung des Himmels, und mir kamen die Tränen, als mir klar wurde, was er bedeutete. Gott hatte mich erhört. Und Er liebte mich so sehr, daß Er mir die dringend benötigte Zuversicht auf eine zärtlich-persönliche Weise geschickt hatte. Damit kein Zweifel blieb.

Mehr noch – blitzartig wußte ich, daß dies nur ein Vorgeschmack war. Kein Auge sieht und kein Verstand begreift die Wunder, die Gott für Seine Kinder bereithält und ihnen beschert. Nicht nur in der Ewigkeit, sondern hier im

Alltag. Wir brauchen nur zu lauschen, zu schauen und uns mit all unserer Kraft an Ihn zu halten, um Teil von allem zu sein.
Der rosafarbene Krokus blühte nur einen Tag lang. Am 4. April. Zu Vaters Geburtstag.
Aber er bestärkte mich in meinem Glauben für ein ganzes Leben.

Einleitung

Und nach diesem will ich meinen Geist ausgießen über alles Fleisch, und eure Söhne und Töchter sollen weissagen, eure Alten sollen Träume haben, und eure Jünglinge sollen Gesichte sehen. Auch will ich zur selben Zeit über Knechte und Mägde meinen Geist ausgießen. Und ich will Wunderzeichen geben am Himmel und auf Erden ... Und es soll geschehen: wer des HERRN *Namen anrufen wird, der soll errettet werden.*

JOEL 3,1–5

Zeichen und Wunder – manchmal hautnah wie Blumen, dann wieder erhaben und gewaltig, aber stets äußerer Beweis unsichtbarer Wirklichkeit: Gott ist nahe. Obwohl der Glaube niemals von solchen Dingen *abhängen* sollte, sind wir ja doch sowohl spirituelle als auch körperliche Wesen und brauchen dann und wann einen Wink Gottes, um an unser Ewigsein erinnert zu werden. Viele Menschen glauben, daß heutzutage öfter Zeichen und Wunder geschehen. Sie spüren ein unaufdringliches Wirken göttlichen Daseins und Tuns, vielleicht die Anfänge einer spirituellen Renaissance, die nicht nur Seher, sondern auch andere erfahren. Das Princeton Religion Research Center schrieb im Juni 1992 in einem Bericht: »Sieben von zehn Amerikanern sagen, ihr Glaube hätte sich stark verändert, und genauso viele geben an, daß es dazu durch eifriges Nachdenken und Diskutieren bzw. aufgrund einer starken emotionalen Erfahrung kam.«

Natürlich verlaufen solche Dinge zyklisch. In der Geschichte des Christentums ließen beispielsweise charismatische Gaben wie Weissagungen, Visionen und Zungensprechen nach den ersten Jahrhunderten wieder nach, und es entstand dann eine etablierte Kirchengemeinde. Die Menschheit kam allmählich von einem dauernden Gottesbewußtsein zu einer wissenschaftlicheren Betrachtungsweise, die im 18. Jahrhundert mit dem Zeitalter der Vernunft ihren Höhepunkt fand. »Das Übernatürliche wurde Folklore, verbannt auf den Kehrichthaufen des Aberglaubens und der Lächerlichkeit preisgegeben«, erklärt Michael Brown, Verfasser von *The Trumpet of Gabriel.* »Wer benötigte schon noch Gottes Licht? Wenn der Mensch jetzt Licht brauchte, ging er zum Schalter und schaltete es ein.«
In letzter Zeit gibt es allerdings Anzeichen dafür, daß die »Gotteslücke« in uns (die nach den Worten des Philosophen Blaise Pascal nur Gott ausfüllen kann) nicht mehr zu ignorieren ist. Die Gesellschaft mit ihrer wachsenden Kriminalität und Armut, ihrem Verfall der moralischen Werte, ihren gefährdeten Familien, ihrer Promiskuität, ihrer Rassentrennung und ihrer um sich greifenden Hoffnungslosigkeit scheint außer Kontrolle geraten zu sein und einen kritischen Punkt erreicht zu haben.
Nach Meinung vieler sollte nun eine Umbewertung einsetzen. Was fehlt uns? Schickt ein besorgter himmlischer Vater wirklich besondere Signale und Aufrufe, um Unwissenden und Skeptikern zu zeigen, daß sich unsere Prioritäten verschoben haben, daß es notwendig ist, »*erst* das Reich Gottes zu suchen?« In einem Nahtoderlebnis beschreibt Roberts Liardon diese Ansicht auf sehr besondere Art und Weise:

»Man hat mir gesagt, Gott würde [demnächst] seinen Geist über *jeden* ausgießen; wir alle würden auf irgendeine Weise mit Seiner Macht in Berührung kommen. Die Menschen würden dann vor die Wahl gestellt werden, was und ob sie glauben. Wie eine große Welle würde sich Seine Macht bei Jugendlichen beiderlei Geschlechts manifestieren. Visionen würden sie haben, übernatürliche Träume und prophetische Sichten.«[1]

Das scheint zu geschehen. »Wir leben in einer außergewöhnlichen Zeit«, meint Dr. Peter Wagner, Professor für kirchliche Entwicklung am Fuller Theological Seminary in Pasadena, Kalifornien, in einem Interview, das er dem Magazin *Time* am 10. April 1995 gab. »Vielleicht gab es im mittelalterlichen Europa Vergleichbares. Aber in der Geschichte der Vereinigten Staaten haben wir so viele Zeichen und Wunder noch nie erlebt.« Daß *Time* und andere einflußreiche Medien dieses Thema überhaupt aufgreifen, zeigt an sich schon, daß Wagner mit seiner Feststellung recht hat. Natürlich sind viele Menschen Zeichen und Wundern sowie anderen subjektiven Erfahrungen gegenüber skeptisch. Sie fürchten, daß diese mit gefährlichen spirituellen Irrtümern, Betrügereien oder sogar okkulten Praktiken zu tun haben könnten. Solche Besorgnis ist notwendig, und wir sollten immer darum beten, imstande zu sein, derartige Manifestationen richtig zu erkennen. Aber obwohl es zweifellos falsche Wunder – und falsche Propheten – gibt, sollten diese nicht das Göttliche überschatten. Es scheint tatsächlich immer mehr übernatürliche Zeichen und Wunder zu geben. Was also erleben wir heute wirklich?

❦ *Leben nach dem Tod.* Interessanterweise werden Nahtoderlebnisse, wie sie Dr. Raymond Moody und Dr. Elisabeth Kübler-Ross erstmalig in den siebziger Jahren aufgezeichnet haben, immer häufiger bewußt erkannt und anerkannt. Obwohl einige Wissenschaftler die Nahtoderlebnisse nur als chemische Veränderungen im Gehirn betrachten, erfuhren sie doch eine gewisse Bestätigung, als Millionen diese Erlebnisse als Eintritt in eine lichterfüllte Herrlichkeit schilderten. Im Grunde berichteten diese Zeugen, ohne Endgültiges zu sagen, daß Gott ihnen erlaubt habe, auf die Erde zurückzukehren, weil noch etwas nicht erledigt sei oder sie Verantwortung für ihre Familien haben. »Da wußte ich, daß ich zurückmußte. Jemand, der mich liebte, brauchte mich noch«, beschrieb die inzwischen verstorbene Catherine Marshall in dem preisgekrönten Buch *Christy* das Nahtoderlebnis ihrer Mutter. »Das Licht war nicht für mich bestimmt. Noch nicht. Aber irgendwann einmal, o ja, *irgendwann einmal würde es das sein!*«

Bezeichnenderweise machten alle Menschen, die Nahtoderlebnisse hatten, eine spirituelle Erneuerung durch. Die meisten sagen auch, sie hätten die Angst vor dem Tod verloren, weil sie auf wunderbare Weise zu der Überzeugung gelangt seien, daß dieses Leben nicht alles ist. Was sie berichten, tröstet besonders Menschen, die unter schwierigen Umständen Angehörige verloren haben. Der Arzt Ron Kennedy, der nach Rückkehr von einer Geschäftsreise in seinem Heim überfallen wurde, schrieb, daß die materielle Welt (wie auch Schmerz und Furcht) auf einmal *nicht mehr da war* und an ihre Stelle das Gefühl trat, von einem »Meer ungeheuer großer Liebe« umgeben zu sein. »Ich dachte, wenn dieses Licht mir erscheinen konnte ... dann sind Menschen, die man geliebt hat und die möglicherweise unter recht ungewöhnlichen Umständen ihr Leben ließen, gar nicht allein gestorben, wie man dies befürchtet, sondern umgeben von großer Liebe und in Frieden.«[2]

Eine interessante Begleiterscheinung von Nahtoderlebnissen ist das sogenannte Nahtodbewußtsein. Sterbende scheinen Visionen zu haben, wenn sie mit dem Himmel in Berührung kommen. Früher tat man das als Halluzinationen ab. Heute berichten Laien und Mediziner immer häufiger davon. Typisch für ein Nahtodbewußtsein ist, daß Sterbende oft erstaunt und freudig die Hände ausstrecken, lächeln, winken oder sogar mit jemandem reden, den andere nicht sehen. Ein alter Mann beschrieb Menschen, die mit stillem Trost bei ihm säßen, und erklärte seiner Tochter, daß er ihr nicht sagen dürfe, wer diese Leute waren. »Kennst du sie?« fragte sie ihn. »Natürlich«, erwiderte er, »und die Musik ist so schön.«

»Durch diese [Geschehnisse] bekommen wir Einblicke in eine Dimension außerhalb des uns bekannten Lebens«, meint Maggie Callanan, Verfasserin von *Final Gifts*, einem Buch über Nahtodbewußtsein, »und sie zeigen uns, wie wir aus solchen Begegnungen und Botschaften Trost schöpfen könnten.«

❦ *Engel um uns herum*. 1991 schrieb ich in der Einleitung zu *Where Angels Walk:* »Engel beachtet man heutzutage wenig.« Welch ein Irrtum! Obwohl ich es nicht wußte, war da eine Kraft im Entstehen begriffen, die bald ein großer internationaler Trend werden sollte. Ihr Ergebnis waren Fernsehdokumentationen, Geschäfte, die sich auf das Thema Engel spezialisierten, über zweihundert Bücher zu diesem Thema und – was am meisten ermutigt – eine wachsende Armee von Zeugen, die über persönliche Begegnungen mit Engeln und das daraus folgende spirituelle Wachstum berichteten. Genau wie bei den Gestalten aus der Bibel. Und dies in einer nur aufs Materielle ausgerichteten Welt, die an nichts mehr glaubt. Der Pilot Scott O'Grady, der im April 1995 in Bosnien aus Feindesland gerettet wurde, berichtete den Medien bereitwillig von einer Stimme und einem »schützenden Wesen«, das ihm in diesen schweren Tagen Zuversicht verlieh. »Ein Engel bringt Retter zu Opfern«, titelte *Repository* in Canton, Ohio, am 26. Dezember 1994 auf der ersten Seite, als wäre dies etwas ganz Natürliches.

Woher dieses Interesse? Aufschlußreicher mag die Frage sein: Warum gerade jetzt? »In der Welt tobt ein spiritueller Krieg«, meinte Bischof Job von der Midwest Russian Orthodox Church of America kürzlich in einer Fernsehsendung zum Thema Engel.[3] »Wir sehen das in jedem Bereich unserer Gesellschaft und im täglichen Leben ... Das Leben steht jetzt in einem ausgesprochenen Spannungsverhältnis zwischen Gut und Böse.« Seiner Meinung nach glauben die Menschen lieber der sie umgebenden Welt, in der sie leicht irregeführt werden können, als Gott und seinen Offenbarungen. Vielleicht schicke Gott Engel, um uns auf dieses falsche Denken hinzuweisen und uns wieder auf Spirituelles aufmerksam zu machen.

❦ *Scharen von Zeugen*. Manche Menschen sind davon überzeugt, nicht nur zu Engeln, sondern auch zu geliebten Mitmenschen, die jetzt im Himmel sind, unerwartet Kontakt gehabt zu haben. Derartige Erlebnisse galten einst als »Gramphantasien« und wurden geheimgehalten. Es sei eine Sache, zu glauben – wenn auch nur unverbindlich –, daß Gott vielleicht einen *Engel* schickt, um jemanden zu trösten oder ihm in seiner Not zu helfen. Aber jemanden zu schikken, der jetzt in der Ewigkeit lebt? Wohl kaum.

Da die Menschen jedoch immer mehr an Nahtod- und Engelserfahrungen glauben, scheint sich die Gesellschaft auch für andere spirituelle Möglichkeiten zu öffnen. »Wenn wir davon ausgehen, daß beim Sterben ein Licht auf uns zukommen kann und wir eine Beziehung zu ihm herstellen können, müssen wir ... [anerkennen], daß dasselbe Licht auch zu anderen Zeiten während unseres Lebens Kontakt zu uns aufnehmen kann«, schreibt Dr. Melvin Morse, Kinderarzt und Verfasser des Buches *Final Visions*. Da unsere Kultur nur selten den Gedanken einkalkuliere, daß Himmel und Erde miteinander in Berührung kommen, meint Morse, daß dies »in vielerlei Hinsicht ... schwerer als ein Leben nach dem Tode zu akzeptieren ist«.

Und doch sprach Paulus von jener großen »Schar von Zeugen«, die jetzt im Himmel bereitstehen, uns zu helfen und uns Zuversicht zu schenken, wenn wir unsere Mission auf Erden beenden. Warum sollte uns Gott nicht gelegentlich erlauben, daß sie mit uns in Berührung kommen?

❦ *Träume und Visionen*. Über sie erreichte unser Vater Sein Volk schon immer; mindestens siebzig Stellen bzw. Vorgänge in der Bibel knüpfen an Träume und Visionen an. Schon zu Zeiten Mosis verwies Gott auf sie: »Ist jemand unter euch ein Prophet des HERRN, dem will ich mich kundmachen in

Gesichtern oder will mit ihm reden in Träumen.« (4. Mose 12,6). Wer Träume und Visionen deuten konnte, wurde verehrt und war bei den Kirchenvätern hoch angesehen. Als jedoch der Glaube immer mehr zum Ritual verkam, verbannten viele führende Männer Träume und Visionen in die Welt des Aberglaubens.

Aber – so schrieb John Sanford in *Dreams: God's Forgotten Language* (Träume: die vergessene Sprache Gottes) – »bis jetzt haben wir in der Natur noch nichts gefunden, das keine Funktion hat. Warum sollten wir da behaupten, von allen geschaffenen Dingen sei allein der Traum ohne Sinn?« Da Träume nicht durch Zeit und Raum bzw. durch willkürlich vom Menschen errichtete Hindernisse begrenzt werden, sind sie nach Sanfords Meinung für Gott ein ganz natürlicher Weg, um uns zu erreichen. Visionen sind eine zweite Möglichkeit. Kaum zu überblicken ist die dramatisch wachsende Zahl von Berichten über Erscheinungen der Gottesmutter Maria (allein zweihundert soll es in den letzten Jahren gegeben haben) und von Schilderungen über weinende bzw. sich bewegende Statuen, tanzende Sonnen und andere Vorkommnisse. Und »nicht nur Katholiken sehen sie«, bemerkte Robert Ellwood, Professor für vergleichende Religion an der University of Southern California, am 13. Juli 1994 in der *Los Angeles Times*. »Protestanten haben Visionen von Engeln oder von Jesus, Hindus haben Visionen von Krishna ...« Seit 1990 wird ähnliches aus dem Irak, aus Syrien, Israel, Korea, Indien und dem Libanon berichtet; Erscheinungen heiliger Muslims wurden aus Kenia gemeldet, während in Nepal viele Hindus schilderten, einen Gekreuzigten am Himmel gesehen zu haben. In einer griechischorthodoxen Kirche in Chicago flossen, wie dies oft an solchen Stätten vorkommt, 1986 sieben Monate lang Tränen aus einem Bild. Das zog vier Millionen Besucher an, darunter auch Wissenschaftler und Vertreter des Smithsonian Institute. Augenzeugen berichteten von vielen körperlichen und seelischen Heilungen.

Obwohl bei einigen dieser Vorkommnisse schließlich doch festgestellt wird, daß sie auf Betrug beruhen oder ganz einfach zu erklären sind – und führende Kirchenvertreter bringen den meisten eine gesunde Skepsis entgegen –, wächst die Zahl solcher Berichte offensichtlich an. Warum? Die Botschaften (sofern es solche gibt) ähneln einander in bemerkenswerter Weise: Gott dringt auf Reue, wenn er Seine Gnade über die ganze Welt ausgießt und Seine Kinder zu Sich ruft. Nicht die Erscheinung als solche sei wichtig, meinen Experten, sondern das, was sie bedeutet und wohin sie führt.

❦ *Veränderungen in der Natur.* Sechs der zehn Naturkatastrophen in der Geschichte der USA, die den größten Schaden angerichtet haben, ereigneten sich nach 1989 (vier seit 1992). Zu ihnen gehören das Erdbeben in Los Angeles, der Orkan Andrew und 1993 die Überschwemmungen des Mississippi, durch die eine Fläche von der Größe der Schweiz unter Wasser gesetzt wurde. 1167 Tornados gab es schätzungsweise 1993. An der Ostküste tobten 1995 die stärksten Orkane seit mehr als vierzig Jahren. Anfang 1996 erlebten mehrere Landesteile Rekordschneefälle und -überschwemmungen. Anzahl und Intensität von Dürrekatastrophen scheinen anzusteigen. Hat das alles eine spirituelle Bedeutung? Erfüllen solche Erscheinungen Voraussagen früherer Zeiten?

Wir wissen, daß ein liebender Vater solche Verwüstungen nicht absichtlich *anrichten* würde, genausowenig wie Eltern ihren Kindern bewußt Schmerz zufügen würden. Aber kluge Erwachsene lassen ihre Kinder die Folgen ihres Verhaltens erleben. Damit sie daraus lernen. Hat Gott vielleicht einfach die schützende Hand fortgenommen, die Er lange über uns hielt, um uns zu zeigen, was geschehen *könnte*, wenn wir Ihn weiterhin ignorieren? »Wenn die Menschheit Gott zurückweist, weist sie auch die Kraft zurück, die das Weltall zusammenhält und alles vor dem Chaos bewahrt«, glaubt Autor Michael Brown. »Aber genauso wie in Sodom und Gomorrha sind Gottes Warnungen fast immer bedingt. Sie beschreiben, was geschieht, *falls* vorhandene Umstände weiterbestehen.«

Es ist leicht zu erkennen, welche nachteiligen Folgen eine außer Kontrolle geratene Natur hat. Aber ein interessanter Aspekt ist beachtenswert: Bei vielen Naturkatastrophen der letzten Zeit wurde *Eigentum* zerstört, während weniger Menschen als erwartet starben und verletzt wurden. Ein Hausbesitzer faßte das beim Betrachten schwelender Überreste von Bränden in Oakland, Kalifornien, folgendermaßen zusammen: »Auf einmal wurde mir bewußt, daß alles vom *Menschen* Gemachte dahin war. Aber alles, was Gott gemacht hat, ist noch da – unser Glaube, unser Geist, die Liebe und Unterstützung um uns herum; selbst die kleinen Blumen, die so tapfer durch die Asche drängen.« Diesem Mann wurde das Feuer zum Segen, da er sein Leben und seine Prioritäten neu bewertete. Bei anderen Gelegenheiten sahen Menschen in herannahenden Stürmen oder Fluten die Bekehrer zum Glauben, und sie beteten inständig, daß Gott einen Schutzwall um ihr Zuhause oder ihre Farmen bilden möge. Es gibt unzählige Geschichten von Orkanen, die plötzlich die Richtung wechselten, oder von Ernten, die trotz Frost nicht eingingen. Zufall? Vielleicht. Möglicherweise sind aber auch sie ein Teil der Wunder, die Gott uns heutzutage zeigt.

❦ *Die Kraft des Gebets*. Vor Jahren meinten wir vielleicht, Wunder seien zwar möglich, jedoch nur an weit entfernten heiligen Stätten oder über einige wenige Geweihte, nicht aber für gewöhnliche Sterbliche wie wir. Heutzutage erfahren wir, daß eine derartige Denkweise zu beschränkt ist. »Ich ließ mich suchen von denen, die nicht nach mir fragten«, erinnert uns Gott im Buch über den Propheten Jesaja (65,1). »Zu einem Volk, das meinen Namen nicht anrief, sagte ich: Hier bin ich, hier bin ich!« Unser Vater will, daß wir um das bitten, was wir brauchen, und dies sogar heftig, weil Bitten ein Zeichen dafür ist, daß wir begreifen, wie wir zu Ihm stehen.

Über hundert wissenschaftliche Experimente sind bereits darüber durchgeführt worden, daß Beten bedeutsame Veränderungen bewirkt, besonders, wenn es bei körperlichen und seelischen Heilungen eingesetzt wird. »Wäre die zu untersuchende Methode nicht ein Gebet gewesen, sondern eine neue Droge oder eine chirurgische Vorgehensweise, hätte man sie als eine Art Durchbruch gefeiert«, bemerkt Dr. Larry Dossey, Verfasser von *Healing Words*.

»Meiner Meinung nach ist das Phänomen Heilung die nächste Phase jüdischer Spiritualität«, fügt Rabbi Michael

Schwartz, leitender Direktor des Camp Ramah, eines jüdischen Heilzentrums in Palmer, Massachusetts, hinzu. »Es geht dabei um Menschen, die nach Möglichkeiten suchen, um eine Verbindung zu Gott herzustellen.«
Deshalb beten Menschen heutzutage regelmäßig für Kranke, bitten Gott um Vermehrungswunder sowie um Steuerung von Vorgängen in der Natur. Deshalb wächst die Zahl der Mitglieder von sogenannten »praise communities« (Lobpreisungsgemeinschaften), von Betgruppen und anderen aktiveren und dynamischeren Formen der Gottesverehrung. Deshalb scheinen manche Kinder – denen viele Kulturen eine besondere Verbindung zu Gott zuschreiben – spirituelle Einsichten zu haben, die über ihr Alter hinausgehen. Wie im Buch Joel vorausgesagt. Deshalb scheinen mehr Wunder denn je zuvor zu geschehen.
Und deshalb waren Menschen vieler Altersgruppen und Glaubensbekenntnisse bereit, auf den folgenden Seiten zu erzählen, wie sie einen Blick in den Himmel getan haben (ein * bedeutet, daß Namen geändert wurden). Obwohl einige Vorkommnisse bereits Jahre zurückliegen, stammen die meisten aus jüngster Zeit und sind ein überzeugender Beweis dafür, daß Gott Sein Volk nicht im Stich läßt. Nein, an jedem Tag unseres Lebens ruft Er uns weiterhin mit kleinen Zeichen oder ehrfurchtgebietenden Wundern.

Aus Liebe zu Logan

Jesus antwortete und sprach zu ihnen: »Gehet hin und saget Johannes wieder, was ihr höret und sehet; Blinde sehen und Lahme gehen, Aussätzige werden rein und Taube hören, Tote stehen auf ...« MATTHÄUS 11,4–5

Tami Carroll war in einer Kleinstadt in Indiana aufgewachsen, hatte 1986 kurz nach Abschluß der weiterführenden Schule geheiratet und bekam einige Jahre später ihr erstes Kind, Jaclyn. »Es war eine Routineschwangerschaft und eine normale Entbindung. Ohne Komplikationen«, erinnert sich Tami. Sie und ihr Mann Todd lebten ruhig auf ihrer Farm, genossen Mutter- und Vaterfreuden und wollten gern noch mehr Kinder haben. Nichts warnte sie vor dem, was ihnen bevorstand.

1993 wurde Tami wieder schwanger. Alles schien normal zu verlaufen, bis im sechsten Monat eine Ultraschalluntersuchung auf Probleme verwies. Schonend suchte die Gynäkologin, Frau Dr. Diana Okon, es Tami beizubringen. »Das Baby hat Chromosomenschäden, die immer tödlich enden«, sagte sie. Das Kind, ein Mädchen, würde entweder in den nächsten Monaten oder kurz nach der Geburt sterben.

Tami und Todd waren untröstlich. Sie nannten ihre noch ungeborene Tochter Megan und hofften, daß sie schon wußte, wie sehr sie sie liebten. Schließlich kam Tami nieder,

aber es gab wenig zu feiern, denn die kleine Megan wurde tot geboren.
»Meine Mutter starb, als ich zwanzig war«, erzählte Tami, »und damals dachte ich, nichts könne schmerzlicher sein, als einen Elternteil zu verlieren. Aber jetzt muß ich sagen, daß der Schmerz um den Verlust eines Kindes noch größer ist.« Genauso groß war der Zweifel, der sich nun in ihr breitmachte. Könnte das wieder geschehen? Hatten die Carrolls einen genetischen Defekt? Und wenn nun Megan überhaupt ihr letztes Kind war?
Die Tests, denen sich Tami und Todd unterzogen, ergaben jedoch nichts Unnormales, und schließlich wurde Tami wieder schwanger. Aber jetzt war sie nervös und wollte sich keine Hoffnungen machen. Außerdem hatte sie jahrelang keine Kirche mehr besucht, obwohl sie als Südbaptistin aufgewachsen war. »Aus vielerlei Gründen hatte ich Gott fast aufgegeben«, gesteht sie ein. »Zuweilen hatte ich das Gefühl, daß, auch wenn Er mich hörte, es ihm wahrscheinlich nicht wichtig war.« Aber mit fortschreitender Schwangerschaft ertappte sich Tami dabei, daß sie mit ihrem himmlischen Vater sprach. »Lieber Gott, laß mich bitte ein gesundes Kind zur Welt bringen«, bat sie jeden Tag, Megans Tod noch deutlich in Erinnerung. Selbst wenn sie Gott für einige Zeit entfremdet gewesen war, würde er doch sicherlich nicht von ihr verlangen, einen zweiten Verlust wie den vorherigen hinzunehmen, nicht wahr?
Die Zeit verging, und trotz ihrer Besorgnis hatte Tami keine Probleme. Frau Dr. Okon untersuchte sie gründlich, machte eine Chromosomenanalyse und führte zusätzliche Ultraschalluntersuchungen durch. Das Kind, ein Junge, den die

Carrolls bereits Logan nannten, schien gesund und völlig normal zu sein.
Am 9. April 1995 sollte Tami ihr Baby bekommen. Als sie jedoch am 5. April zur anberaumten Untersuchung in die Sprechstunde kam, beschloß Frau Dr. Okon, sie schon am nächsten Morgen ins Krankenhaus einzuweisen. »Ich glaube, sie wußte, daß ich mir Sorgen machte und es für mich besser war, unter ärztlicher Aufsicht zu sein«, erklärte Tami. Am Morgen darauf fuhren Todd und Tami ins Clark Memorial Hospital im nahe gelegenen Jeffersonville. Tami wurde aufgenommen, die Wehen setzten ein, und alles schien gutzugehen. Der kleine Logan wurde eingehend überwacht, sein Herz schlug normal und kräftig. Todd und Tamis Schwester Ruthie waren zugegen, und als die Geburt voranschritt, fanden sich die Großeltern im Wartezimmer ein. Es würde ein freudiges Ereignis werden, nicht so eines wie zuletzt, versicherten sie einander. Ein neues Leben war im Entstehen. Logan war fast da!
Bis zum späten Nachmittag hatte Frau Dr. Okon bei der Geburt zweier weiterer Babys geholfen und war wie Tami bereit, den kleinen Logan in Empfang zu nehmen. Da Tamis Wehen kräftig und normal waren, wurde sie in den Kreißsaal gebracht. Die Geburt war schon fast vollendet, und sie preßte und preßte unter den anspornenden Worten der Krankenschwestern. »Noch einmal!« rief eine Krankenschwester. »Er ist doch schon fast da!« Tami preßte wieder. Aber Logans Herz schlug plötzlich langsamer, und als Frau Dr. Okon ihn um 4.42 Uhr an sich nahm, schlug es überhaupt nicht. »Die lose Nabelschnur um den Hals des Säuglings verrutschte leicht ... Mund und Nase waren beim Durch-

tritt durch den Damm unförmig dick angeschwollen; das Fruchtwasser war klar«, schrieb Frau Dr. Okon später in einem Bericht. Aber der Apgar-Index – aufgrund des Testes, der bestimmt, wie gesund ein Neugeborenes ist – lag bei Null. Logan atmete nicht.

»Die Intensivstation anrufen«, sagte Frau Dr. Okon schnell zu einer Krankenschwester, als sie den leblosen Säugling zum Wärmetisch auf die andere Seite des Kreißsaals brachte und ihm Sauerstoff gab. »Komm schon, Logan!« murmelte sie. »Wach auf ...« Eine weitere Schwester begann, rhythmisch auf die Brust des Jungen zu drücken.

Kein Schreien, kein Herzschlag, kein Puls. Die Augen des Babys blieben geschlossen, seine Glieder bewegungslos, die Körperfarbe war ungesund grau.

»Logan?« fragte Tami. »Todd, warum schreit er denn nicht?«

Todd stand unter Schock und sah zu, wie die Krankenschwestern hin- und herliefen. Niemand sprach ein Wort, und diese Stille war entsetzlich. *Logan, Logan, schrei doch bitte ...* Ruthie erkannte, daß etwas Schreckliches vor sich ging, und verließ eilig den Raum.

Scheinbar in Sekunden war ein Notarzt da, gefolgt von Tamis Kinderärztin, die man aus ihrer nahe gelegenen Praxis geholt hatte. Eine der Krankenschwestern rief im Kosair Children's Hospital im nahe gelegenen Louisville, Kentucky, an, wo es eine Abteilung für Neugeborene und Fachärzte gab, die Bereitschaftsdienst hatten. Ein Anästhesist lief an Tami vorbei, und danach ein Röntgenassistent. »Was ist denn los?« schrie Tami und begann zu schluchzen. Tränen strömten auch über Todds Wangen.

Eine Schwester versuchte sie zu trösten. »Wir wissen noch gar nichts«, flüsterte sie.
Es durfte nicht geschehen. Nicht noch einmal. Sie konnte doch nicht noch ein Kind verlieren … *Logan, atme bitte.*
Frau Dr. Okon kam wieder zu Tami zurück, um die Niederkunft zu beenden. Die Spezialisten hätten das Baby intubiert, erläuterte sie leise, und würden ihm Luft in die Lungen pressen. Jemand hätte ihm Medikamente gespritzt, ein anderer mache Röntgenaufnahmen, es werde alles Menschenmögliche getan … Tami kam das Ganze wie ein schrecklicher Alptraum vor. Sie hatte gedacht, man habe alles im Griff, und nun wurde ihr klar, daß das gar nicht der Fall war. Nur Gott konnte Logan jetzt helfen. »Lieber Gott«, flüsterte sie unter Tränen, »tu es mir bitte nicht an. Ich glaube nicht, daß ich das verkraften könnte. Rette Logan bitte. Bitte!«
Die Ärzteschaft kümmerte sich weiterhin um das Baby. »Aber Logan gab keine Lebenszeichen und reagierte auch nicht auf die intensiven Wiederbelebungsmaßnahmen der Spezialisten«, erzählt Frau Dr. Okon. Um 5.15 Uhr, 35 Minuten nach der Entbindung, beschlossen die Neonatologen vom Kosair Children's Hospital und das Personal vom Clarke Hospital, ihre Wiederbelebungsversuche aufzugeben. Logan wurde für tot erklärt.
Eine Schwester taufte ihn unauffällig. Eine andere wog ihn – 3717 Gramm –, säuberte ihn, hüllte ihn in warme Decken, setzte ihm ein kleines Mützchen auf und legte ihn Tami zu einem letzten Abschiednehmen in die Arme. Sie hielt ihn ganz dicht und forschte in seinem schönen kleinen Gesicht. »Logan, geh nicht. Ich brauche dich«, flüsterte sie. Aber seine Augen waren geschlossen und sein Körper völlig reg-

los. Lieber Gott, bitte … Sie mußte loslassen, sich ins Unvermeidliche fügen, aber irgendwie konnte sie nicht mit dem Beten aufhören.

Frau Dr. Okon und die Kinderärztin standen an Tamis Bett. Die anderen hatten den Kreißsaal wieder verlassen. »Wir wissen nicht, was geschehen ist, Tami«, sagte Frau Dr. Okon. »Eine Antwort bekommen wir erst nach einer Autopsie.«

Tami blinzelte sich die Tränen fort. Vielleicht würde eine Autopsie andere Familien vor dem bewahren, was sie jetzt erlitt. »Einverstanden«, sagte sie. »Aber ich möchte ihn noch ein Weilchen in den Armen halten.«

»Natürlich.« Jemand brachte ein Formular für eine Zustimmungserklärung, und noch mit Logan im Arm griff Tami hinüber und unterschrieb. Frau Dr. Okon verließ den Saal, um den Verwandten im Wartezimmer Bescheid zu sagen; kurz danach kamen sie, murmelten ermutigende Worte und weinten wie Tami und Todd.

Todd nahm Logan in den Arm und gab ihn dann Ruthie. Die Krankenschwester machte Fotos. Hin und wieder bewegte sich der Körper des Babys ganz leicht, und als dies das erste Mal geschah, ging die Krankenschwester hinaus zum Empfangsschalter und alarmierte Frau Dr. Okon, die dort mit einem Kollegen telefonierte. Frau Dr. Okon erklärte, daß so etwas »Agonalatmung« genannt wird und ein Krampf oder eine Reaktion auf Medikamente war, welche das Baby bekommen hatte. Wie bedauerlich, daß die Carrolls auch noch diese Bewegung sehen mußten, dachte sie. Es war fast, als sei Logan zweimal gestorben.

Um 5.55 Uhr hörten die Verwandten langsam mit dem

Wehklagen auf, zumindest für den Augenblick. Jeder wußte, daß es an der Zeit war, Logans Leichnam dem Krankenhaus zu übergeben. Tamis Stiefmutter hielt ihn gerade im Arm und beugte sich über ihn, um sich ein letztes Mal zu verabschieden. Erneut zuckte der kleine Körper. Tamis Stiefmutter schaute und schaute. »Tami, er ... er schnappt nach Luft!« schrie sie. »Sieh mal, sein Beinchen bewegt sich!«

»Das ist nur ein Krampf, hat die Schwester gesagt«, entgegnete Tami.

»Das glaube ich nicht. Er scheint zu atmen«, rief die Großmutter. »Ruthie, hol eine Krankenschwester!«

Ruthie lief los. Um die Familie wieder zu beruhigen, kam dieselbe Krankenschwester wie zuvor gelaufen und hielt ihre Fingerspitzen an die Brust des Babys. Dann griff sie nach einem Stethoskop und lauschte. »Rühren Sie sich nicht von der Stelle!« befahl sie schnell und lief aus dem Zimmer.

Frau Dr. Okon füllte gerade die Formulare aus, als die aufgeregte Krankenschwester zu ihr kam. »Sie sagte: ›Das Herz schlägt wieder bei dem Baby der Carrolls‹, und ich entgegnete: ›Der nächste, der hier eine Herzattacke bekommt, bin ich, wenn das so weitergeht‹!« berichtete Frau Dr. Okon. Aber als sie in den Raum kam, in dem es jetzt ganz still geworden war, und an Tamis Stiefmutter herantrat, sah sie, daß das Baby langsam rosafarben wurde. »Lebt er?« fragte sie die Stiefmutter.

Diese konnte nur nicken. Ihre Arme zitterten. Erstaunt nahm ihr die Ärztin das Baby ab. Dessen kleine Brust hob und senkte sich rasch. »Er *lebt*!« schrie sie. »Wir bringen ihn ins Schwesternzimmer!« Krankenschwester und Ärztin verließen eilends mit dem Säugling das Zimmer.

Tami begann zu weinen. Über eine Stunde lang hatte sie um ihr Kind getrauert, und nun schien alles wieder von vorn zu beginnen. »Tu mir das nicht wieder an. Ich kann ihn doch nicht zweimal verlieren!« sagte sie weinend, und Todd, der noch immer wie vom Donner gerührt war, suchte sie zu trösten.

»Wir wissen nicht, was da vor sich geht, Tami«, versuchte er eine Erklärung. Tami wußte es. Es war nur ein grausamer Scherz. Aus irgendeinem Grunde reagierte Logans kleiner Körper noch auf die Medikamente, und jeder dachte ... Aber so etwas war doch unmöglich! Das Kind war seit einer Stunde und 18 Minuten tot, und nach so einer Zeit wird niemand wieder lebendig.

Aber sie hatte Gott doch um ein Wunder gebeten, nicht wahr?

Medizinisches Fachpersonal kam mit Berichten für Tami und Todd wieder in den Kreißsaal. Die verblüfften Neonatologen vom Kosair Children's Hospital waren auch zurückgekommen und untersuchten Logan gerade im Schwesternzimmer. Die zweifelnde Kinderärztin war ebenfalls da, zusammen mit Ärzten aus dem gesamten Krankenhaus, da sich die Nachricht wie ein Lauffeuer verbreitet hatte. Obwohl das eigentlich unmöglich war, atmete Logan aus eigener Kraft und schien gesund zu sein. Er war in ein Sauerstoffzelt gelegt worden, und die Untersuchungen gingen weiter.

Natürlich gab es noch anderes, wovon nicht gesprochen wurde, zumindest nicht in diesem Augenblick des Jubels und der Freude. Ein Neugeborenes, das über eine Stunde lang klinisch tot war, müßte zweifellos schwere Gehirnschäden, nicht funktionierende Sehnerven, Gewebeschäden und

Anfälle haben – die Liste könnte endlos fortgesetzt werden. Aber im Augenblick empfand jeder Ehrfurcht. Es war, wie Frau Dr. Okon es später beschrieb, als hätte man Gottes Schatten vorbeihuschen sehen.

Der kleine Logan wurde in das Kosair Children's Hospital gebracht und blieb dort fünf Wochen. Aufgrund von Medikamenten, die Anfälle verhindern sollten, schlief er die ersten zwei Wochen durch und begann dann allmählich zu erwachen. Obwohl gehirngeschädigte Säuglinge oft nicht saugen, konnte er unverzüglich gestillt werden. Tests zeigten, daß er ganz normal hören und sehen konnte. Heute entwickelt er sich ein wenig langsamer als Durchschnittsbabys, aber sein Neurologe ist »vorsichtig optimistisch«, daß Logan eine gute Zukunft hat.

Was war mit diesem ungewöhnlichen Kind geschehen? Niemand weiß es genau. Bis jetzt gibt es keine medizinische Erklärung. Nur Theorien, die davon ausgehen, daß Logan vielleicht so etwas wie ein Ertrinkender war, bei dem die Körperfunktionen eine Zeitlang stillstehen und dann spontan wieder zu arbeiten beginnen. Jedoch hat Logan nach der Geburt eigentlich nie *gelebt*, und Frau Dr. Okon, die so etwas in all den Jahren ihrer Praxis noch nicht mitgemacht hatte, schätzt sich glücklich, nicht als einziger Spezialist dabeigewesen zu sein. »Wäre ich allein gewesen«, sagte sie zu Tami, »hätte ich vielleicht gedacht, einen Fehler gemacht und möglicherweise ein winziges Lebenszeichen übersehen zu haben. Aber es waren ja noch andere Ärzte dabei, darunter auch Neonatologen, und wir waren alle derselben Meinung.« Logan war tot und wurde danach wieder zum Leben erweckt.

Das »Wie« ist schwer zu beantworten und das »Warum« fast überhaupt nicht. »Im Krankenhaus, wo Logan lag, sah ich noch andere schwerkranke Babys«, erzählt Tami. »Ich erinnere mich, daß ich dachte, *warum denn nur Logan? Warum nicht auch die anderen?*«

Tami weiß, daß die Antwort darauf stets ein Geheimnis bleiben wird. Aber die Geschichte ihres Kindes hat viele Menschen angerührt, und vielleicht ist das schon ein Grund für sich. Das medizinische Personal im Clarke Hospital taufte den Jungen auf den Namen »Lazarus«. Fremde Menschen sprechen Tami auf der Straße an. Mit Tränen in den Augen. Eine ältere Dame schrieb, ich solle den Carrolls bestellen, ihr sei es bei der Geburt auch so ergangen, und niemand habe das ihrer Mutter geglaubt. Bis jetzt. »Vielleicht wollte Gott uns damit zeigen, daß doch noch Wunder geschehen, um zu sagen: ›Ich bin noch da und mache noch Tote lebendig‹«, meint Tami. »Und vielleicht kommt es mir nicht zu, nach dem *Warum* zu fragen, sondern sollte es immer wieder anderen erzählen und mich weiterhin bedanken.«

Sie und Todd sind bereit, diesen Auftrag des Himmels auszuführen. Was sonst kann man noch mit so einem Wunder tun?

Ein Wunder in Mobile

Das erhaben Komische ist vielleicht normaler, als wir denken.
TIMOTHY JONES
Celebration of Angels
(Das Zelebrieren der Engel)

Manche Menschen erleben nur selten Zeichen und Wunder (zumindest scheint es ihnen so). Andere dagegen, Betty Billings zum Beispiel, haben ein ganzes Leben lang spirituelle Abenteuer – sie begannen mit einem Nahtoderlebnis, als ihr mit sechs Jahren die Mandeln herausgenommen wurden. Auf einer schönen Wiese schien die Stimme eines freundlichen Mannes voller Liebe zu ihr zu sprechen. So eine Wiese hat sie nie wieder gesehen, obwohl sie viel herumgereist ist. Sie glaubt daran, im Himmel bei Jesus gewesen zu sein, der sie wieder auf die Erde zurückgehen ließ.

Nach ihrer Verheiratung arbeitete Betty im Bauwesen. Einmal fiel auf einer Baustelle ein über zweihundert Pfund schweres Brett von einem Baugerüst direkt auf sie hinunter. »Paß auf!« schrien die Kollegen Betty zu, und sie sprang beiseite. Vorher aber sahen alle, wie das Brett ein paar Sekunden lang in der Luft verharrte, bevor es dort niederkrachte, wo Betty gestanden hatte.

Ihr vielleicht wunderbarstes Abenteuer hatte Betty 1956. Sie wohnte noch in Cincinnati, und es bekümmerte sie sehr, daß ihre besten Freunde Pat und Sam Brewer nach Mobile in Alabama gezogen waren. Als Kenneth, ihr Mann, nach Hause kam, hatte Betty einen Plan. »Wir sollten mal wieder Urlaub machen«, meinte sie. »Laß uns runterfahren zu den Brewers und sie am langen Wochenende zum vierten Juli besuchen.«

Kenneth schaute zweifelnd auf ihren zweijährigen Sohn. »Wird die Fahrt nicht ein bißchen viel für Timothy?«

»Schon«, nickte Betty, »aber ich vermisse Pat und Sam sehr.« Obwohl die beiden Ehepaare Kontakt zueinander hielten, konnten die Telefongespräche kein Zusammensein ersetzen. Damals gab es noch keine Autobahnen zwischen den einzelnen Bundesstaaten, und als Kenneth am nächsten Tag eine Autokarte mit nach Hause brachte und sie studierte, wurde ihm klar, daß sie fast zwanzig Stunden nach Mobile unterwegs sein würden. Schlimmer noch – sie würden erst gegen Abend dort ankommen, und die Brewers wohnten in einer obskuren, abseits gelegenen Gegend. Betty hatte diese tagsüber angerufen, und sie freuten sich auf den Besuch. Kenneth solle sie anrufen, wenn er Mobile erreicht hat, damit sie ihm genau sagen können, wie er zu ihrem Haus kommt. Aber Kenneth fürchtete dennoch, sie könnten sich verfahren.

Betty hatte solche Bedenken nicht. Sie freute sich und dachte nur ans Packen. »Gott wird über uns wachen«, sagte sie zu ihrem skeptischen Gatten. »Du weißt, ich versuche alles zu tun, damit Er mir stets näher ist als mein Hemd! Das klappt schon alles.«

Die Fahrt war lang und ermüdend, und sie hielten oft, damit Timothy herumlaufen konnte. Als sie jedoch bei zunehmender Dunkelheit auf dem Highway 45 in Richtung

Mobile fuhren und sich auf einmal in einem verkommenen Stadtteil wiederfanden, machte sich Betty doch Sorgen. Die Autokarte war unklar. Eigentlich sollten sie an dieser Stelle an einen Fluß kommen. Und dann? »Lieber Gott, wir brauchen Hilfe«, flüsterte Betty.
Zur Rechten befand sich eine Tankstelle. Sie schien geschlossen zu sein, denn niemand tankte, und in dem Backsteingebäude war auch alles menschenleer. Vielleicht gab's dort aber eine Telefonzelle? Kenneth fuhr hinein, und auf einmal tauchte ein schlanker Tankwart in blauer Uniform auf, der forsch auf ihren Wagen zukam. »Wir haben uns verfahren«, sagte Kenneth zu ihm.
»Wohin wollen Sie denn?« Der Tankwart schaute Timothy durch das Wagenfenster freundlich an.
Kenneth nannte ihm Sams Adresse, und der Tankwart nickte. »Sie fahren hier hinunter.« Er zeigte es ihm sofort, ohne auf die Karte zu schauen. »Und dann ...« Seine Hinweise waren kurz, sachlich und leicht verständlich.
Was für ein netter Mann, dachte Betty. *Da brauchen wir ja die Brewers überhaupt nicht anzurufen*. Sie lehnte sich ermattet zurück und schloß die Augen. Seltsam war es aber eigentlich doch, daß ein Tankwart am Abend noch so adrett und sauber gekleidet war. Und der Mann war so rasch aufgetaucht, als hätte er sie schon erwartet ...
Aber er hatte ihnen den Weg richtig gezeigt. Bald hielten sie vor einem kleinen Haus, und schon kamen ihre Freunde den Weg vom Haus zur Straße mit ausgebreiteten Armen heruntergelaufen. »Warum habt ihr uns denn nicht angerufen?« fragte Pat, nachdem sie sich umarmt hatten. »Unser Haus ist doch so schwer zu finden.«

»Brauchten wir nicht. Der Mann von der Tankstelle am Highway wußte genau, wo ihr wohnt«, erklärte Kenneth.

»Wer?«

Betty beschrieb genau die Stelle, wo sich die Tankstelle befand, sowie den hilfreichen Mann, der schon zu wissen schien, wohin sie wollten, bevor sie ihn gefragt hatten. Erst da bemerkte sie, daß Pat und Sam seltsam reagierten.

»Betty«, sagte Pat leise, »dort konnte euch niemand den Weg zeigen.«

»Aber dort hat uns einer den Weg gezeigt«, beharrte Betty.

»Nein.« Pat schüttelte den Kopf. »An der Kreuzung *gab* es einmal eine Tankstelle. Aber die ist vor mehreren Jahren abgerissen worden, um den Highway zu verbreitern. Da steht nur noch ein Stück Backsteinmauer.«

Betty biß sich auf die Zunge. Sie wollte sich nicht streiten. Nicht nach so einer erschöpfenden Reise. Sie würde ihren Freunden die Tankstelle einfach morgen zeigen.

Am nächsten Tag jedoch gab es nichts zu zeigen. Obwohl sich Betty und Kenneth noch erinnern konnten, wie sie gefahren waren und den Weg bis zu jener Stelle zurückverfolgten, fanden sie keine Tankstelle, keine Zapfsäulen und keinen Tankwart in blauer Uniform. Nur Unkraut und ein Stück Backsteinmauer.

Im Jahr darauf zogen die Billings nach Mobile, und jedesmal, wenn Betty an »ihrer« Stelle vorbeikam, wurde ihr seltsam warm. War das eine Vision gewesen, ein Blick in eine weit zurückliegende Zeit? Sie konnte es sich nicht erklären. Sie wußte nur, daß sie Gott gebeten hatte, ihre Familie zu schützen. Und Er hatte gezeigt, daß Seine Kinder nie allein sind, wohin auch immer sie reisen.

Unsichtbare Beschützer

Es war, als ob brennende Freude aus seinen Augen sprang, jedes Molekül seines Wesens durchdrang und erleuchtete.

Ethel Pochocki
The Wind Harp and Other Angel Tales
(Die Windharfe und andere Engelsgeschichten)

Im Jahr 1980 verspürte der 25jährige Dave Carr aus Bangor in Maine ein inneres Bedürfnis, das mit Logik und Vernunft nichts zu tun hatte. Allzugern wollte er eine Sammelstelle für Obdachlose oder in Not geratene Menschen einrichten. »Ich dachte daran, ihnen alkoholfreie Getränke oder Kaffee und etwas zu essen anzubieten, sie herzlich zu umarmen und ein paar aufmunternde Worte zu sagen«, berichtet Dave. »Vor allem wollte ich, daß sie die Bibel kennenlernen, und hoffte, daß sie Jesus in ihr Herz schließen.« Dieser »Schubser vom Himmel« beschäftigte ihn in den Jahren darauf immer mehr. Aber Dave stand auch im inneren Widerstreit dazu. Wie konnte *er* so etwas einrichten? Zwar hatte er immer Menschen geholfen und sich an ähnlichen Projekten über seine Kirche beteiligt. Aber er war Lastkraftwagenfahrer und kein Minister oder Psychologe, und er hatte für eine Familie zu sorgen – da blieb nichts übrig, um so etwas zu finanzieren. Die ganze Idee war unmöglich.

Aber Dave dachte weiter daran. Obdachlose hatten es

schwer, wußte er; sie hungerten und froren nicht nur oft im rauhen Klima von Maine, sondern konnten sich auch nicht gegen Stärkere wehren. Kürzlich erst war ein Mann mitten in der Nacht umgebracht und in den Fluß Penobscot geworfen worden. Die Polizei fand die Mörder nicht. Und wenn's keinen sicheren Zufluchtsort gibt, dachte Dave, konnte so etwas wieder passieren.

Schließlich fuhr Dave an einem Septemberabend gegen 22 Uhr ins Zentrum von Bangor. Es konnte ja nichts schaden, sich wenigstens nach geeigneten Stellen *umzusehen.* »Ich brauche immer die Nachtstunden, um in Ruhe nachdenken zu können, und ich dachte, die Lage zu sondieren wäre leichter, wenn mich der Verkehr nicht ablenkt«, meinte er. Er stellte sein Fahrzeug ab, zog durch die Gegend und sah sich leerstehende Gebäude an. Es gab ein paar Möglichkeiten, aber nichts Bestimmtes.

Um ein Uhr nachts wollte Dave es schon aufgeben, aber er hatte Brewer, die Stadt auf der anderen Seite des Penobscot, noch nicht durchforstet. Dort wollte er sich ein paar Stellen ansehen und dann nach Hause fahren.

Die Straße zur Brücke war menschenleer, als sich Dave zu Fuß auf den Weg machte. Da nahte ein Wagen aus Brewer. Als dessen Scheinwerfer ihn erfaßten, verlangsamte das Auto seine Fahrt. Dave wurde es unbehaglich zumute, als er sah, daß drei Männer darin saßen. Trotz der Kühle hatten sie die Wagenfenster auf. »Den werfen wir in den Fluß!« hörte Dave einen von ihnen sagen. Der Wagen hielt, die Türen gingen auf, alle drei sprangen heraus und kamen auf ihn zu. Voller Entsetzen dachte Dave auf einmal an die Ermordung des Obdachlosen. Das war doch auch auf dieser Brücke gewesen! Hatten diese Männer das getan? Denen wäre er nicht gewachsen, das wußte er, und so konnte er nur beten, das eisige Wasser zu überleben. Aber der Blick nach unten zeigte ihm, daß inzwischen die Ebbe eingetreten war und dort unten nur Gestein und Schmutz lagen. »Lieber Gott, hilf mir«, murmelte Dave.

Im selben Augenblick spürte er um sich etwas wie ein Wesen, das er zwar nicht sehen konnte, aber das zweifellos da war. Ein warmes Gefühl der Sicherheit überkam ihn. Seine Angst wich von ihm, und er wußte, wenn auch nicht genau wieso, daß er nicht allein war.

Die Männer befanden sich jetzt ganz in seiner Nähe. Alle drei waren groß, kräftig – und grinsten höhnisch. »Packt ihn!« schrie einer.

Auf einmal blieben sie stehen. »Sie starrten mich an und schauten dann rechts und links an mir vorbei«, erzählt Dave. »Sie schienen erschrocken zu sein. Einer sagte: ›O mein Gott!‹ Sie drehten sich um und drängten zurück in ihren Wagen. Und als sie davonjagten – es klang, als ob das Getriebe herausfliegen würde –, konnte ich sie noch fluchen und schreien hören: ›Los, los, weg!‹«

Dave blieb noch einen Augenblick auf der menschenleeren Brücke stehen und spürte ganz intensiv die Wärme, die ihn noch umgab. Was war das? Was hatten die Männer gesehen? Was immer es auch gewesen sein mochte – es hatte ihn vor dem sicheren Tod beschützt. »Danke, Gott«, flüsterte er.

Er fühlte sich innerlich beglückt und so voller Schwung, daß er beschloß, weiter über die Brücke in Richtung Brewer zu gehen und dort noch zu suchen. Da fuhr auf einmal Danny, ein Freund von ihm, vorbei, hupte, als er ihn sah, und fuhr weiter. Er wußte nicht, daß Dave gerade noch einmal so davongekommen war. Dave winkte. Er spürte immer noch Ruhe in sich.

Kurz darauf kam Dave an einer Straßenecke in Brewer vorbei, wo Obdachlose standen. Als er aber an sie heranging, wichen sie zurück.

Einer hielt sich die Hand vor die Augen. »Du strahlst ja!« flüsterte er. »Das tut richtig weh!«

»Ich spüre, daß der Heilige Geist um dich ist!« sagte ein anderer, während er zurückdrängte.

Dave wurde von Ehrfurcht ergriffen. Sicherlich war eine *himmlische* Aura um ihn! Aber darüber wurde er sich erst dann völlig klar, als er Danny am nächsten Tag wieder zufällig traf.

»Entschuldige, daß ich gestern abend auf der Brücke nicht gehalten habe«, sagte Danny, »aber ich hatte noch andere im Wagen, und da hätte ich euch nicht alle unterbringen können.«

»Uns alle?« fragte Dave verblüfft.

»Du hattest doch noch drei so Riesenkerle bei dir«, erklärte Danny. »Solche großen habe ich überhaupt noch nie gesehen. Einer davon muß mindestens zwei Meter groß gewesen sein.«

Dave widersetzte sich nie wieder einem Schubser vom Himmel. Er gründete und finanzierte aus eigenen Mitteln 1986 in Bangor ein Café, das noch heute unter der Leitung eines seiner Freunde betrieben wird. Mindestens hundert Menschen bekommen dort allabendlich Essen sowie Kaffee, Umarmungen – und Gottes Wort.

Die Überraschungszeugin

Welch großes Wunder sind die Dinge des Himmels und der Erde! CICERO
De natura deorum
(Über das Wesen der Götter)

Peggy Williams machte sich große Sorgen um ihre Tochter Sherri. Nach 17jähriger Ehe hatte sich diese kürzlich scheiden lassen. Die letzten Monate waren für sie und ihre zwei Kinder sehr anstrengend gewesen. »Als Grundschullehrerin hatte sie viel Streß in der Schule«, erzählt Peggy. »Zu Hause war sie dann immer völlig fertig, weil ihr Exgatte sie dauernd schikanierte und die Kinder, die wegen der Scheidung ganz durcheinander waren, ihr Mißachtung entgegenbrachten. Das alles belastete sie sehr.« Die beiden Frauen redeten zwar oft miteinander, aber Peggy fühlte sich nicht in der Lage, Sherris Probleme zu lösen. Sie konnte nur noch gemeinsam mit ihrer Tochter beten, in der Hoffnung, daß dadurch die Schwierigkeiten nachlassen würden.

Sherri stand noch eine schwere Hürde bevor: Ein letzter Gerichtstermin sollte das Sorgerecht, die Unterhaltszahlungen und andere Dinge regeln. Sherris Gatte hatte bereits gewarnt, er werde alles tun, »koste es, was es wolle«, um die Kinder zu bekommen. Viele aus seiner Familie, die ziemlich bekannt war und Einfluß in der Gemeinde hatte, wollten zu dem Termin antreten, um ihn zu unterstützen, wie sie es schon in der Vergangenheit getan hatten. Da Sherri ihren Freunden nichts von ihren ehelichen Schwierigkeiten erzählt hatte, konnte jetzt niemand für sie aussagen, bis auf ihre Freundin Tammy, die aber auch die Nichte ihres Mannes war. Tammy stand da sicherlich zwischen Baum und Borke, und deshalb wollte Sherri sie nicht darum bitten, sich auf ihre Seite zu stellen. Nein, abgesehen von ihrer Mutter, war Sherri allein, und das wußte sie. Ihr Exgatte war zwar ein guter Vater, aber die Kinder wollten trotz ihres Unmutes über die Scheidung bei ihr bleiben. Wie sollte sie jedoch bei Gericht durchkommen, wenn ihre Chancen so gering zu sein schienen?

Peggy wollte natürlich bei Sherris Termin dabeisein. Aber als dieser endgültig anberaumt wurde, geriet sie in Konflikte. Peggy ist Immobilienmaklerin und hatte sich schon lange zu einem Weiterbildungslehrgang gemeldet, an dem ihr sehr lag. Der Termin – der 5. Oktober – fiel nun gerade in die Woche, in der sie den Lehrgang im vier Autostunden entfernten Norfolk in Virginia besuchen wollte. Peggy war ganz durcheinander, denn ein zweiter Lehrgang fand in den nächsten Monaten nicht statt. Doch sie beschloß, abzusagen und bei Sherri zu bleiben.

Diese war dagegen. »Mama, du mußt zu dem Lehrgang«, sagte sie. »Wir werden in der Woche, wo du dort bist, jeden Abend miteinander telefonieren. Das geht schon.« Peggy war sich da nicht so sicher, gab aber schließlich nach.

Montagabend, den 3. Oktober, rief Peggy ihre Tochter an. Die zeigte sich wegen des bevorstehenden Termins ganz gelassen, und beruhigt legte Peggy nach dem Gespräch wieder auf. Am Dienstag jedoch schlug alles um. Sherri war schrecklich durcheinander wegen einer Bitte ihres Rechtsanwaltes, die eigentlich ganz nebensächlich war, und Peggy machte sich wieder Sorgen. Ihre Tochter war sonst immer so sachlich und gefaßt – dies aber war nicht die Sherri, die jeder kannte. Was nun, wenn sie vor Gericht zusammenbricht oder hysterisch wirkt? Welche Chancen hat sie da noch, das Sorgerecht zu bekommen? Wenn ihr nur jemand zur Seite stehen könnte! »Sherri, ich werde morgen den ganzen Tag für dich beten«, sagte Peggy zu ihr. Mehr fiel ihr nicht ein.

Peggy lag fast die ganze Nacht wach, wälzte sich im Bett hin und her und machte sich Sorgen um Sherri und die Kinder. »Lieber Gott, laß sie tapfer sein«, flüsterte sie. »Stell im Gerichtssaal eine Trennwand zwischen Sherri und ihren Gegnern auf. Dadurch sieht sie sie nicht und hat keine Angst mehr. Hilf ihr, lieber Gott!«

Mittwochmorgen ging Peggy zum Unterricht, konnte sich aber kaum konzentrieren. Mehrmals stiegen ihr die Tränen in die Augen, wenn sie sich vorstellte, wie ihre Tochter einsam und ungeschützt ins Kreuzverhör genommen und angeprangert wird. Was macht sie dann? Was wird mit den Kindern?

Während der Pause um 9.15 Uhr ging Peggy unsicheren Schrittes durch das Foyer zu einer Terrasse. Sie schaute zum Himmel hinauf. Die Sonne schien zwar, jedoch ihr kam es vor, als sei alles dunkel um sie. Sie wußte, daß sie Sherri Gottes Fürsorge überlassen mußte. Nur Er konnte ihr jetzt helfen.

»Lieber Gott, ich liebe meine Tochter und kann nicht bei

ihr sein«, betete Peggy und schaute unter Tränen zum Himmel hinauf. »Würdest Du das bitte übernehmen?«
Der Rest des Tages schien ihr endlos, aber schließlich ging sie ins Hotel zurück und rief Sherri an. »Mama, du wirst es kaum glauben!« Sherris jubelnde Stimme wirkte wie ein Schock auf sie. »Ich habe das Sorgerecht bekommen! Und mein Rechtsanwalt hat gesagt, so eine gute Entscheidung über Unterhaltszahlungen wie bei mir habe er noch nie erlebt.«
»Das ist erstaunlich, Sherri. Wie kam das?«
»Also, erstens stand seltsamerweise der Stuhl bei meiner Aussage vor Gericht so, daß ich von meinen Gegnern niemanden sehen konnte. Dadurch war ich viel ruhiger. Ich konnte mich ohne weiteres noch an alle Worte und Vorkommnisse erinnern.«
Peggy dachte an ihr Gebet. *Lieber Gott, stell eine Trennwand zwischen Sherri und ihren Gegnern auf* … »Das ist ja wunderbar, meine Liebe. Und was war dann …?«
»Tammy trat auf. Sie kam auf die letzte Minute, Mama, fragte den Richter, ob er sie vernehmen würde, und sagte für mich aus. Sie war großartig, und ich bin sicher, sie gab den Ausschlag für die Entscheidung des Richters.«
Tammy? Das war ja eine Überraschung!
»Sie sagte, sie liebe zwar ihren Onkel genauso wie mich, aber ihr ginge es vor allem um unsere Kinder«, fuhr Sherri fort. »Sie brach zusammen und weinte, als sie beschrieb, wie die Kinder durch die ganze Sache hin- und hergerissen sind.«
»Aber sag mal«, fragte Peggy, »was hat denn Tammy bewogen, zu kommen, noch dazu in allerletzter Minute?«
»Aber …«, Sherris Stimme klang verblüfft, »*Du*, Mama.«
»Ich?«

»Ja, Tammy meinte, du hättest sie angerufen und gesagt, sie solle aufstehen, sich gar nicht erst groß feinmachen, sondern irgend etwas anziehen und zum Gericht kommen, weil deine Enkelkinder sie brauchen. Sie hätte noch versucht, dir zu widersprechen, aber du hättest mit einer solchen Härte geredet, daß sie es aufgegeben hätte und gekommen sei. Sie nahm sogar ihr dreijähriges Kind mit. *Du* warst es, Mama.«
Peggy bekam weiche Knie. »Wann hat denn Tammy den Anruf bekommen?« fragte sie.
»Genau um 9.15 Uhr.«
9.15 Uhr. Da hatte doch Peggy unter Tränen zum Himmel hinaufgeschaut und Gott gebeten, die Sache zu übernehmen. Ein Telefon gab's da natürlich nicht in der Nähe, und Tammys Nummer, die nicht im Telefonbuch stand, kannte sie auch nicht. Auch wäre es ihr nie eingefallen, Tammy in diese Sache mit hineinzuziehen. Aber war das ein Hindernis für Gott?
»Nun geht es uns allen besser«, berichtet Peggy. »Wir beten sehr viel und suchen ständig in Gottes Wort nach Antworten und Hinweisen. Aber dieses Erlebnis wird niemand von uns je vergessen.«

Der Bote aus Cork

Wir können uns nie so verlaufen, daß unsere Engel uns nicht finden. STEPHANIE POWERS
Angels II: Beyond the light
(Engel II: Jenseits des Lichtes)

Als die Frühjahrsferien an der Londoner Universität nahten, beschloß die amerikanische Studentin Kelley O'Connell, sich nicht die Gelegenheit entgehen zu lassen, Irland, die Heimat ihrer Vorfahren, zu besuchen. Denn wann hätte sie eine bessere Gelegenheit dazu?

Ihre größte Sorge war immer Geldmangel gewesen. »Wer in einer Familie groß geworden ist, die ständig Geldschwierigkeiten hatte, ist da vorbelastet«, erzählt sie. Aber Studenten haben nie viel Geld in ihrer Reisekasse, besonders in Europa, da man dort für sieben oder acht Dollar in Jugendherbergen übernachten kann. So war Kelley durchaus zuversichtlich, als sie mit nur etwa 275 Dollar sowie Fahrscheinen für Busse und Züge nach Dublin flog.

Dort besuchte sie alle Sehenswürdigkeiten, übernachtete in einer Jugendherberge und wollte am nächsten Morgen mit dem Zug nach Cork fahren. Aber als sie am Abend ihren Rucksack öffnete, stellte sie fest, daß man sie bestohlen hatte. Ihr Geld war fort! Verständliche Panik überkam sie. Etwa 20 Pfund hatte sie noch in der Jeanstasche und im Beutel etwas Brot und Kekse. Das reichte aber nicht für eine weitere Woche. Ihr Flugticket nach London galt nur für den ausgestellten Tag. Was tun? Kelley bestellte ein R-Gespräch an ihre Eltern in Omaha, aber die waren im Urlaub. »Ich werde versuchen, sie zu erreichen«, versprach ihr Bruder, »aber vor Montag oder Dienstag bekommst du wahrscheinlich kein Geld.«

Wie sollte sie inzwischen durchkommen? Die lang ersehnte Traumreise wurde zum Alptraum.

Um das Beste aus der Situation zu machen, setzte Kelley in den darauffolgenden Tagen ihre Reise fort. Sie erreichte letztendlich doch noch ihren Vater, und der versprach ihr, daß sie sich am Mittwoch in einem American-Express-Büro in Limerick Geld abholen könne. »Inzwischen könntest du doch mal zu einer Kirche gehen«, riet er ihr. »Ich bin sicher, da hilft dir jemand.«

Nein. Kelley hörte den Ratschlag zwar, aber befolgen wollte sie ihn nicht. »Ich habe das, was man mir als Katholikin beigebracht hat, mit 16 abgelehnt«, erzählt sie. »Für mich war Religion nur ein Haufen Regeln. Ich war in dem Alter unruhig und wollte mir nichts sagen lassen, wußte selber nicht, was ich glauben sollte, und war nicht besonders religiös veranlagt. Gott anerkannt habe ich nur, wenn ich sauer auf ihn war. Lief etwas schief, hatte Er schuld. Ansonsten gab's Ihn für mich nicht.« Sie wäre sich wie eine Heuchlerin vorgekommen, wenn sie jetzt zu einer Kirche gegangen wäre.

Aber als sie dann abends in Limerick bei Kälte und Regen auf einer Parkbank saß, wurde ihr klar, daß sie in eine Sackgasse geraten war. Sie hatte nur noch 80 Cents in der Tasche, und ihr Flugzeug nach London ging erst in sechs Tagen. Geld für sie sollte erst morgen nachmittag kommen. Und wenn nicht? Sie war allein in einer fremden Stadt, kannte niemanden, zu dem sie gehen könnte, und zu allem Überfluß war heute auch noch ihr 21. Geburtstag. Welch grausamer Scherz!

Tränen traten ihr in die Augen. »Auf der anderen Straßenseite befand sich eine Jugendherberge«, erzählt sie. »Ich wußte, daß die, wie alle anderen, um 21 Uhr zumacht, und so atmete ich kurz durch und klopfte an.« Sie schilderte dem öffnenden Besitzer der Herberge ihre Lage. »Ich würde morgen für Sie saubermachen, wenn ich heute bei Ihnen übernachten könnte«, schlug sie vor.

»Wir haben zuwenig Gäste. Nur zwei«, erwiderte er. »Warum fragen Sie nicht bei der Kirche hier in der Straße nach?«

Kelley schüttelte den Kopf. *Wieder dieser Ratschlag!*

»Na gut, dann kommen Sie«, seufzte er. »Ich werde schon Arbeit für Sie finden.«

Er gab Kelley ein Zimmer im zweiten Stock, wo die Frauen wohnten (Männer wohnten im dritten). Dort stieß sie auf die beiden anderen Gäste. »Aber ich spürte, daß die auch nichts zu verschenken hatten, und so erzählte ich ihnen nichts«, berichtet sie. Schließlich verließen die beiden anderen das Zimmer, um einen Spaziergang zu machen. Der Besitzer der Herberge hatte sich nach dem Abschließen der Haustür in sein Zimmer zurückgezogen, und so war Kelley ganz allein. Sie sank tief betrübt im Gemeinschaftsraum in einen Sessel, aß ihr restliches Brot und die Kekse, und Tränen rollten ihr über die Wangen. *Happy birthday to me* … So einsam hatte sie sich noch nie gefühlt.

Um 22 Uhr ging auf einmal die Tür zum Gemeinschafts-

raum auf, und ein Mann kam herein. »Sie haben doch nichts dagegen, wenn ich mich zu Ihnen setze?« fragte er.
Kelley sah auf. Er war groß, schlank und jung, hatte kohlrabenschwarzes welliges Haar und war blaß wie alle Iren. »Aber seine Augen fielen mir auf«, berichtet Kelley. »So strahlende schöne blaue Augen hatte ich noch nie gesehen. Sie schienen gleichzeitig alt und jung zu sein.«
Der Mann gab ihr die Hand. »Ich bin Peter McGucky«, sagte er lächelnd.
»Kelley O'Connell, von der Londoner Universität.« Kelley blinzelte sich ihre Tränen fort.
»Ich wohne auch in London«, erklärte Peter, »aber ich ziehe wieder zurück in das Haus meines Bruders nach Cork und mache auf dem Wege dorthin eine kleine Besichtigungstour. Warum weinen Sie denn?«
Kelley erzählte es ihm. »Hmmmm.« Peter machte ein nachdenkliches Gesicht. »Nur keine Sorge, liebes Kind. Ich bleibe bei Ihnen, bis wir das alles wieder in die Reihe bekommen haben. Das geht schon in Ordnung. Sie werden sehen.«
Kelley wurde es leichter ums Herz. Peters Gegenwart war sehr beruhigend. Die beiden unterhielten sich dann über dies und das, über das tägliche Leben, über ihre Pläne und Hoffnungen. »Da war nichts weiter Besonderes an unserem Gespräch«, erzählt Kelley. »Aber eben weil es so ganz alltäglich war, scheint meine Spannung nachgelassen zu haben.«
Am nächsten Morgen, versicherte ihr Peter, würden sie zum American-Express-Büro gehen, und da wäre dann auch das Päckchen ihres Vaters. Kein Grund zur Sorge.
Am Morgen darauf erwachte Kelley schon früh und erledigte die ihr zugewiesenen Hausarbeiten. Die beiden anderen

Gäste reisten ab, und Kelley ging schließlich auf Zehenspitzen hinauf in den dritten Stock, um Peters Zimmer zu finden und ihn an ihren Besuch beim American-Express-Büro zu erinnern. Aber alle Zimmer waren leer. Etwas verunsichert stieg Kelley wieder die Treppe hinunter und ging zum Besitzer der Herberge. »Wo ist denn Peter?« fragte sie.
»Wer?«
»Peter McGucky. Der Mann mit den dunklen Haaren. Der gestern abend noch gekommen ist.«
Der Besitzer sah Kelley skeptisch an. »Sie waren der einzige Zugang gestern abend«, erwiderte er, »und einen Gast namens Peter haben wir nicht.« Er schaute sich über die Schulter und entfernte sich schnell.
»Aber ...« – Kelley sah auf. *Da war* doch Peter. Er stand oben auf dem Treppenabsatz und lächelte herunter. »Sie sehen aus, als könnten Sie etwas zum Frühstücken gebrauchen«, sagte er, als er die Treppen herunterkam. »Hier, Sie können meines mitessen.«
Kelley dachte noch an das Gespräch mit dem Herbergsbesitzer. Wer konnte denn jemanden wie Peter übersehen? Aber sie aß gern mit, und bald schlenderten sie beide durch Limerick zu dem winzig kleinen American-Express-Büro, das sich hinter einer Glasscheibe befand und nur einen Eingang hatte.
Peter wartete draußen, während Kelley hineinging, um ihr Päckchen in Empfang zu nehmen. Aber nun kam die nächste Schwierigkeit. »Die heutige Lieferung aus Amerika ist bereits eingegangen«, erklärte eine Dame, »und da war nichts für Sie dabei.«
Nein! Nur nicht das! Nicht noch einen Tag ohne Geld! Die

bekannte Hysterie überkam Kelley, schien dann aber irgendwie abzuflauen. Selbst in dem kleinen Büro verspürte sie um sich Peters beruhigende Ausstrahlung. Hatte er nicht gesagt, daß sich alles noch lösen würde? Sie wollte ihm vertrauen. »Und was soll ich nun tun?« fragte sie die Angestellte.

Es wurde telefoniert, Laufzettel wurden gesucht, ein Fahrer verständigt. »Sie haben Glück«, sagte die Angestellte schließlich zu Kelley. »Das Päckchen ist in die falsche Richtung geschickt worden, aber man hat es gefunden, und ein Lieferwagen ist jetzt auf dem Wege hierher. Sie können auch draußen warten. Es dauert vielleicht noch ein Weilchen.« Kelley ging hinaus, um Peter alles zu erklären. Wieder einmal hatte sie das Gefühl, daß der Druck von ihr wich, und sie empfand ganz einfach Ehrfurcht darüber, wie alles sich zu fügen schien.

Die beiden unterhielten sich zwanglos. Ein schöner Tag. Sie wunderte sich, das bisher nicht bemerkt zu haben. »Und dann«, erzählt Kelley, »kam die Angestellte aus dem Büro und sagte, mein Päckchen sei eben gekommen. Obwohl wir vor dem Büro gestanden hatten, niemand hineingegangen oder herausgekommen war und auch kein Lieferwagen davor gehalten hatte.«

Das konnte doch nicht sein. Jedoch sie erkannte ihres Vaters vertraute Handschrift, und im Päckchen war das Geld, das sie brauchte, um weiterreisen zu können. Es war irgendwie in diesem merkwürdigen Laden gelandet, ohne daß sie es bemerkt hatten. Aber wie?

Sie ging mit Peter zu Mittag essen, und dann schlenderten sie zur Bushaltestelle. »Ich werde noch ein paarmal zwischen

Cork und London hin- und herpendeln«, sagte er, als er die Adresse seines Bruders auf ein Stück Papier schrieb. »Er hat kein Telefon, aber unter dieser Adresse bin ich zu erreichen.«

Kelley gab ihm ihre Londoner Anschrift. Sie fand keine Worte, um ihm ihre Dankbarkeit auszudrücken. Seine emotionale und moralische Unterstützung waren genau das gewesen, was sie gebraucht hatte.

Peter umarmte sie. »Sie hätten aber trotzdem zur Kirche gehen können«, sagte er freundlich. »Sie wissen doch, die nimmt Sie immer auf.«

»Ja, weiß ich.« Irgendwie hatte sie es immer gewußt. Sie drehte sich um und stieg in ihren Bus.

Kelleys weitere Reise verlief problemlos, und nachdem sie wieder in London war, schickte sie Peter Geld und ein Dankschreiben an die Adresse seines Bruders in Cork.

Eine Woche später kam ihr Brief zurück. »Empfänger unbekannt«, stand auf einem Stempel, »Sendung unzustellbar.«

Kelley starrte den Brief an. Plötzlich ging ihr ein Licht auf. All diese Ungereimtheiten, die sie nicht beachtet hatte – Peters Anwesenheit in der abgeschlossenen Jugendherberge, der Besitzer, der ihn nicht kannte, das mysteriöse Eintreffen des Päckchens beim American-Express-Büro, vor allem aber jenes unleugbare Gefühl, daß alles wieder gut wird, daß Hoffnung besteht und Vergebung gewährt wird. Das wurde ihr ganz deutlich bewußt. »Ich habe ein Wunder miterlebt und es nicht bemerkt!« meint Kelley. Ein zweites würde sie nicht übersehen.

Heute ist Kelley Akademikerin, Mutter eines kleinen Sohnes und eine zuversichtliche, gläubige Frau, im Frieden mit

sich und mit Gott. »Gott tut das Göttliche, und ich erledige das Grobe«, meint sie. »Ich mache mir über nichts mehr Sorgen. Ich fühle mich immer sicher, denn wenn ich tue, was ich soll, kümmert Er sich um den Rest.«
Ihr gefällt die Vorstellung, daß sich Peter McGucky über ihren inneren Wandel freut und es ihr sagt, wenn sie sich wieder treffen.

Vom Wissen der Kinder

Die Kleinen sind Seine Anhängerschaft,
Sie sind schwach, und Er hat Kraft.
Kirchenlied »Jesus liebt mich«

In ihrer Unschuld nehmen kleine Kinder die unwahrscheinlichsten Dinge als Selbstverständlichkeiten hin. Vielleicht stehen sie mit dem Himmel in einer Art und Weise in Verbindung, die wir nur erahnen können.

Johnnie und William Edwards aus Athens in Georgia waren schon zehn Jahre verheiratet, als sie ihr erstes Kind bekamen. Während ihrer Schwangerschaft fiel Johnnie auf den Bauch, geriet in einen Autounfall, einen Monat vor der Niederkunft gab es Komplikationen, und die Geburt mußte eingeleitet werden. »Als ich trotz alledem mein kerngesundes Kind, den kleinen Demetrius, im Arm hielt, spürte ich, daß er ein Wunderkind war«, erzählt Johnnie.
Sie war gern Mutter, machte sich aber einige Sorgen. Es gab so vieles zu lernen, und jedesmal, wenn Demetrius etwas Neues versuchte, bekam es Johnnie mit der Angst zu tun. Als er drei Jahre alt wurde und seine Tagesmutter Schwimmunterricht beim YMCA (Young Men's Christian Association – Christlicher Verein Junger Männer) anbot, betrachtete sie dies mit gemischten Gefühlen. Natürlich wollte sie,

daß er schwimmen lernt. Aber wenn nun etwas passiert? Nur widerwillig meldete sie ihn an. »Aber an seinen Schwimmtagen war ich erst wieder ruhig, wenn er sicher zu Hause angelangt war«, erzählt sie.

Zu dieser Zeit kaufte Johnnie für Demetrius eine Kinderbibel. Sie hatten sich noch nicht über spirituelle Dinge unterhalten, und so beschloß sie, ihm für den Anfang jeden Abend eine Geschichte vorzulesen. Eines Abends steckte sie ihn ins Bett, holte die neue Bibel heraus und schlug die Geschichte von Jakob und dem Engel auf. Die Augen ihres kleinen Sohnes leuchteten.

»Mami!« krähte er und zeigte auf das Bild mit dem Flügelwesen. »Diese Frau habe ich heute gesehen!«

»Wirklich?« fragte Johnnie erstaunt.

»Mhm. Im Schwimmbecken.«

Demetrius war ein sehr ehrlicher kleiner Junge, und doch *haben* ja Kinder so ihre Phantasien. »Das ist ein Engel, Schätzchen«, erklärte Johnnie zärtlich. »Hat denn noch jemand sie gesehen? Dein Lehrer vielleicht?«

»Glaube ich nicht«, erwiderte Demetrius.

»Hat sie etwas zu dir gesagt?«

»Nein. Sie hat mich nur angelächelt, als sie neben mir stand und meine Hand hielt, nachdem mein Kopf unter Wasser gegangen war, als er es gar nicht sollte.« Er schaute nachdenklich drein. »Wahrscheinlich war sie da, weil ich etwas Angst hatte.«

Johnnie schossen Tränen in die Augen. Auch *sie* hatte etwas Angst gehabt. Aber jetzt wußte sie, daß Gott seine Hand über ihr Kind hielt, und da brauchte sie sich um Wasser oder andere Sachen keine Sorgen zu machen.

In ihren Visionen sehen Kinder nicht nur Engel. Brad, der Sohn von Peter und Darlene Kutulas, lernte gerade sprechen und kannte nur ein paar Wörter. Eines davon war »Papi.« Jedoch »Papi« sagte er nicht nur zu seinem Vater, sondern bei *jedem* Mann, den er sah, kreischte er freudig »Papi!« Um ihn anzuspornen, noch mehr zu sagen, zeigten ihm Darlene und Peter oft Fotografien in Zeitschriften. Aber Brad sagte bei jedem Mann, auf den er zeigte, »Papi!«
Eines Nachmittags meinte Peter zu Darlene: »Laß uns Brad doch mal ein Bild von Jesus zeigen.« Das Kind hatte noch nie eines gesehen, und nun hätten sie gern gewußt, wie er auf den langhaarigen Jesus mit seiner wehenden Kleidung reagiert. Jedoch als sie ihm das Bild vorhielten, wurde Brad auf einmal ganz ernst, zeigte auf ihn, als würde er ihn erkennen, und sagte immer wieder ein Wort, das er noch nie benutzt hatte: »König!«

Manche kleinen Kinder scheinen spirituelles Bewußtsein zu haben, selbst wenn zu Hause darüber nie diskutiert wird. Eine Mutter, die selber zugab, nicht gläubig zu sein, berichtete davon, daß ihr zweijähriger Sohn Joey ständig mit einem unsichtbaren Freund, Mr. Bones, redete, der »ganz in Weiß gekleidet« war. Sie ließ Joey seine Phantasie, indem sie so tat, als ob dessen »Freund« wirklich existiere. »Woher ist denn Mr. Bones?« fragte sie ihren Sohn einmal.
Joey sah sie mit ernsten Augen an. »Den habe ich im Himmel kennengelernt«, sagte er.

Als Elizabeth Cockrell 18 Monate alt war, konnte sie schon verschiedene Farben unterscheiden, sprach deutlich und viel. Ihre Mutter Cynthia hörte immer ihr Schwatzen, wenn sie allein in ihrem Zimmer spielte. Eines Tages schaute Cynthia ins Schlafzimmer. »Mit wem redest du denn da, Elizabeth?« fragte sie lächelnd.

Elizabeth schaute mit weit aufgerissenen unschuldigen Augen zu ihr auf. »Klein Billy«, entgegnete sie.

Cynthia schauderte. »Mit wem?«

»Der kleine Billy, Mami, und der is' ein Junge«, erwiderte Elizabeth selbstsicher.

»Und wie sieht er aus?«

Cynthia stammt von den Cherokee-Indianern ab, und ihre Töchter haben ihr dunkles Haar geerbt. Aber anstatt eine Puppe zu nennen, die so aussah wie ihre Familienangehörigen, überlegte Elizabeth kurz, sah sich im Zimmer um und zeigte auf eine blonde Puppe. »Das Haar wie *das* da«, sagte sie, »und ganz blaue Augen.«

Cynthia war dem Weinen nahe. »Warum nennst du ihn den ›Kleinen Billy‹, Elizabeth?« fragte sie leise.

»Der *sagt*, er heißt so«, erläuterte Elizabeth. Das schien ihr ganz vernünftig zu sein.

Cynthia ging in die Küche, setzte sich an den Tisch und legte den Kopf in die Hände. Eine Woche vor Elizabeths Geburt war der kleine Sohn ihres Cousins an Krippentod gestorben. Er war vier Monate alt gewesen, hatte blonde Haare und blaue Augen gehabt, und von seiner Geburt an hatte ihn die Familie den »kleinen Billy« genannt. »Mein Cousin wohnt in einem anderen Bundesstaat, und wir haben bei uns nie über diese Tragödie geredet«, erzählt Cynthia.

»Wie kann Elizabeth davon gehört haben?«

Cynthia hat ihre Tochter nie wieder nach dem kleinen Billy

gefragt. Aber noch einige Jahre lang behauptete Elizabeth stets, daß er bei ihr sei.

Kinder berichten gelegentlich von außerkörperlichen Erfahrungen. In *Parting Visions* (Abschiedsvisionen) berichtet der Verfasser Melvin Morse von dem schwer an Leukämie erkrankten sechsjährigen Mädchen Ann. Als sie eines Abends zu Bett gegangen war, sah sie in ihrem Zimmer eine leuchtende Form, die sich in eine schöne Frau verwandelte. »Wir kamen aus der Dunkelheit in eine unglaublich helle und bunte Welt. So etwas hatte ich noch nie gesehen«, erklärte Ann später. »Die Frau sagte, daß ich Ruhe brauche und ein sehr schweres Leben habe.«

Mit einem ungewohnten Gefühl des Friedens und der Freude spielte Ann eine Zeitlang mit anderen Kindern in einem Sandkasten. Dann kehrte sie, von dieser Frau geführt, in ihr Zimmer zurück, winkte ihr beim Abschied nach und schlief ein. Innerhalb von zwei Wochen waren die Befunde von Anns Blutuntersuchungen wieder normal, und sie hatte keine Leukämie mehr.[4]

Obwohl sie nicht krank war wie Ann, hatte die vierjährige Sarah Richter aus Kansas City in Missouri ihrer Mutter Rita eines Morgens eine ähnliche Geschichte zu erzählen. »Ich habe letzte Nacht Jesus in meinem Zimmer gesehen!« sagte sie in ihrer Unschuld ganz erregt.

»Wirklich? Wie sah er denn aus?« fragte Rita lächelnd.

»Wie strahlendes Licht. Er hat nicht viel gesagt, mich aber in den Himmel mitgenommen.«

Rita verging ihr Lächeln. Sie war noch nicht sehr oft mit

Sarah in der Kirche gewesen, und das Kind wußte nicht viel von Jesus. Wieso beschrieb Sarah ihn dann als »Licht«? »Erzähl mir etwas über den Himmel«, sagte Rita.

»Da ist es wunderschön für Kinder, Mama«, erwiderte Sarah. »Lutscher und Puppenstuben gibt es da. Jesus saß auf einer Wolke und hat mir beim Spielen zugesehen. Dann sagte Er, daß wir aber nach Hause gehen müßten.«

»Und seid ihr gegangen?«

»Ja. Er blieb noch in meinem Zimmer und hielt meine Hand ein Weilchen«, sagte Sarah. »Dann ging Er wieder in den Himmel zurück.«

Inzwischen sind einige Jahre vergangen, und Sarah hat so etwas nie wieder erlebt. Aber wenn sie manchmal Angst vor der Dunkelheit hat, »sagt sie, daß sie weiß, Jesus würde ihre Hand halten, und dann schläft sie schnell ein«, berichtet Rita. Die Gläubigkeit ihrer Tochter hat sie tief bewegt.

Eines Abends rief ein Hörer beim Sender KRLD in Dallas an, als der Moderator und ich über spirituelle Erlebnisse von Kindern diskutierten. »Bobby, unser einziges Kind, war fast drei Jahre alt, als meine Frau eine Fehlgeburt hatte«, erzählte der Anrufer den Hörern. »Da sie über Nacht im Krankenhaus bleiben mußte, nahm ich Bobby am Abend mit, als ich sie besuchte. Wir hatten niemandem von der Schwangerschaft bzw. der Fehlgeburt etwas erzählt. Bobby wußte nur, daß seine Mutter krank war.«

»Bobby kam in das Krankenzimmer, in dem seine Mutter lag, kletterte gleich zu ihr aufs Bett und sah sie zärtlich besorgt an. ›Sei nicht traurig, Mami‹, sagte er, ihr sanft die Wange tätschelnd, ›in einem Jahr bekommst du wieder ein Kind.‹«

Schockiert schauten die Eheleute sich an. Woher wußte Bobby das? »Er hat auf unsere Fragen nie geantwortet«, erklärte Bobbys Vater. »Jedoch ein Jahr später, genau zur gleichen Zeit, brachte meine Frau eine gesunde Tochter zur Welt.«

William Coughlin war lange Zeit krank gewesen, und seine sechs erwachsenen Kinder waren zwar traurig, aber nicht überrascht, als ihre Mutter sie bat, zum letzten Mal an sein Bett zu treten. Nach und nach kamen sie mit ihren Frauen und Kindern. Einige der größeren Kinder zögerten ein wenig, den Opa zu umarmen, jedoch die vierjährige Erin Murphy hatte keine Hemmungen. »Opa, ich hab dich ja so lieb!« erklärte sie, als sie ihn umarmte.

Während Williams letzten Stunden sang die Familie, nachdem die Enkelkinder ins Bett gebracht worden waren, Lieder wie »Auf Adlerschwingen« oder »Hab keine Angst« – und sagte leise auf Wiedersehen. Als William starb, erfüllte eine schöne Stille den Raum. Trotz ihrer Trauer wußten alle, daß er Frieden und Ruhe gefunden hatte.

Am anderen Morgen wollte Peggy Murphy ihren drei kleinen Töchtern, die im Wohnzimmer auf dem Fußboden eingeschlafen waren, erzählen, was geschehen war. »Ich habe euch etwas zu berichten«, begann sie zärtlich, als die Kinder aufgewacht waren.

Aber Erin hatte ebenfalls Neuigkeiten. »Das brauchst du mir nicht zu erzählen, Mutti. Das weiß ich schon«, sagte sie. »Opa ist gestern abend in den Himmel gekommen.«

»Richtig.« Peggy nickte. »Aber woher weißt du denn das?«

Erin schien über die Frage erstaunt zu sein. »Ich sah ihn

beim Hinausgehen«, sagte sie bloß. »Er schaute mich nicht an und ging vorbei. Dabei lächelte er zufrieden.«

Er lächelte zufrieden ... Wie gern hätte Peggy das geglaubt!

»War er allein?« fragte sie.

Erin zeigte auf das Jesusbild in der Küche. »Nein, Opa war mit *Ihm* zusammen. Sie flogen zusammen durch die Verandatür.«

Für die Familie Coughlin war dies ein letztes Geschenk. Wie so oft, hatte ein kleines Kind ihnen den Weg gezeigt.

Gott weiß, wo wir sind

Stell dir vor, du legst einen Garten an, und nach einigen Tagen siehst du immer noch keine Ergebnisse. Gräbst du ihn dann wieder um? Nein. Weil du weißt, daß viele Dinge unsichtbar vor sich gehen. So ist es auch mit Gott.

DR. CHARLES STANLEY

Pastor, First Baptist Church, Atlanta, Georgia

Als Art Cooney 1976 als Kapuzinermönch ordiniert wurde, hatte er sich ganz darauf eingestellt, ein Missionarsleben zu führen. Er würde reisen, wohin man ihn schickte, glücklich darüber, Gottes Wort denen predigen zu können, die nach Hoffnung dürsteten. Er ging in mehrere Länder und hatte viel Freude an seiner Arbeit. Als er dann zeitweilig in Saginaw, Michigan, lebte, begegnete er auf einer charismatischen Gebetsstunde Marge Fobear und Nancy Kawiecki. Die beiden Frauen waren als geistliche Heilerinnen tätig und behandelten oft Kranke durch Handauflegen. Die drei beteten dann immer zusammen, um sich bei ihrer Arbeit gegenseitig zu unterstützen.

Schließlich sollte Pater Art als Missionar nach Nicaragua gehen. Marge und Nancy versicherten ihm, während seines dortigen Aufenthaltes regelmäßig für ihn zu beten. Andere Freunde und Verwandte versprachen, ihm zu schreiben und Pakete zu schicken. Seine Mutter gab ihm eine Karte mit

folgendem Text: »Gottes Wille führt dich niemals dorthin, wo Seine Gnade dich nicht finden kann.«
Aber als Pater Art an seinem neuen Bestimmungsort ankam, vergaß er die tröstenden Abschiedsworte bald, denn dieser Teil Nicaraguas war außerordentlich rückständig. Die einzige befestigte Straße endete in seiner Stadt, die Muelle de los Bueyes hieß, und das bedeutet wörtlich übersetzt »Ochsenfurt«. Und tatsächlich zogen dort Ochsen durch. »Alles sah aus wie eine Szene aus dem Wilden Westen«, erinnert sich Pater Art. »Farmer und Viehzüchter ritten auf Pferden in die Stadt, und manche trugen sechsschüssige Revolver. Vor dem Saloon fanden Schießereien statt, und durch die Stadt wurde Vieh getrieben. Mir kam es so vor, als sei ich in der Zeit hundert Jahre zurück.«
Noch deprimierender war das Essen. Meist gab's nur Reis und Bohnen. Dieses Gemisch nannte man *gallopinto**, aber Pater Art ließ sich nicht hinters Licht führen. Nach einigen Wochen träumte er schon von Steaks und Frikadellen.
Die Zeit verging, und von zu Hause kam keine Post. Obwohl die Nicaraguaner herzlich und freundlich waren, fühlte sich Pater Art allmählich doch recht verlassen. Warum mußte es ihn auch in diese primitive Gegend verschlagen haben? Wo war die Unterstützung, die seine Freunde ihm zugesichert hatten? Gesellschaftlich isoliert zu sein ist schon schwierig, aber weit schlimmer war, daß er sich spirituell zusehends vereinsamt fühlte. Er hatte noch nie das Gefühl gehabt, von Gott im Stich gelassen worden zu sein, doch jetzt »schien es,

* Wörtlich übersetzt heißt *gallopinto* »gesprenkelter Hahn« und scheint eine Art Volksbezeichnung für ein Gericht zu sein, das in Wirklichkeit kein Fleisch enthält (Anm. d. Ü.).

als hätte mich Gott mitten im Dschungel abgesetzt und vergessen.« Er las oft die Botschaft auf der Karte, die seine Mutter ihm mitgegeben hatte. Wo war die versprochene Gnade? Trotz seiner mißlichen Lage gab es für Pater Art allerhand zu tun. Seine neue Gemeinde bestand aus vierzig ländlichen Siedlungen, die meist nur mit Pferd oder Maulesel zu erreichen waren, und so plante er eine zehntägige Missionsreise zu mehreren von ihnen. Er packte nur ein, was er und seine Begleiter in Satteltaschen unterbringen konnten, wickelte seine Kleidungsstücke in Plastik, damit sie bei den tropischen Wolkenbrüchen trocken blieben, und machte sich auf den Weg. Er besuchte mit seinen Begleitern mehrere kleine Dörfer, badete in Flüssen und hielt bei Laternenlicht Abendgottesdienste ab. Dafür war er ja geschickt worden, und das konnte abenteuerlich sein, ja sogar Spaß machen. Aber Pater Art war es schwer ums Herz. Er bekam noch immer keine Briefe von zu Hause. Und Gott schien immer noch fern zu sein.

Am fünften oder sechsten Tage bekam sein Pferd auf einem Dschungelpfad plötzlich einen Schreck und scheute. Pater Art klammerte sich am Sattel fest, aber das Tier stürzte zu Boden und ließ ihn nicht weg. »Mein linkes Bein lag unter dem Pferd, und mein rechter Fuß war im Steigbügel eingeklemmt«, berichtete er. »Ich konnte mich nicht selber befreien und geriet in Panik, da das Pferd anfing, sich auf mir hin und her zu drehen, um sich wieder aufzurichten.« Er wußte, wenn das Tier wieder auf die Beine käme, würde es loslaufen und ihn hinter sich herschleifen. Er würde gegen Bäume geschleudert werden und sterben oder zumindest schwer verwundet werden. Es gab keine Ärzte in dieser gott-

verlassenen Gegend. Wer sollte sich da um ihn kümmern?
»Ach Gott!« rief er aus. »Hilf mir doch!«
Im selben Augenblick legte sich tiefer Frieden wie eine warme Decke um ihn. Also war Gott bei ihm, hier an diesem unmöglichen Ort! Er wußte es! Und alles würde gut werden, obwohl sich das Pferd über ihm noch strampelnd abmühte.
»Außerdem wurde mir auf einmal bewußt, daß mich noch keiner im Stich gelassen hatte. Noch nie«, sagt er. »Menschen beteten gerade für mich, viele waren es, und ich spürte diese Unterstützung.«
Seine Begleiter suchten jetzt das Pferd zu beruhigen. Endlich schafften sie es und halfen Pater Art aufzustehen. Er wischte den Staub von der Kleidung, betastete zaghaft die Arme und besonders die Beine. Erstaunlicherweise waren weder er noch das Pferd verletzt. Alles war in Ordnung, wie er es gespürt hatte.
Pater Art beendete seine Reise und kehrte mit leichterem Herzen zu seiner Arbeit in Muelle de los Bueyes zurück. Aber erst nach Wochen wurde ihm die Bedeutung dieses Augenblicks der Gnade im Dschungel bewußt. Schließlich traf von seinen Mitbeterinnen Marge und Nancy ein Brief ein, in dem sie Seltsames berichteten.
»Wir waren auf dem Weg zu einem Krankenhaus, um mit einem kranken Freund zu beten«, schrieb Marge. »Gerade hatten wir unseren Wagen geparkt, als Nancy einen so scharfen Schmerz im linken Oberschenkel verspürte, daß sie nach dem Öffnen der Wagentür weder aufstehen noch aussteigen konnte. Das war ihr noch nie passiert.«
Die Frauen begannen miteinander zu beten. Da überkam Nancy auf einmal ein seltsames Gefühl.

»Das ist nicht mein Schmerz«, sagte sie zu Marge. »Ich glaube, er kommt von Art. Der ist in Schwierigkeiten geraten.«
Die beiden Frauen beteten – nun für Pater Art – noch etwa fünf Minuten. Plötzlich hatte Nancy keine Schmerzen mehr, und die Frauen gingen, ihren Freund zu besuchen.
Jetzt hatte Marge Fragen. »Was ist dir denn zugestoßen?« schrieb sie. »Und was macht dein Bein?«
Pater Art bekam einen Kloß in die Kehle, als er auf seinen Kalender schaute, denn die Frauen hatten gerade an dem Tag und genau zu dem *Augenblick* auf ihrem Parkplatz gebetet, als er, eine halbe Welt von ihnen entfernt, im Dschungel seinen Unfall gehabt hatte.
»Es ist schwer zu beschreiben, was dieser Brief mir bedeutete und wie er mich in meinem Glauben bestärkte«, sagt Pater Art. Gott hatte also gewußt, wo jedes seiner Kinder war, und Seine Gnade war groß genug, als sie sie brauchten. Die Gebetskarte hatte recht behalten.

Die Träumemacherin

Gott wählte sie als Vorbild für die anderen Engel.
Inschrift auf einem englischen Friedhof

Nicht jeder weiß, was ein treuer Freund ist«, sagt Joni Loughran aus Petaluma in Kalifornien. Sie weiß es. Es war im zweiten Jahr in der weiterführenden Schule, als sie der rothaarigen Patty McNamara im Geometrieunterricht begegnete und jene sofortige und ganz besondere Übereinstimmung verspürte, die sich schwer beschreiben läßt, aber um so bedeutungsvoller ist, wenn sie einem widerfährt.

Patty war als kontaktfreudiges, dynamisches, offenes Wesen überall gern gesehen; sie hatte nachsichtige Eltern und einen großen Bruder, Rich, der sie sehr liebte. Joni dagegen war zurückhaltend, nachdenklich und schüchtern. »Patty hatte einen Extraplatz in meinem Herzen, weil ich mich bei ihr immer besonders wohl fühlte«, erklärt Joni. »Sie nahm mich, wie ich war. Ich kann mich nicht erinnern, daß sie je meine Gefühle verletzt hätte.« Als sich die beiden Mädchen eines Abends über ihre Beziehung unterhielten, sprachen sie darüber, wie schwierig das Leben wäre, wenn sie einander nicht mehr hätten. »Wir sagten sogar, wenn einer von uns etwas zustoßen sollte, würde die andere folgen«, erinnert sich Joni. »Es war ein ergreifender Augenblick, besonders für zwei Teenager.«

Die Mädchen blieben in engem Kontakt, selbst als sie älter wurden, obwohl Patty schließlich fortzog. Mit 23 wurde Joni standesamtlich ohne kirchliche Zeremonie verheiratet. Nur die Familie war dabei. Sie freute sich darauf, Patty das alles in einem langen, überzeugenden Ferngespräch erzählen zu können, sobald ihr Leben wieder in normalen Bahnen verlief.

Jedoch eine Woche nach der Hochzeit rief Pattys Bruder Rich an. »Joni, ich habe dir etwas Schreckliches zu berichten ...«, begann er. Seine Stimme war leblos, als stünde er unter Narkose.

»Was ist denn passiert, Rich?«

»Es geht um Patty. Sie ... saß heute abend auf der Rückseite eines Lieferwagens, als sie mit Freunden von einer Kirmes kam, hielt einen Teddybär in der Hand, den ihr Freund für sie gewonnen hatte ...« Der Lieferwagen war in einen Graben gefahren, Patty wurde hinausgeschleudert und war mit dem Kopf auf einen Stein aufgeschlagen. »Sie lag hier auf der Intensivstation im Koma, aber ...« Ein Schluchzen erschütterte Rich. »Joni, sie ist soeben verstorben.«

Joni klammerte sich an den Hörer und wollte es nicht glauben. Das konnte doch nicht sein! Nicht Patty! Aber Richs Verzweiflung war deutlich gewesen. Es stimmte also. Als Joni Tränen die Wangen hinabliefen, spürte sie, daß auch ein Teil von ihr starb.

Die folgenden Wochen waren eine Tortur. Joni, die sich Menschen gegenüber nicht leicht öffnete, trauerte schweigend. Sie war völlig zerrissen. Ihr Ehemann konnte die Größe ihres Verlustes nicht begreifen und meinte, daß sie schon »darüber hinwegkommen« würde. »Da ich keine Unterstützung bekam, mußte ich die Last allein tragen«, sagt Joni. »Aber ich stemmte mich innerlich dagegen. Zur Beerdigung ging ich nicht, und, so dumm das klingen mag, ich tat eine Zeitlang, als sei sie gar nicht gestorben. Ich war einfach unfähig, mit diesem Verlust fertig zu werden.«

Die Wochen schleppten sich dahin, und Joni wurde immer deprimierter. Da sie und Patty gelobt hatten zusammenzubleiben, glaubte sie, daß ihr jetzt auch etwas zustoßen müßte. Vielleicht ein Autounfall oder eine schreckliche Krankheit. Einsam und mit gebrochenem Herzen wartete sie auf das Ende.

Mehrere Wochen nach Pattys Unfall wachte Joni eines Tages mit einem Gefühl auf, das sie nicht wieder loslassen wollte. Sie hatte geträumt und wußte irgendwie, daß es ein *wichtiger* Traum gewesen war. Patty kam darin nicht vor, sondern jemand anderes hatte ihr etwas ganz Bedeutsames erzählt ... Joni versuchte, sich daran zu erinnern, als sie den Flur hinunterging, aber ihr war, als würde sie nach Wolkenfetzen greifen. Dann blieb sie stehen, als hätte ihr jemand einen leichten Schlag auf den Kopf gegeben.

»Auf einmal konnte ich mich an jede Einzelheit des Traums erinnern«, sagt Joni. »Ein Engel war gekommen, um mir klar und deutlich zu sagen, Patty wolle mich wissen lassen, daß alles bei ihr in Ordnung sei. Ich würde sie zu gegebener Zeit wiedersehen, aber jetzt sollte ich nicht mitkommen.« Joni sollte noch in dieser Welt bleiben, hatte der Engel erklärt, weil sie wieder schwanger sei und ihren Sohn großziehen müsse.

Schwanger! An diese Möglichkeit hatte Joni überhaupt nicht gedacht. Der Engel hatte die Neuigkeit sehr freudig übermittelt und noch angedeutet, daß Patty darüber sehr glücklich sei.

Hatte denn ein Traum *wirklich* etwas zu bedeuten? fragte sich Joni auf dem Wege zu ihrem Unterricht. Waren Träume nicht reine Phantasien oder bedeutungslose Tagesreste? Und wenn ihr Patty wirklich eine Botschaft aus dem Himmel übermitteln wollte, warum hatte Gott dann nicht *sie* anstelle des Engels geschickt? Dennoch erinnert sich Joni, daß ein Gefühl tiefen spirituellen Glaubens über sie gekommen sei, als sie im Flur stand. Es war das Gefühl, daß sie den Worten des Engels vertrauen konnte.

An jenem Abend schlief Joni leicht ein. Mitten in der Nacht kam der Traum wieder. Doch dieses Mal stand Patty vor ihr. Sie schien zu strahlen, in Hochstimmung zu sein, aber zu wissen, daß Joni sich noch immer um sie grämte. Sie wollte sie trösten, wo Joni jetzt doch begriffen hatte, daß sie auf der Erde bleiben sollte. »Es ist alles in Ordnung«, sagte Patty. »Ich weiß, daß du traurig bist, Joni, aber das mußt du nicht sein. Mir geht es gut, und du wirst Mutter!«

»Aber ich vermisse dich so sehr.« Joni mußte wieder weinen. Patty lächelte. »Wenn du mich in Zukunft wiedersehen willst, können wir uns in deinen Träumen treffen.«

In ihren Träumen. Die Vision verblaßte, und Joni erwachte. War denn das möglich? Konnte das sein? War das nicht nur eine Erfindung ihres ermatteten Geistes?

Einige Tage später suchte Joni ihren Arzt auf. Sie bekäme tatsächlich ein Kind, sagte ihr der überraschte Arzt, obwohl sie noch nichts von einer Schwangerschaft gemerkt hatte. Fast genau neun Monate später kam ihr Sohn Travis zur Welt.

»Patty hätte nicht so früh gehen sollen. Ich vermisse sie noch heute, obwohl inzwischen 20 Jahre vergangen sind«, sagt Joni jetzt. Sie träumt immer noch von ihr, nicht unbedingt »auf Befehl«, aber Joni reicht es, um zu wissen, daß sie und Patty noch Verbindung haben und eine Art Heilung tatsächlich stattgefunden hat. »Jetzt träume ich nie davon, daß Patty und ich einander vermissen«, sagt sie. »Jetzt hängen die Träume meist mit meinem täglichen Leben zusammen. Zum Beispiel erschien Patty zur Abschlußfeier meines Sohnes, oder sie hat mein neues Heim besucht. Gelegentlich stecken wir in den Träumen wieder in unserer Teenagerzeit und erleben bestimmte Ereignisse noch einmal. Die Themen der Träume wechseln, aber Patty sieht natürlich immer unverändert aus. Sie altert nie.«
Patty hatte versprochen, daß sie sich mit Joni in deren Träumen treffen würde, und sie hat ihr Versprechen gehalten. Wie? Das weiß Joni nicht. »Ich nehme an, der Wunsch beziehungsweise das Bedürfnis, uns zu treffen, entstand irgendwo außerhalb meines Bewußtseins«, überlegt sie. »Der Traum entspricht einer Herzenssehnsucht. Er überwindet Zeit und Raum und ist ein Zufluchtsort, an dem sich die Geister begegnen.«
Ein Ort, der ihrer Ansicht nach dem Himmel sehr ähnelt.

Erins Weihnachtsvision

Schütze, o Herr, dieses Kind mit Deiner himmlischen Gnade, auf daß es für immer Deines bleibe.

Book of Common Prayer (Gebetbuch)

Kathy und Mike Felke aus dem Vorort einer Stadt im Nordwesten von Illinois waren vor Freude ganz aufgeregt, als 1978 ihre zweite Tochter Erin geboren wurde. Aber im Unterschied zu ihrer älteren Schwester Kate schien Erin schwächlich zu sein. Zwar konnte sie schon früh laufen, ließ sich aber doch lieber tragen. »Alle hielten sie für ein außerordentlich artiges Kind, weil sie immer bei mir auf dem Schoß saß und viel schlief«, erzählt Kathy, Fachärztin für Zahnhygiene. »Sie bekam jede Krankheit, die in der Luft lag, besonders Ohreninfektionen. Ich kannte mich genügend in medizinischen Fragen aus, um zu merken, daß da etwas nicht stimmte.«

Kathy und Mike erwähnten gegenüber ihrem Kinderarzt wiederholt, daß sie sich Sorgen um Erin machen. Jedoch die veranlaßten Bluttests ergaben nichts. Schließlich meinte der Arzt zu Kathy, sie sei »ein wenig überbesorgt«.

Am 23. Dezember 1980 wirkte die zweijährige Erin ungewöhnlich apathisch. Sie aß kaum ihr Frühstück und schlief dann auf der Couch ein. Kathy schaute sie an. »Ich sah fast die Venen unter ihrer Haut«, sagte sie, »und sie hatte Ringe

um die Augen, die genauso schwarz waren wie ihr Haar.«
Kathy rief bei einem Kollegen ihres Kinderarztes an und bestand auf einem sofortigen Termin.
Der neue Arzt untersuchte Erin. »Wie lange sieht sie denn schon so aus?« fragte er schroff.
Kathy überlegte. »Über ein Jahr. Aber Tests haben nichts ergeben.«
»Ich möchte eine vollständige Blutuntersuchung im Krankenhaus durchführen lassen«, sagte er und griff nach dem Hörer. »Bringen Sie sie gleich hin.«
Am nächsten Morgen, es war Heiligabend, rief der Arzt sie an. »Ich habe schlechte Nachrichten«, sagte er. »Erin ist schwer krank. Es könnte aplastische Anämie oder Leukämie sein.«
Kathy schien das Herz stehenzubleiben.
»Ich habe ein Privatzimmer im Loyola Medical Center besorgt«, fuhr der Arzt fort. »Der Oberarzt in der Hämatologie wird dort Erin behandeln. Sie können sie am 26. frühmorgens bringen.« Er hielt inne und seufzte dann. »Sie könnte aber auch Weihnachten zu Hause verbringen.«
Kathy überhörte nicht den Anflug von Hoffnungslosigkeit in seiner Stimme. Völlig niedergeschmettert erzählte sie Mike davon und rief dann ihre nächsten Verwandten an.
Am nächsten Morgen zog Kathy Erin tapfer ihren roten Pullover an, an dem Erins Großmutter einen kleinen goldenen Engel als Anstecknadel befestigt hatte. Sie fuhren alle zusammen zur Heilig-Geist-Gemeinde in Wood Dale und gingen in die Sakristei, wo sich Pater Tom White gerade für seinen Gottesdienst ankleidete, und erzählten ihm, was geschehen war.

Pater White hörte zu. Er segnete Erin und setzte ihren Namen auf die Liste der kranken Gemeindemitglieder, für die während der Weihnachtsmesse gebetet werden sollte. Und er warf seinen vorbereiteten Predigttext fort, was die Felkes damals nicht bemerkten. »Das mache ich oft«, sagt Pater White heute. »Manchmal ändert sich innerhalb eines Augenblicks alles, was ich sagen will.«

Augenblicke später stand Pater White vor den Menschen in einer bis auf den letzten Platz gefüllten Kirche. Er schaute hinunter und sah, wie Erin in der vordersten Reihe auf Kathys Schoß vor sich hin döste. »Das Leben ist nicht leicht«, begann er. »Zuweilen werden wir mit Dingen konfrontiert, die wir nicht akzeptieren können, und mit Situationen, die zu schwierig sind, als daß wir sie auch nur begreifen können. Und deshalb werden wir böse auf Gott.« Er begann vor den Versammelten auf und ab zu gehen. »In solchen Zeiten weiß Gott, was wir empfinden, und es ist in Ordnung, daß wir ärgerlich auf Ihn sind. Aber wir sollten auch daran denken, daß wir nicht einfach liegen bleiben und alles über uns ergehen lassen müssen.«

Pater White schaute auf die Felkes in der ersten Reihe. »Nein, wenn wir großen Kummer haben, will Er, daß wir *kämpfen*! Wir müssen den Glauben nutzen, der uns gegeben wurde!«

Auf dem Nachhauseweg von der Kirche waren sich Kathy und Mike darin einig, daß der Pfarrer ihnen Hoffnung gegeben hatte. Morgen würde der Kampf beginnen.

Am Morgen darauf packte Kathy Erins Bettuch, das Töpfchen und ihre Schüssel sowie Zeichnungen von Kate ein, um sie bei Erin über das Bett zu hängen. »Vielleicht wollte ich mich innerlich nicht damit abfinden, aber es sollte alles möglichst normal und vertraut bleiben«, sagt sie. Ein Ärzteteam nahm sie am Krankenhaus in Empfang, und nachdem festgestellt wurde, daß Erins Hämoglobinwert auf 4,5 gesunken war (normalerweise liegt er zwischen 11 und 15), beschleunigte man das Tempo. Ein Knochenmarktest ergab, daß Erins Körper rote Blutkörperchen erzeugte, die jedoch unverzüglich durch etwas zerstört wurden. Aber wodurch? Kathy und Mike berichteten ausführlich über Krankengeschichten ihrer Familie, über den Einsatz von Pestiziden, über ihre Allergien und die Antibiotika gegen Erins dauernde Ohreninfektionen. Die Fachärzte untersuchten alles, um Anhaltspunkte zu bekommen. Doch jeder Ansatz führte in eine Sackgasse.

Drei Tage später lag immer noch keine Diagnose vor, war noch keine Behandlung zu empfehlen. Kathy weigerte sich, nach Hause zu gehen. Also brachten die Krankenschwestern ein Bett für sie. »Da sagte mir eine Krankenschwester, daß eine Betgruppe im Spielzimmer zusammengekommen sei und mich sprechen wolle«, erzählt sie. Kathy ging zu ihnen. »Sie sagten, daß sie von Erin gehört hätten und gekommen seien, um für sie zu beten, stellten sich aber nicht vor, und ich hatte noch nie jemanden von ihnen gesehen.« Die Gruppe kniete im Kreis, Kathy in der Mitte, und betete inständig um Heilung. Kathy war klar, daß sie kämpften. Kämpften für ein kleines Kind, das sie nicht kannten. Aber sie wurde unruhig, weil sie nicht bei Erin war, und so blieb sie nicht lange. Als sie das nächste Mal Erin verließ, war die Gruppe nicht mehr da.

Bis zum 28. abends schlief Erin ununterbrochen. Als der

Arzt kam, schüttelte er den Kopf. »Sie sollten sich lieber innerlich darauf vorbereiten, daß wir das Kind verlieren«, sagte er sanft. »Als einzige Möglichkeit bliebe nur eine Bluttransfusion, um sie noch etwas am Leben zu erhalten. Aber wir finden jetzt keinen passenden Spender.«

»Nehmen Sie mich!« Aber Kathy wußte schon, daß sie nicht die passende Blutgruppe hatte.

»Sehen Sie mal, Mrs. Felke«, fuhr der Arzt fort, »Erins Sauerstoffspiegel sinkt. Ich denke, Sie müßten einsehen ...«

»Nein!« Sie konnte es nicht! Der Arzt verließ sie leise. Um Mitternacht erschien ein Pfarrer, betete über Erin und segnete sie. Sie kämpfen alle für Erin, dachte Kathy. Mike zu Hause mit Kate, Pater White, das Krankenhauspersonal und alle, die beteten. Vielleicht war sie jetzt einsam, aber sie und Erin waren gewiß nicht allein. Aufmerksam betrachtete sie ihre Tochter. *Kämpf, Erin, kämpf.* Jeder Atemzug, jeder Herzschlag war ein kleiner Sieg.

Aber Erins Haut war jetzt schon fast durchsichtig, und sie hatte Ringe unter den Augen. Eine Art Nebel schien über ihr zu liegen, als ob ihr Leben verebbte, schwächer und verschwommener würde ... Plötzlich öffnete Erin die Augen. Es war 1.30 Uhr. Sie machte den Eindruck, als wäre sie wach und ganz da. Kathy war erstaunt. »Lichter, Mami, Lichter!« flüsterte Erin. Ihr Blick war auf etwas über Kathys Kopf gerichtet. Kathy drehte sich um, sah aber nichts in dem dunklen Zimmer.

»Wo sind denn die Lichter, Liebling?« flüsterte sie, als sie sich ihr wieder zuwandte. »Was siehst du denn?«

Erin schien erregt zu sein. »Glocken, Mami!« rief sie etwas lauter. »Lichter und Glocken!«

Draußen auf dem Flur war alles ganz still. Kathy prickelte es auf der Haut. Was konnte Erin da hören? Halluzinierte sie? Nein, sie schien hellwach zu sein.
Nun lächelte sie. Sie hob ihr winziges Händchen und wies in die Raumecke. »Schöne Damen, Mami. Siehst du sie?« Ihr Gesicht verriet Freude.
Schöne Damen ... Kathy hatte Angst, sich umzusehen. Was würde sie da erblicken? Sie hatte davon gehört, daß Engel kommen, um Menschen in den Himmel zu tragen. Geschah das jetzt auch? Sah Erin Engel?
Nein! Auf einmal schien Kathy das Herz zu brechen. Sie hatte noch nicht gekämpft, wurde ihr klar. Andere hatten das für sie getan. Aber nun war sie an der Reihe! *O Gott, ihr Engel, nehmt sie nicht mit!* betete sie leise. *Nehmt mich. Nicht sie. Sie hat doch noch nicht einmal ihr Leben begonnen. Bitte, bitte.*
Eine Schwester kam herein. »Wir haben einen Blutspender gefunden«, sagte sie. »Wir machen jetzt eine ganz langsame Transfusion. Sie müssen jeden Tropfen beobachten, falls das Blut gerinnen sollte.«
Kathy schaute noch einmal auf Erin. Deren Augen schlossen sich wieder, aber auf ihren Lippen lag noch immer ein Lächeln.
Kathy blieb den Rest der Nacht wach und beobachtete, wie sich winzige Tröpfchen millimeterweise das Rohr hinunter in ihre Tochter hineinschoben. Würde die Transfusion etwas nützen? Wenn nicht, gab es keine anderen Möglichkeiten mehr. Das wußte sie.
Am frühen Morgen kam Mike. Erin schlief noch. So wurde auch er Zeuge des beginnenden Wunders. »Sie erwachte,

und wir beide starrten sie an«, erzählt Kathy. Ihre Lippen hatten Farbe bekommen, ihre Wangen waren rosa und nicht mehr grau.

»Möchtest du gern etwas essen?« fragte Kathy.

Erin nickte.

Bis zum Abend war ihr Hämoglobinwert mysteriöserweise auf 8 angestiegen. »Wir wissen nicht, was da geschehen ist«, sagte der Arzt zu den Felkes. »Aber die Transfusion muß gewirkt haben, denn Erin scheint es gutzugehen. Sie könnte jetzt auch nach Hause.«

Erin ist gesund geblieben. Inzwischen ist sie ein lebhafter Teenager; jedes Jahr wird ihr Blut gründlich untersucht, aber es gibt keine Probleme mehr. Der Befund, mit dem Erin aus dem Krankenhaus entlassen wurde, lautete auf »undiagnostiziert«, und erst Jahre später gewannen Kathy und Mike Klarheit darüber, was eigentlich geschehen war.

»Als wir umzogen und den Arzt wechselten, brachte ich Erins Unterlagen zu unserem neuen Kinderarzt«, erzählt Kathy. »Ihn interessierte die Sache, und er stellte ein paar Untersuchungen an.« Erst da erfuhr sie, daß Erin eine seltene Form von Anämie gehabt hatte, die damals für sechs der nur sieben Amerikaner, bei denen sie diagnostiziert wurde, tödlich verlaufen war. Zu dieser Zeit war die Krankheit nicht zu behandeln gewesen, und obwohl in manchen Fällen Bluttransfusionen zum Einsatz kamen, hatten diese nie gewirkt.

Kathy hat in dieser schweren Zeit viel gelernt, besonders über Gott und die Kraft des Gebetes. »Ich weiß nicht, warum Er Erin geheilt hat und nicht die anderen Kinder, deren Eltern sie genauso geliebt und die ebenso inständig gebetet haben«, sagt sie. »Aber ich weiß jetzt, daß es auch in Ordnung ist, auf Ihn böse zu sein. Er hegt keinen Groll, und Er versteht alles.« Und wenn Sein Licht durch unsere Dunkelheit bricht, weiß Kathy jetzt, daß es sogar den Tod besiegen kann.

Bilder aus dem Himmel

Die Wunder, die wir draußen suchen, tragen wir in uns.
SIR THOMAS BROWNE
Religio medici (Von der Pflicht des Arztes)

Von den Zeichen und Wundern, die immer wieder geschehen, sind Visionen besonders interessant. Zwei Arten solcher Erscheinungen, die es schon zu biblischen Zeiten gab, tauchen auch heute noch häufig auf. Die eine ist eine *innere* Vision, bei der bestimmte Szenen oder Ereignisse eher mit dem geistigen als mit dem eigentlichen Auge wahrgenommen werden. Die andere ist eine richtiggehende Erscheinung, bei der sich Übernatürliches aus Gründen, die nur Gott kennt, zeitweise mitten im Alltag einstellt.

Diane Alfred aus Tallahassse in Florida hatte während eines Sonntagsgebets in der Kirche eine Vision. »Unvermittelt blitzte ein Bild meines Sohns Jeremy vor mir auf«, erzählt sie. »Er saß in einem Auto und raste in Georgia eine lange zweispurige Straße hinunter. Andere Autos gerieten mit ins Bild, und mich überkam Angst.«
Diane begann inständig zu beten: »Gott, schütze meinen Sohn. Gott, schütze meinen Sohn.« Sie wußte genau, daß sich Jeremy in großer Gefahr befand.
Auf einmal glaubte Diane, durch die Luft zu fliegen. Sie

schwebte über Jeremys Wagen, drang durch das Wagendach und erblickte ihren Sohn am Lenkrad. Federschwingen eines Engels umhüllten ihn. Diane schaute nach rechts. Dort saß Jeremys Freundin. Sie sah, daß eine der Federschwingen auch das Mädchen einhüllte. »Mir war es, als sei ich *im Inneren* des Engels und betrachte die Szene mit seinen Augen. Dann hörte ich Reifen quietschen, Metall krachen und Schreie ...«

Langsam entfernte sich das Bild wieder, und Diane stellte fest, daß sie sich immer noch in der Kirche befand. Sie betete auf Knien, während die anderen standen. Wodurch hatte sie den Kontakt zu ihrer Umgebung verloren? Wieso war es ihr vorgekommen, als sei sie durch die Lüfte getragen worden? Diane erhob sich erschüttert und verwirrt.

Zu Hause zerbrach sie sich weiterhin den Kopf über diese Episode. Sollte sie versuchen, Jeremy zu erreichen? Auf einmal klingelte das Telefon. Jason, ihr großer Sohn, war am Apparat. »Mutti«, sagte er, »reg dich nicht auf. Es ist alles in Ordnung. Aber Jeremy hat heute morgen sein Auto zu Schrott gefahren. Auf einer verkehrsreichen zweispurigen Autobahn in Georgia. Seine Freundin war auch mit dabei.«

Diane klammerte sich an den Hörer. »Wann ist denn das passiert?« fragte sie.

Doch sie wußte es bereits. Der Unfall hatte sich ereignet, als sie die Vision von ihrem Sohn hatte. Ihre Gebete hatten irgendwie den Engel herbeigerufen, der dann Jeremy und seine Mitfahrerin beschützte.

Dr. Candace Williamson Murdock aus Rome in Georgia hatte gerade eine Fehlgeburt hinter sich. Nach der Rückkehr aus dem Krankenhaus war sie so ruhelos und aufgeregt, daß sie nachts nicht schlafen konnte. Es war nicht ihr erstes Kind gewesen, jedoch wie alle Kinder war es unersetzlich, und sein Verlust bekümmerte sie sehr. »Auf einmal sah ich eine Szene vor mir. Wie auf einer Leinwand«, erzählt Candace. Sie blinzelte, jedoch die Vision blieb.

Eine sonnenbeschienene grüne Wiese, auf der Hunde spielten und einander jagten. Alles ging nach rechts hinüber. »Die Hunde kamen mir irgendwie bekannt vor«, berichtet sie. »Natürlich, das waren doch die Lieblingstiere unserer Familie, Hunde aus meiner Kindheit!« Während Candace die Szene noch genau betrachtete, sah sie ihren Vater in das Bild hineinlaufen. Freudig umsprangen ihn die Hunde. Sieben Jahre zuvor war ihr Vater bei einem Flugzeugabsturz ums Leben gekommen. Er hatte seine Hundezucht sehr geliebt.

Dann sah Candace, daß ihr Vater nicht allein war. Er hielt ein kleines blondes Kind an der Hand, und beide schauten nach rechts. Candaces Vater schien etwas zu zeigen und zu erklären. Beide lächelten. Sofort wußte Candace, daß dies das Baby war, das sie gerade verloren hatte. Offensichtlich begrüßte ihr Vater das Kind im Himmel, und Gott hatte erlaubt, daß sie das miterleben durfte. Um sie zu trösten.

»Ich kann einfach nicht mit Worten ausdrücken, welchen Trost mir diese Vision gab«, erzählt Candace. »So etwas hatte ich noch nie erlebt, und so hätte ich mir auch nie den Himmel vorgestellt. Aber das waren keine Halluzinationen. Zu wissen, daß mein Kind, mein Vater und seine geliebten Hunde zusammen waren, war die beste Antwort auf mein Gebet, die ich mir wünschen konnte. Gott sorgt wirklich für mich.«

Reverend Robert R. Shahan, Bischof der Diözese in Arizona, erinnert sich an ein Vorstellungsgespräch, bei dem Bewerber für ein geistliches Amt von ihm und anderen befragt wurden. Jeder Kandidat sollte das spirituelle Erlebnis beschreiben, das ihn am meisten beeindruckt hatte. Eine Geschichte sei ihm besonders im Gedächtnis haftengeblieben, erzählt Bischof Shahan.

Es war Sonntagmorgen, die Kirche voller Menschen, und der Pfarrer war gerade auf die Kanzel gestiegen, um mit seiner Predigt zu beginnen. Ganz zufällig schaute er zur schönen gewölbten Decke, und ihm blieb fast das Herz stehen. Weit oben, in einer Ecke oberhalb der Empore, schwebten zwei riesengroße weißgekleidete Engel.

Der Pfarrer schnappte nach Luft, hatte sich dann aber gleich wieder in der Gewalt, denn er war es seit Jahren gewöhnt, vor Publikum zu sprechen. Aber ... war *dort* wirklich etwas? Unauffällig schaute er wieder nach oben. Tatsächlich! Prächtige Geschöpfe, herrlich und leuchtend, und eines hielt die Hände wie zum Segnen der Gemeindemitglieder ausgestreckt.

Das konnte doch nicht sein! Warum sollten Engel gerade seine Kirche beehren? Er war doch auch nicht besser als die anderen ... Rasch schaute er wieder auf seinen vorbereiteten Text. Er mußte Halluzinationen gehabt haben, dachte er, denn die Zuhörer waren noch genauso ruhig und aufmerksam wie immer. Wenn wirklich etwas *dort oben* gewesen war, mußten es auch andere gesehen haben. Offensichtlich war das aber nicht der Fall.

Er brauchte Urlaub. Das war es. Er wollte seinen Gottesdienst möglichst schnell zu Ende bringen, dann seinen Bischof anrufen und sich Zeit für Ruhe und Erholung erbitten. Er beeilte sich, seine Predigt abzuschließen, und kehrte dann zum Altar zurück. Als er wieder kurz zur Decke hinaufschaute, waren die Gestalten verschwunden.

Der Gottesdienst kam ihm unendlich lange vor, aber als er zu Ende war, schlug sein Herz fast wieder normal, und er ging gefaßt zum Kirchenausgang, um die Gemeindemitglieder zu verabschieden. Sie zogen ungewöhnlich gesprächig und lebhaft an ihm vorüber.

»Ein schöner Gottesdienst, Herr Pfarrer!«

»Heute kam es mir in der Kirche besonders interessant vor.«

Herzliche und ermutigende Bemerkungen. Wenn diese lieben Leute, die ihm so vertrauten, nur wüßten …

Bald waren alle fort, und es blieb nur noch eine ältere Dame. Sie trat an ihn heran und nahm seine Hand. »Zu Beginn Ihrer Predigt, Herr Pfarrer, wirkten Sie heute etwas zerstreut«, sagte sie.

»Stimmt«, erwiderte er lächelnd. »Aber da war eigentlich nichts weiter.«

»Ich glaube, doch.« Die Frau neigte sich ihm zu. Die Luft um sie beide schien geradezu elektrisch aufgeladen zu sein, als stünden sie in einer geheimnisvollen Verbindung. Dann strahlte sie auf einmal, senkte ihre Stimme und sagte: »Sie haben sie doch auch gesehen, nicht wahr?«

Joan Clayton aus Portales in New Mexico machte sich Sorgen wegen des Mädchens, das ihr Sohn Lane heiraten wollte. Die jungen Leute stritten sich dauernd. Eine gewisse Unverträglichkeit ist ja in jeder Beziehung normal, überlegte Joan, als sie mit ihrem Mann nach einem Wochenendbesuch bei Lane auf dem Hochschulcampus wieder nach Hause fuhr. Aber ihr Sohn und ihre künftige Schwiegertochter hatten zu *allem* unterschiedliche Meinungen, und das war schon von Anfang an so gewesen. Joan lehnte sich zurück und schloß die Augen. »Lieber Gott«, betete sie lautlos, »wenn das nicht das richtige Mädchen für Lane ist, dann schick ihm doch bitte das richtige.«

Auf einmal sah sie deutlich zwei Mädchen vor ihrem geistigen Auge. Obwohl die zur Linken nur eine dunkle Silhouette war, erkannte Joan sie als Lanes Verlobte. Das lächelnde Mädchen zur Rechten jedoch hatte Joan noch nie gesehen. Eine schöne blauäugige Blondine, strahlend und frisch. Ganz wie im richtigen Leben.

Die Szene dauerte nicht lange, jedoch für Joan reichte es, um zu wissen, daß sie kein Produkt ihrer Einbildung gewesen war. »Da geht etwas in einem vor; vielleicht werden einem Gottes Pläne bewußt ... Es ist schwer zu erklären, aber man weiß, daß das Erlebte etwas Besonderes zu bedeuten hat«, meint Joan.

In den Monaten darauf dachte Joan noch gelegentlich an die Vision und überlegte, was sie ihr wohl sagen wollte. Sie war sicherlich nicht ernst zu nehmen, noch dazu, wo die Vorbereitungen zur Hochzeit ihres Sohnes auf vollen Touren liefen. Aber zwei Wochen vor dem großen Ereignis sagte Lanes Verlobte die Hochzeit ab. Lane war völlig niedergeschmettert.

Zwei Jahre später fuhren die Claytons zu Lane anläßlich seines Studienabschlusses. »Als wir in sein Zimmer kamen, bat er uns, zu warten, weil er jemanden holen wolle«, erzählt Joan. Als Lane mit seiner Freundin Kari kam, schnappte

Joan nach Luft. Das war doch die blauäugige Blondine, die sie vor zwei Jahren in ihrer Vision gesehen hatte.
Heute ist Kari Joans Schwiegertochter und Mutter ihrer Enkelkinder. »Das wunderbarste Mädchen der Welt«, meint sie, »und jeder, der sie kennt, stimmt mir zu, daß sie direkt vom lieben Gott gekommen ist.«

Vallorie Neal ist in einem liebevollen Zuhause bei Eltern aufgewachsen, die schwer arbeiten mußten, um die große Familie durchzubringen. Aber sie heiratete Wayne Wood gegen den Willen ihrer Eltern, denn beide Elternteile dachten, Wayne könne nicht gut genug für Vallorie sorgen. Obwohl nun sie und Wayne ein ausgezeichnetes Verhältnis zueinander hatten, distanzierten sich ihre Eltern etwas. Gelegentlich kreuzten sie unerwartet auf, um nachzusehen, wie's ihrer Tochter ging, und zogen sich dann in schweigender Mißbilligung wieder zurück. Plötzlich aber bekamen Vallorie und Wayne finanzielle Schwierigkeiten und wurden aus der Wohnung geworfen.
»Unser zweites Kind war gerade erst zwei Monate alt, und ich hätte wahrscheinlich zu meinen Eltern gehen und um Hilfe bitten können«, erinnert sich Vallorie. »Aber ich konnte mich nicht dazu überwinden, weil ich wußte, daß sie denken würden, mit unserer Ehe stimme etwas nicht.« Statt dessen borgten sie und Wayne sich 100 Dollar, um ihre Möbel einzulagern, schliefen bei einer Lkw-Raststätte im Auto und beteten ständig, daß Wayne Arbeit finden möge.
Am dritten Tag beantragte Wayne Nothilfe, und am Abend hatte er genug Geld, um ein Zimmer im Miron Motel bezahlen zu können. Vallorie fühlte sich erleichtert, daß ihre

Familie nachts in richtigen Betten schlafen konnte, aber es beunruhigte sie, daß sie immer noch keinen Kontakt zu ihren Eltern hatte. Um Mitternacht schaltete sie schließlich das Licht aus. »Lieber Gott«, murmelte sie im Dunkeln vor sich hin, »ich brauche Hilfe. Ich weiß nicht, wie Du das anstellst, aber könntest Du bitte Mama und Papa wissen lassen, daß ich okay bin?«

Am frühen Morgen des nächsten Tages zogen Vallorie und Wayne mit ihren Kindern los, um wenigstens etwas Kaffee trinken zu gehen (»wir hatten nicht genug Geld für ein richtiges Frühstück«, erinnert sich Vallorie). Als sie wieder zurückkamen, fanden sie an der Zimmertür einen Zettel: »Ruf mich bitte an. Mutter.«

Vallorie wurde angst und bange. Natürlich war das die Handschrift ihrer Mutter. Aber wie hatte die sie finden können, noch dazu das Zimmer Nr. 25? Als Vallorie bei ihr anrief, erkannte sie, wie liebevoll Gott auf das Gebet in der Nacht zuvor reagiert hatte.

Mrs. Neal erklärte ihr, sie sei zu Beginn der Woche unerwartet an Vallories Wohnung gewesen und habe von den Nachbarn erfahren, daß sie samt Familie aus der Wohnung geworfen worden sei. In den Tagen darauf habe sie einen Anruf von ihrer Tochter erwartet, aber da der nicht kam, habe sie sich zunehmend Sorgen gemacht. Wo konnten die jungen Leute nur sein? Waren sie in Sicherheit? Hatten sie zu essen und ein Dach über dem Kopf? Am Abend des dritten Tages schließlich plagte sie die Sorge derart, daß sie etwas unternehmen mußte. »Mark«, sagte sie zu Vallories kleinem Bruder, »fahr doch mal in der Stadt herum und sieh zu, ob du das Auto von Vallorie und Wayne findest.«

Mark war mehrere Stunden unterwegs, und Mrs. Neal lag bereits im Bett, als sie die Haustür aufgehen hörte. Sie schaute auf die Uhr. Es war eins. Hatte er seine Schwester gefunden? Überall im Haus wurde Licht gemacht, und dann kam Mark herein und stand an ihrem Bettende. Da schien aber noch jemand an der Schlafzimmertür zu stehen, den sie nicht deutlich sehen konnte. Vielleicht ein Freund von Mark?
»Vallorie wohnt im Miron Motel, Zimmer 25«, meldete Mark. Er sagte nichts von seinem Kumpel und nannte auch keine weiteren Einzelheiten.
Das machte nichts. Ihre Tochter war in Sicherheit. Wenn auch nur zeitweise. »Danke, Mark«, sagte sie erleichtert. »Geh jetzt ins Bett.« Morgen würde sie beschließen, was zu tun sei.
Schnell schlief sie ein, wachte jedoch wieder auf, da die Haustür zuknallte. Die Uhr auf ihrem Nachttisch zeigte auf vier. Wer war denn das? Wieder ging im ganzen Haus das Licht an, und Mark kam mit großen Schritten in ihr Zimmer. »Ich habe Vallorie gefunden«, sagte er. »Ich weiß zwar nicht, in welchem Zimmer sie wohnt, aber ihr Wagen steht am Miron Motel.«
Verdutzt setzte sich Mrs. Neal auf. »Warum hast du mich denn geweckt, Mark? Du und dein Freund, ihr habt mir doch schon vor Stunden erzählt, daß Vallorie im Miron Motel in Zimmer 25 steckt.«
»Aber nein«, protestierte Mark. »Ich habe sie die Nacht durch gesucht und bin gerade erst gekommen. Und die ganze Zeit über war ich allein.«
Die Neals schlossen ihren Schwiegersohn schließlich doch noch in ihr Herz, und Vallorie und Wayne führen heute in

Lithia, Georgia, ein schönes und erfülltes Leben. Jedoch die Familie rätselt noch immer über Mrs. Neals Vision. Wer hatte ihr in jener Nacht, eine Stunde nach dem Gebet ihrer Tochter, die so dringend benötigte Information gebracht? Wer hatte da im Schatten gestanden und alles beobachtet? Niemand weiß es genau, doch Vallorie hat eine wertvolle Lehre gezogen. »Damals, in den schweren Zeiten, habe ich gedacht, Gott hätte mich vergessen«, sagt sie. »Aber Er wußte, wo ich die ganze Zeit war.«

Nichts ist zu klein

Beten ist ein Schrei der Verzweiflung, ein Hilferuf, eine Hymne auf die Liebe. DR. ALEXIS CARREL
Französischer Chirurg

Vor einigen Jahren beschlossen der dreizehnjährige David Miller und sein zehnjähriger Bruder Nicholas an einem kalten Sonntagnachmittag, auf einem Hügel unweit ihres Hauses in South Sioux City, Nebraska, Schlitten zu fahren. Auf dem Hügel lagen 15 Zentimeter Neuschnee. Einige Schlittenfahrer hatten bereits Bahnen ausgefahren, so daß das Schlittenfahren ganz besondere Freude bereitete. Die beiden Jungen und ihre Freunde hatten einen Heidenspaß, aber dann schlug das Unglück zu. Als Davids Schlitten den Hügel hinuntersauste, fuhr er über etwas Holpriges. »Verflixt noch mal!« schrie er und versuchte zu bremsen. »Jetzt ist mir doch meine Brille weggeflogen!«

»Oje!« Nicholas trug keine Brille, wußte aber, wie wichtig sie war. Er und David mußten sie schnellstens finden, bevor die anderen Kinder draufgetreten waren oder sie bis zum Frühjahr unter dem Schnee begraben blieb.

Die Jungen suchten fast eine Stunde lang, gingen den Hügel auf jeder Seite der vielen Schlittenbahnen hinauf und hinab und schauten sogar am Straßenrand sowie im hohen Ginstergras nach, das aus den Schneeverwehungen herausragte.

Sie fanden jedoch nichts. Als schließlich die Dunkelheit hereinbrach, trotteten sie nach Hause und erzählten ihrem Vater Dave von der verlorenen Brille.
Dave ist so etwas wie ein Optimist. Als Laienhelfer an der South Sioux Assembly of God Church, Ehemann und Vater von vier Kindern hält er sich für einen glücklichen Menschen. Obwohl die Sonne bereits untergegangen war, meinte er, mit den Jungs noch einmal nachschauen zu müssen. Sicherlich würde die Brille wiederauftauchen.
Die drei gingen zum Hügel zurück. Aber jetzt konnte sich der kleine David nicht mehr daran erinnern, welche Bahn er mit seinem Schlitten hinuntergefahren und ob ihm seine Brille oben oder unten am Hügel weggeflogen war. »Da hatten natürlich tagsüber ganze Horden von Kindern gespielt, und wahrscheinlich hatte jemand sie bereits zufällig zertreten«, erzählte Dave. Als es dunkel geworden war, gaben sie die Suche auf. Jedoch Dave beschloß, es am nächsten Morgen noch einmal zu versuchen. Er wollte seinen Metalldetektor benutzen, eines seiner Lieblingshobbygeräte, »obwohl«, wie er wußte, »der im Schnee nicht viel bringt«.
Als Familie Miller am anderen Morgen aufwachte, war das Schlimmste geschehen, was passieren konnte: Fünf Zentimeter Neuschnee waren in der Nacht gefallen. »Ich liebe ja Herausforderungen«, meinte Dave im nachhinein, »aber hier hätten wir die sprichwörtliche Nadel im Heuhaufen suchen müssen.« Dennoch nahm er eine Harke sowie seinen Metalldetektor und ging mit zum Hügel. Bevor er sich an seine schwierige Aufgabe machte, fiel ihm ein, die Batterien des Detektors noch einmal zu überprüfen. Sie waren tot. Wie das? Er hatte sie doch erst am Morgen ausgewechselt.

Seufzend stellte Dave das nutzlose Gerät beiseite und begann im Schnee zu harken. Er hatte keine andere Wahl. Zentimeter für Zentimeter arbeitete er sich gewissenhaft bis zur ersten Schlittenbahn durch. Er fror an den Zehen. Vorbeifahrende warfen ihm seltsame Blicke zu. Er begann in einer zweiten Bahn, aber es war aussichtslos.

Das war dumm. Es ging einfach nicht. Er sollte es wohl aufgeben. Auf einmal hörte Dave eine leise Stimme in sich: »Hast du schon einmal ans *Beten* gedacht?« rügte sie ihn freundlich. »Ist es dir je eingefallen, Gott zu bitten, die Brille zu finden?« Dave fühlte sich gedemütigt und beschämt zugleich. Er als Laienhelfer in seiner Kirche war so eigensinnig und so *von sich selber überzeugt* gewesen, daß er nicht einmal an das Allereinfachste gedacht hatte. Ohne sich darum zu kümmern, was die Vorbeifahrenden denken würden, kniete er im Schnee nieder, faltete die Hände und schloß die Augen. »Lieber Gott, es tut mir leid, daß ich Dich vergessen habe«, flüsterte er. »Ich versuche, Dich doch sonst nicht eine Minute lang aus dem Gedächtnis zu verlieren. Vergib mir und finde bitte die Brille.« Er verharrte noch einen Augenblick schweigend und öffnete dann die Augen.

Vor ihm lag Davids Brille. Obwohl es in der Nacht geschneit hatte, lag sie deutlich sichtbar und völlig unbeschädigt direkt vor ihm auf einem Büschel Ginstergras. Sie sah aus, als ob sie darauf gewartet hätte, gefunden zu werden.

»Ich habe immer an Wunder geglaubt, aber oft schienen sie nur anderen zu passieren«, meint Dave heute. Vielleicht deshalb, weil *wir* so oft zu bitten vergessen. »Die Brille erinnerte mich daran, daß Er in jeden Bereich unseres Lebens mit einbezogen werden will. Kein Problem ist für Gott zu klein.«

Liebe Grüße von oben

Wer kann behaupten, daß nicht die Zeit kommt, wo auch für diejenigen, die hier auf Erden leben, die unsichtbare Welt nicht mehr unsichtbar ist? PHILLIPS BROOKS
Bischof der Episcopal Church

Kurz nachdem meine Freundin Beth gestorben war und ich an einem Nachmittag ihren Tod beweinte«, erzählt eine Frau aus Wisconsin, »roch es in meinem Haus plötzlich nach ihrem Lieblingsparfüm. Gelegentlich habe ich den Geruch noch jetzt in der Nase. Ich glaube, Beth schickt mir ein Zeichen, daß sie bei Gott ist.«

»Als unsere Mutter starb, war das ganze Zimmer in ein schönes goldenes Licht getaucht«, schrieb eine andere Frau. »Einen Augenblick glaubten wir einen kurzen Blick in die Ewigkeit getan zu haben, und das tröstete uns sehr.«

Es gibt unzählige Geschichten über Trauernde, denen die in den Himmel Gekommenen über den Verlust hinweggeholfen haben. Ein Streicheln, eine Vision oder auch nur ein kleines Zeichen ... vielleicht läßt uns Gott auf diese Weise wissen, daß Menschen, die wir geliebt haben, in Seinen Armen in Sicherheit sind.

Eine Frau namens Carol trat mit einer rührenden Geschichte an den Tisch heran, an dem ich gerade Bücher signierte. Ihre Mutter litt an der Alzheimerkrankheit, und sie zu pfle-

gen war sehr schwer. Eines Tages entdeckte die Mutter in einem Versandhauskatalog eine schöne antike Puppe. »Die besorge ich dir«, sagte sie zu Carol.
Carol seufzte. Sie sammelte solche Puppen, aber dieses Modell war sehr teuer, und ihre Mutter hatte schon jegliches Gefühl für Preise verloren. Auch hätte ihre Mutter überhaupt nichts einkaufen können. Das wäre viel zu schwierig für sie gewesen. »Mutter, ich brauche keine Puppen mehr«, sagte sie sanft.
»Nein!« erwiderte ihre Mutter störrisch. »Du bekommst sie. Ich verspreche es dir!«
Carol wußte, daß die Puppe ein verzweifeltes Zeichen der Liebe ihrer Mutter für sie war. Die Unfähigkeit, sie zu besorgen, schmerzte beide.
In den Wochen darauf, die recht schwierig waren, sprach ihre Mutter unentwegt von der Puppe, fragte, ob Carol sie bereits bestellt hätte und warum sie noch nicht gekommen sei. »Die ist noch unterwegs«, sagte sie immer wieder zu Carol. Wenige Wochen darauf starb die alte Frau.
Ein paar Monate nach ihrem Tod ging Carols Sohn zu einem Trödelmarkt und brachte eine Kiste mit altem Plunder nach Hause, darunter auch Teile von einer Puppe. Neugierig geworden, setzte Carol die Puppe zusammen – und es war genau das antike Modell aus dem Katalog, bis hin zu den winzig kleinen Schuhen und dem schönen Kleid. Das letzte Geschenk ihrer Mutter war in der Tat »unterwegs« gewesen.

Dan Paluscsaks Vater hatte in Medina, Ohio, für seine Familie ein altes Farmhaus gekauft, in dem sie nun wohnen sollte, und da gab es viel zu tun. »Papa war ein sehr geschick-

ter Handwerker. Er reparierte und renovierte gern«, erzählt Dan. Mr. Paluscsak hämmerte und sägte fast jede Nacht, räumte aber immer seinen Arbeitsplatz auf und stellte sein Werkzeug ordentlich ab. Niemand anders benutzte es.
Als Dan zwölf Jahre alt war, starb sein Vater plötzlich nach mehreren Schlaganfällen. Sein Projekt – die Renovierung des oberen Stockwerks – blieb unausgeführt. »Auf Papas Beerdigung hat unser Pfarrer jedem ins Gedächtnis gerufen, wie Papa an seiner Zimmermannsarbeit hing«, erinnert sich Dan. »Und er hat aus dem Johannesevangelium Vers 14 zitiert: ›Ich gehe hin, euch die Stätte zu bereiten.‹«
Dan vermißte seinen Vater in den darauffolgenden Monaten sehr. Er hätte gern gewußt, ob Gott im Himmel für seinen Vater eine »Stätte bereitet« hat, wo es auch etwas zu renovieren gab. War sein Vater zufrieden und ausgefüllt? Wie konnte Dan das je erfahren?
Eines Morgens sah Dan vom Wohnzimmer aus jemanden an der Tür zur Werkstatt seines Vaters. »So unglaublich das klingt, aber mein Vater trat mit Hammer, Säge und Winkelmaß aus seiner Werkstatt«, erzählt Dan. Die Gestalt stieg die Treppe hinauf und verschwand. Dan zweifelte, ob er noch normal sei, und beschloß, niemandem von dem Geschehnis zu erzählen. Später ging er jedoch mit seinem Bruder in das obere Stockwerk zum Spielen.
»Sieh mal, Dan!« sagte sein Bruder und wies auf das noch immer nicht vollständig renovierte Schlafzimmer an der Vorderseite des Hauses.
Dan machte große Augen. Dort auf dem Fußboden lag das Werkzeug seines Vaters. Das waren doch die drei Sachen, die sein Vater nach oben getragen hatte.

Dan erzählte seiner Mutter von dem Erlebnis. Sicherlich – so dachten sie – wollte Gott, daß sie wissen, daß der Vater tatsächlich in Sicherheit und zufrieden ist und noch tut, was er immer gern gemacht hat. »Irgendwie gefällt mir die Vorstellung, daß Gott mit Papas Hilfe *uns* eine Stätte im Himmel bereitet«, meint Dan heute.

Gelegentlich erlaubt Gott, daß sich Menschen, die wir geliebt haben und die jetzt in der Ewigkeit weilen, direkt an unserem Leben beteiligen.
Donna Victory war erst 18 Jahre alt, als ihre Mutter Janice 1983 starb. Sie empfand die Leere als unerträglich. »Unsere Familie hielt immer sehr zusammen, und Mutti hat nur für meinen Papa, meine beiden kleinen Brüder und mich gelebt«, erinnert sich Donna. »Sie war meine beste Freundin, und das Traurigste ist vielleicht, daß sie gern Großmutter geworden wäre. Wenn jetzt einer von uns Kinder bekommt, ist sie nicht dabei, um sich darüber zu freuen.«
Die Familie trauerte, doch im Laufe der Zeit suchte sich Donna mit ihrer neuen Lage abzufinden. Drei Jahre später heiratete sie. Das junge Paar zog nach Sherman in Texas, und bald wurde Donna schwanger.
»Im Laufe meiner Schwangerschaft wurden fünf Ultraschalluntersuchungen gemacht, und alle zeigten, daß wir ein Mädchen bekommen«, erzählt Donna. Aber die letzte Untersuchung ergab auch, daß sich die Nabelschnur um den Hals des Kindes gewickelt hatte. Donnas Ärztin verordnete für den Rest der Schwangerschaft Bettruhe. »Man sagte mir, Wehen und Entbindung seien genug Streß, den unsere kleine Tochter wird aushalten müssen«, berichtet Donna.

»Also saß ich herum, tat nichts – und machte mir Sorgen.«
Fern von ihrer Familie in Oklahoma dachte Donna oft an ihre Mutter. Sie brauchte so sehr das Gefühl der Geborgenheit, das nur eine Mutter geben kann.
Die Wehen begannen, und alles schien normal zu verlaufen. Aber alle wurden hellwach, als die Geburt kurz bevorstand. Ist mit dem Kind alles in Ordnung? Auf einmal fror es Donna. »Man sagte mir, ich solle pressen. Aber ich hatte solche Angst. Ich dachte, sie würde tot geboren werden, und das wollte ich nicht.«
Auf einmal wich die Angst unerklärlicherweise von ihr, und sie fühlte tiefen Frieden in sich. Eine weibliche Stimme sagte zu ihr: »Mach dir keine Sorgen, Donna. Alles geht gut. Mit ihm ist alles in Ordnung.« War das eine Krankenschwester? Nein, da sprach ihre Mutter – dessen war sich Donna sicher –, und zwar von *ihm* und nicht von *ihr*. Donna fühlte sich stark und preßte, so gut sie konnte.
»Es ist ein Junge!« verkündete ihre Ärztin Augenblicke später. »Was für eine Überraschung!« Aber nicht für Donna. Ihre Mutter hatte ihr die freudige Nachricht bereits überbracht.
Beim Versorgen des kleinen Brent fühlte sich Donna nicht mehr so allein. War nicht ihre Mutter mit ihr im Krankenhaus gewesen? Sicherlich befand sie sich noch immer in der Nähe. »Ich habe dem Kleinen alles von Mutti erzählt, um ihm ein Bild von ihr zu vermitteln«, sagt sie. Als sie dann später ihren kleinen Dustin bekam, erfuhr auch er von der wunderbaren Großmutter, die ihre Enkelkinder gern hier auf der Erde kennengelernt hätte, statt dessen aber nun vom Himmel aus zusammen mit allen Engeln über sie wachte.

»Sie war in meinen Augen die Beschützerin meiner Jungs«, sagt Donna, »obwohl ich mir damals nicht ganz sicher war, ob ich wirklich an Engel glaubte.«
In dem Sommer, in dem die Jungs knapp drei und vier Jahre alt waren, wurden sie »reif« für Doppelstockbetten. Zwecks Platzeinsparung im Kinderzimmer hatte Donna die Betten übereinandergestellt. Ihrer Meinung nach war Brent alt genug, um oben zu schlafen. Das würde ihm Spaß machen. Brent aber fürchtete sich vor der Höhe und bockte. Der kleine Dustin wiederum konnte gar nicht *weggebracht* werden von dem oberen Bett und versuchte immer wieder hinaufzuklettern, sobald Donna sich umdrehte. »Ich wollte nicht, daß Dustin oben schläft«, sagt sie. »Ich dachte, er ist noch zu klein. Aber wir befestigten oben ein langes Brett als Schutzleiste, und da hatte ich dann schließlich nichts mehr dagegen.«
Dustin hatte bereits einige Wochen im oberen Bett geschlafen, als Donna eines Nachts plötzlich aufwachte. Verwirrt setzte sie sich einen Augenblick lang auf. Im Schlafzimmer war es dunkel. Was war denn da los? Alles schien doch in Ordnung zu sein. Ihr Mann war Nachtwächter, hatte gerade Dienst, und alles war ruhig. Aber sie hatte den Eindruck, als sei etwas passiert und als habe jemand sie absichtlich wachgerüttelt.
Donna schaute zur Schlafzimmertür. Ihre Mutter stand dort. »Sie sah aus wie immer, abgesehen davon, daß irgendwie eine Nebelwolke um sie herum war«, sagt Donna. »Sie schien schwebend durch die Luft zu gehen.« Das war doch unmöglich! Sicherlich hatte Donna Halluzinationen. Jedoch sie war weder erschrocken noch verwirrt.

Ihre Mutter sagte kein Wort. Statt dessen gab sie Donna ein Zeichen, ihr zu folgen, und Donna tat es, ohne zu fragen. Die beiden gingen durch den Flur zum Schlafzimmer der Jungs, und dann trat Janice beiseite, so daß Donna hineingehen konnte.

Brent lag auf dem unteren Bett und schlief. Aber Dustin ... Donna schnappte voller Entsetzen nach Luft. Der Kleine war irgendwie zwischen Matratze und Holzleiste gerutscht und dort steckengeblieben. Er hing schlaff in der Luft, seine Füße baumelten über dem unteren Bett, und sein Hals war in der Schutzleiste festgeklemmt!

O *Gott!* Mit zitternden Händen holte Donna ihn dort heraus. Atmete er noch? Ja, er schien fest und normal zu schlafen. Bebend brach Donna in Tränen aus und preßte Dustin ganz fest an sich. Wie lange hätte er da noch hängen können, bis seine Atemwege völlig blockiert gewesen wären und er in aller Stille gestorben wäre? Und nichts hätte sie gewarnt!

Während sie so weinte, verspürte sie eine freundliche, beruhigende Hand auf der Schulter. Sie drehte sich um, aber da stand niemand. Sie war allein. Aber nicht *wirklich* allein.

»Seitdem habe ich nie wieder die Anwesenheit meiner Mutter verspürt, aber mein Bruder, der inzwischen auch Vater geworden ist, erzählte mir letztens, er hätte gesehen, wie sich Mutter über die Krippe beugt«, berichtet Donna. »Ich fühle mich sicherer dadurch, daß sie auf ihre Enkelkinder aufpaßt. Und da ich das weiß, bin ich völlig beruhigt.«

Das Versprechen auf der ersten Seite

Um den himmlischen Hafen zu erreichen, müssen wir zuweilen mit, manchmal aber auch gegen den Wind segeln; aber wir müssen segeln und dürfen uns nicht treiben lassen oder vor Anker liegenbleiben.

OLIVER WENDELL HOLMES

Wie halten die Leute bloß diese schreckliche Hitze hier aus? fragte sich Renée Smith am Morgen des 1. August 1983, als sie vor ihrer Einkaufstour ihre beiden kleinen Töchter ins Auto setzte. Die Smiths waren einen Monat zuvor aus Franklin in North Carolina nach Lincolnton in Georgia gezogen, aber Renée glaubte, sich nie an die Hitze im Pfirsichstaat Georgia gewöhnen zu können. Heute war es auch noch bewölkt und düster, und die Feuchtigkeit hing förmlich in der Luft. Schweiß rann ihr übers Gesicht, als sie die drei Monate alte Sarah in dem kleinen Tragekorb vorn im Wagen festschnallte, den Sitzgurt der fünfjährigen Jessica festmachte und sich dann in den Verkehr stürzte.

»Sind wir bald da, Mami?« fragte Jessica hinten im Wagen, als sie die zwanzig Meilen nach Thomson unterwegs waren.

»Fast, Schätzchen.« Renée schaute aufs Thermometer. Es zeigte 40,5 Grad Celsius an.

Um 13.35 Uhr fuhr sie am Supermarkt auf den Parkplatz, schaltete den Motor aus, stieg aus dem Wagen und wollte Sarah aus dem Tragekorb herausholen, während Jessica auf der anderen Seite ausstieg. Das war das letzte, woran sich jeder von ihnen noch erinnerte, und nur Zeugen konnten das Geschehene rekonstruieren. Jedenfalls gab es einen Riesenknall, ein Blitz schlug auf den Wagen auf und schoß nach beiden Seiten weg. Ein Teil von ihm traf Renée an der linken Schläfe, der andere Jessica am linken Auge. Renée ließ das Baby fallen und stürzte in eine Pfütze auf dem Gehsteig. Jessica fiel auf der anderen Wagenseite zu Boden …

Eine Frau kam von einem Wagen in der Nähe zu Renée herübergerannt und begann, über ihr zu beten. Die kleine Sarah schien hellwach und unverletzt zu sein, aber Renées Augen waren nach innen gerollt. Sie gab keine Lebenszeichen von sich.

Eine Medizintechnikerin, die gerade keinen Dienst hatte, kam herbeigestürzt. Sie stellte fest, daß Renées Zustand sehr schlimm war. »Kein Puls, keine Atmung«, sagte sie nach einer kurzen Untersuchung zu der betenden Frau. »Ich beginne mit einer Herz- und Lungenreanimation. Beten Sie inzwischen weiter.« Es begann zu regnen, und der hinzugekommene und in Panik geratene Supermarktleiter eilte zurück, um Decken zu holen.

Ein Mann in einem Lieferwagen hatte alles mit angesehen. Er kümmerte sich um Jessica und führte eine Mund-zu-Mund-Beatmung durch, denn das Herz des kleinen Mädchens schlug nicht mehr. Ihre Schuhe waren durch den Blitzschlag fortgeschleudert worden und lagen auf der anderen Seite des Parkplatzes.

Nach etwa zehn Minuten kam Jessica wieder zu sich. »Wo ist denn Mami?« fragte sie den Mann, der sich besorgt über sie beugte.

»Deiner Mami geht's gut«, versuchte er sie zu beruhigen. Aber er wußte genausogut wie alle anderen in der sich rasch bildenden Menschenmenge, daß Renée von einem Stromschlag getroffen und wohl fast tot war.

Ein Krankenwagen kam, und alle drei Opfer des Blitzschlags wurden auf Tragbahren geladen. Die Mediziner waren intensiv um Renée bemüht, während der Krankenwagen zum McDuffie County Hospital ins Zentrum von Thomson raste. Kein Puls, kein Herzschlag. »Den Defibrillator!« – »Noch einmal den Defibrillator – macht Platz!« Beim dritten Versuch, etwa 17 Minuten nach dem Blitzschlag, erreichte das Team, daß Renées Herz wenigstens unregelmäßig schlug, während eine Lungenmaschine für sie atmete. Die Mannschaft des Krankenwagens wechselte verzweifelte Blicke. Diese Frau war noch so jung, und doch bestand wenig Hoffnung, daß sie überleben würde.

Die Ärzte im McDuffie County Hospital waren der gleichen Meinung. Ein 2,5 Zentimeter breiter Brandstreifen verlief von Renées Kopf hinunter zum Rückgrat, so daß die Haare an der Kopfhaut angeschmolzen waren. Ein blauer Fleck war deutlich an der linken Schläfe zu erkennen, wo der Blitz hineingefahren war, und ein anderer an ihrer linken Hand, wo er wieder hinausgefahren war. Ihre Augen drehten sich willkürlich und waren auf nichts gerichtet. Da das Universitätskrankenhaus in Augusta eine Intensivstation hatte, beschlossen die Ärzte, alle drei Patientinnen dorthin zu schicken. Doch ihrer Meinung nach hatte Renée einen irreversiblen Gehirnschaden und war »unheilbar«.

Inzwischen wurde versucht, Renées Mann Fred, der Telefonkabel in der Region verlegte, zu finden. Als sein Chef ihn schließlich erreicht hatte, sagte er Fred nur, daß Renée und die Mädchen einen schweren Unfall gehabt hätten. In Panik raste Fred nach Hause, um die regennassen und schmutzigen Sachen zu wechseln. Er wußte ja nicht einmal, wo sich das Universitätskrankenhaus befand, und ihm war klar, daß er kostbare Zeit verlieren würde, wenn er sich nach dem Weg erkundigte. Und wie sollte er allein mit all dem zurechtkommen, was ihn vielleicht dort erwartete? »Lieber Gott«, betete er, »schick mir doch bitte noch jemanden, der mir zur Seite steht.«

Als er vor seinem Haus bremste, sah er dort einen Mann stehen – seinen neuen Pfarrer, Mike McBride von der First Assembly of God in Lincolnton. »Ich bin angerufen und gebeten worden, zu Ihnen zu kommen«, erklärte er. »Wir dachten, daß Sie gern jemanden bei sich haben möchten.«

»Natürlich. Vielen Dank.« Fred war ein bißchen erleichtert, machte sich aber weiterhin Sorgen. Renée, seine Töchter ... Er spürte auf einmal, wie sehr er sie liebte.

Als die beiden Männer in rasender Fahrt zum Krankenhaus unterwegs waren, ließ Freds Besorgnis auf einmal nach. Statt dessen empfand er tiefen Frieden. Vers 17 aus dem zweiten Brief des Paulus an Timotheus kam ihm in den Sinn: »Denn Gott hat uns nicht gegeben den Geist der Furcht, sondern der Kraft und der Liebe und der Besonnenheit.« Fred wollte mit seiner Liebe für seine Familie *kämpfen* und sich an Gottes Gnade halten. Er schaute zu Mike McBride hinüber. »Ich habe einen Gott, der heilt«, sagte er entschlossen. »Der macht meine ganze Familie wieder gesund.«

Der Pfarrer hoffte das ebenfalls, und die beiden Männer beteten auf ihrer kilometerlangen schnellen Fahrt zum Krankenhaus. Als sie jedoch die Notaufnahme betraten, nahm eine Krankenschwester Mike beiseite. »Ich glaube, Sie sollten Mr. Smith vorbereiten ...«, murmelte sie. »Niemand rechnet damit, daß seine Frau die Fahrt vom McDuffie County Hospital überlebt. Sie wird wahrscheinlich tot sein, wenn sie ankommt.«

Fred blieb jedoch unbeirrt, auch als man ihm schließlich gestattete, Renée auf der Intensivstation zu sehen. Sie war bei der Ankunft nicht tot gewesen, sondern in einem Zustand, in dem sie auf nichts reagierte, hing an einem Beatmungsgerät und zuckte ständig, weil sie Muskelkrämpfe hatte. Gerettet *wirkte* sie auf keinen Fall. »Wenn sie überlebt«, erklärte ein Arzt Fred leise, »könnte sie Nerven- und Nierenschäden behalten, gelähmt sein, Muskelschäden haben, Anfälle bekommen und Erinnerungslücken haben ...«

Aber Fred beschloß, seinem Glauben und nicht seinen Wahrnehmungen zu folgen. Jenes wunderbare Gefühl von Frieden und Liebe war noch in ihm. Als er das Krankenzimmer verließ, lief er einem Reporter der *Augusta Chronicle* in die Arme, der dort in den Gängen herumirrte und geschickt worden war, eine Story über den Vorfall zu schreiben. »Gott macht meine Familie wieder gesund«, sagte Fred zu dem Reporter. »Setzen Sie das auf die erste Seite.«

»Aber ...« – der Reporter wußte nicht weiter. War die Frau dieses Mannes nicht schon fast tot?

»Setzen Sie das auf die erste Seite«, wiederholte Fred.

Der Reporter tat, wie ihm geheißen wurde. Ein Journalist vom *Augusta Herald* griff die Geschichte ebenfalls auf. Die ganze Region wartete.

Nach ein paar Tagen wurden beide Mädchen als geheilt entlassen. Es war festgestellt worden, daß der Gummi in dem Tragekorb wie ein Schutzschild gewirkt hatte und die kleine Sarah dadurch nicht verletzt worden war. Und obwohl Jessica am ganzen Körper rote Streifen gehabt hatte – wahrscheinlich durch Blutgerinnsel als Reaktion auf die Hitze –, waren diese mysteriöserweise plötzlich verschwunden, kaum daß Fred auf den Gang im Krankenhaus hinausgetreten war und ganz einfach gesagt hatte: »Lieber Gott, Du mußt jetzt etwas tun.«

Renée blieb im Koma. In ganz Augusta beteten Menschen für sie, und Betgruppen bildeten sich im Warteraum des Krankenhauses. Auf einmal brach ein Mann vor der Tür von Renées Zimmer in Tränen aus. »Habt ihr sie gesehen?« fragte er die Leute um sich herum. »Drei riesengroße Engel in Gold und Bronze ... sind durch die Wand in ihr Zimmer gegangen. Die kämpfen für ihr Leben.« Niemand sonst hatte diese Vision gehabt. Aber es war nicht schwer, daran zu glauben.

Drei Tage nachdem Renée Smith vom Blitz getroffen war, erwachte sie wieder. »Was hab ich denn bekommen?« fragte sie Fred wie trunken, »einen Jungen oder ein Mädchen?«

»Du hast kein Kind bekommen, Liebling«, entgegnete Fred, dem Tränen in die Augen stiegen. »Du bist von einem Blitz getroffen worden.«

»Ich kann nicht gut sehen«, sagte Renée undeutlich. »Es ist alles so verschwommen.«

Das war alles nicht wichtig. Renée sprach und war wach. Fred hatte sein Wunder bereits erlebt. Wenn ihre Augen durch den Blitz verletzt waren, würden sie schon die Kraft finden, damit fertig zu werden.

Da erinnerte sich Renée daran, daß sie Kontaktlinsen getragen hatte, als sie vom Blitz getroffen wurde. Vielleicht hatte einer der Ärzte sie herausgenommen, als sie bewußtlos war. Die Ärzte waren entsetzt, als sie das hörten. Das war *unmöglich*, erklärten sie, denn wenn Renée Kontaktlinsen getragen hätte, wären die geschmolzen, und sie wäre erblindet.
Aber sie hatte Kontaktlinsen getragen. Die wurden allerdings nie gefunden. Jedoch ihre Augen hatten überhaupt keinen Schaden genommen. Und auch sonst waren keine dauerhaften Schäden entstanden.
»Außer daß meine Füße eine Zeitlang wie taub waren, und außer manchen Reaktionen auf die Arzneimittel gab es keinerlei Nachwirkungen bei mir«, berichtet Renée heute. Die *Chronicle* nannte sie die »Blitzlady von Augusta«, und Renée ist noch immer verblüfft und dankbar für die Segnungen, die einer Beinahetragödie entsprangen. Sie wird oft gebeten, über ihr Erlebnis zu reden, und hat viele neue Freunde bekommen. Es gehen immer noch Spenden ein, um die Kosten ihrer Behandlung zu bezahlen (da Fred gerade die Arbeitsstelle gewechselt hatte, war die Familie nicht krankenversichert). Der beste Nebeneffekt war jedoch, daß das an ihr geschehene Wunder den Glauben aller Menschen in dieser Gegend bestärkt hat. »Unser Leben wird wirklich von einer unsichtbaren Hand gelenkt«, sagt sie.
Fred seinerseits ist davon überzeugt, daß der von ihm so tapfer erklärte Glaube zum Wieder-gesund-Werden seiner Familie beigetragen hat. »Man weiß nie, was jeder Tag bringt«, erklärt er. »Aber alles ist möglich, wenn man glaubt.«

Der stille Beifahrer

Was du bist, ist Gottes Geschenk für dich.
Was du aus dir machst, ist dein Geschenk für Gott.
Verfasser unbekannt

Gott läßt uns zwar nie im Stich, duldet aber zuweilen Tiefen in unserem Leben, damit wir eher zu Ihm aufschauen. Vielleicht hatte deshalb der Langzeitalkoholiker Lew Baker zwei Herzinfarkte zu überstehen, danach eine Bypass-Operation, und schließlich wurde bei ihm Diabetes diagnostiziert. Und das alles 1982 in kurzer Zeit. »Damals wußte ich zwar von Gott, kannte Ihn aber nicht persönlich«, sagt Lew. Jedoch seine Gesundheitsprobleme waren ihm Weckrufe. In seiner Genesungszeit begann er die Heilige Schrift zu lesen und sich Erfahrungen von Leuten anzuhören, die spirituelle Erneuerung erlebt hatten. Allmählich taute sein Herz auf.

»Im März 1983 nahm ich Jesus in mein Leben auf und begann, die enge persönliche Beziehung zu entwickeln, die ich jetzt zu Ihm habe«, erzählt Lew. Bei seiner Bekehrung versprach er Jesus, den Rest seines Lebens damit zu verbringen, anderen zu helfen, von Drogen und Alkohol freizukommen. Ein paar Jahre später transportierte Lew, der als Fernfahrer für eine Firma im Norden des Staates New York arbeitete, Material für den Straßenbau in Maryland. Um starken Verkehr zu vermeiden, sind viele Fahrer oft nachts unterwegs. Eines Abends fuhr Lew gegen 23 Uhr mit einer 25-Tonnen-Ladung Betonplatten los. Es war eine große Fracht, aber er hatte keine Bedenken. Sein Lastwagen hatte an der Stoßstange einen Aufkleber mit der Aufschrift GOTT IST MEIN BEIFAHRER, und da sein Glaube mit jedem Tag stärker wurde – was sollte er da schon befürchten?

»Auf der Hälfte der Strecke durch Pennsylvania schien sich die Steuerung zu lockern, und es war, als ob die Kabine meines Lkw in der Luft schwebte«, erzählt Lew. Er fuhr an den Straßenrand, stellte Warnsignale auf und überprüfte alles, was er konnte. Drei Lkw-Fahrer hielten, um ihm zu helfen, fanden jedoch nichts. Lew fuhr vorsichtig zur nächsten Lkw-Raststätte, aber bis jetzt schien alles in Ordnung zu sein. Die Mechaniker dort fanden auch nichts. Hatte er sich das nur eingebildet? Lew erreichte sicher die Baustelle in Südmaryland und ließ seinen Lastwagen noch einmal überprüfen. Nichts. Auch auf der Rückfahrt nach New York gab's keine Probleme. »Als ich dort ankam, erzählte ich meinem Chef, was geschehen war«, berichtet Lew. »Er gab mir einen anderen Lkw, damit meiner eingehend durchgecheckt werden konnte.« Nach vier Tagen Überprüfung durch drei Mechaniker bekam Lew seinen Lkw zurück. Keiner hatte etwas gefunden.

»In den darauffolgenden Monaten fuhr ich weiterhin von New York nach Maryland und spürte gelegentlich ein Flattern beziehungsweise hatte ein komisch leichtes Gefühl beim Steuern«, berichtet Lew. »Tief in mir wußte ich, daß etwas nicht in Ordnung war, aber wenn ich das sagte, wurde ich inzwischen ausgelacht.« Statt dessen behielt er seine

wachsende Besorgnis für sich und betete noch häufiger als sonst.
Eines Tages sollte Lew eine schwere Ladung Beton in das Gebiet der Finger Lakes im Norden des Staates New York bringen. Die Fahrt verlief bis zu dem kleinen Dorf Watkins Glen ohne Zwischenfälle. »Die Straße hatte man auf einer Bergseite durch massives Felsgestein getrieben«, erzählt Lew. »Während der Fahrt auf dieser steilen, schmalen Straße hatte ich massives Felsgestein zur Rechten. Zur Linken fiel der Berg 100 Meter oder mehr in einen See ab, dessen Tiefe an manchen Stellen noch niemand ausgelotet hatte.«
Der Motor lief heiß, und das Wasser im Kühler kochte, während der Lastkraftwagen mühsam bergauf fuhr. Wieder schien die Kabine ganz leicht zu sein. Jedesmal, wenn die Straße holprig oder etwas uneben war, kam es Lew vor, als hebe sein Lkw vom Boden ab.
Schließlich erreichte Lew den Bestimmungsort, lieferte seine Ladung ab und machte sich auf den Rückweg. Er fuhr hinter das Verwaltungsgebäude, um seinen Lkw am nächsten Tag durchsehen zu lassen.
»Ich öffnete die Motorhaube und kletterte hinauf, um den Wasser- und Ölstand zu überprüfen«, erzählt er. »Beim Herunterklettern rutschte ich ein bißchen, und meine Hand geriet an das Steuerungsgetriebe.«
Verblüfft sah Lew, wie das ganze Steuerungsgetriebe von seiner Montageplatte herunterfiel. Alle acht Schrauben waren abgebrochen, und aus ihren verrosteten Spitzen schloß Lew, daß sie sich schon vor langer Zeit gelöst hatten. Über 9000 Kilometer war er mit einem Getriebe gefahren, das in der Luft gehangen hatte, anstatt die Steuerung des Lkw zu kon-

trollieren. Warum die Mechaniker das nicht bemerkt hatten und warum er nicht die Kontrolle über den Wagen verloren hatte, insbesondere während seiner Kletterfahrten durch die Berge, konnte er wahrlich nicht beantworten.

Am nächsten Tag entfernte Lew seinen Aufkleber an der Stoßstange GOTT IST MEIN BEIFAHRER. »Mir war dann klar, daß Gott der *Fahrer* ist«, sagt er. Und das hat er nicht vergessen.

Heute ist Lew als Berater in drei staatlichen Gefängnissen sowie zwei Bezirkshaftanstalten tätig und bringt den Häftlingen Hoffnung und spirituellen Glauben. Er kann ihnen voller Überzeugung sagen, daß niemand allein durchs Leben reist.[5]

Die außer Kraft gesetzte Ordnung

Die Welt wird nie daran sterben, daß es keine Wunder gibt, sondern daran, daß sich niemand mehr wundern kann. G. K. CHESTERTON
Tremendous Trifles
(Die großen Kleinigkeiten)

Lew Baker ist nicht der einzige, der eine zeitweilige Aufhebung der Naturgesetze miterlebt hat. Da Gott das Universum erschaffen hat, kann er sicherlich auch dessen Gesetze nach Seinem Ermessen außer Kraft setzen.

Der 18jährige Bill Clark aus Staatsburg im Bundesstaat New York erfuhr dies, als er für Freunde seiner Familie arbeitete, die Klimaanlagen installierten. Er war der »Besorger«, also jemand, der herumlief, Sachen holte und sie zu den Installateuren brachte. Seine Mutter Martha war mit seiner Entwicklung zufrieden. Aber wie viele Eltern hatte sie etwas Schwierigkeiten mit dem »Loslassen«. »Jeden Tag bat ich Gott, mir eine Bestätigung zu geben, daß es richtig war, Bill auf die Welt der Erwachsenen vorzubereiten«, sagt sie.

An einem außerordentlich heißen Tag installierten Bill und seine beiden Chefs Klimaanlagen in einem großen, luxuriös ausgestatteten Haus. Sie hatten bereits 110-Volt-Leitungen durch Rohre im Dachgeschoß gezogen, und nun arbeiteten sie draußen, in der Nähe des Swimmingpools. »Bill«, rief der

Chef, »schließ doch mal die Verlängerungsschnur an und bring sie mir.«
Nachdem Bill das Kabel angeschlossen hatte, ging er rückwärts zu seinem Chef und wickelte im Laufen die Schnur ab. Niemand sah, wie er an den Swimmingpool geriet – bis es zu spät war. Mitsamt dem Kabel in der Hand stürzte Bill ins Wasser.
Wer nun eine stromführende elektrische Leitung unter Wasser berührt oder in der Hand hat, erleidet eigentlich schwere Verbrennungen oder einen Schock, wenn er nicht gar durch den Stromschlag getötet wird. Außerdem hatte Bills Chef gerade den Hauptschalter überprüft, und der funktionierte einwandfrei. Aber Bill geschah nichts. Noch mit dem Stromkabel in der Hand, schwamm er an den Beckenrand und kletterte unversehrt hinaus.
»Bill, was ist geschehen? Ist noch alles in Ordnung bei dir?«
Erstaunt betrachteten die Männer die Schnur und den Stecker. Die Schnur stand ganz bestimmt noch unter Strom. Niemand konnte sich erklären, warum Bill unverletzt blieb. Aber als Martha die Geschichte hörte, erkannte sie deren spirituelle Bedeutung. »Ich wußte dann, daß ich meinen Sohn ohne weiteres der Obhut des Herrn anvertrauen konnte«, sagt sie. »Ich werde immer dankbar sein für dieses besondere Beispiel Seiner Macht und Seines Schutzes.«

Jim rief beim Sender WYLL in einem Vorort von Chicago an. Es ging um Norma, eine Freundin von ihm, für die er betete. Norma, eine alleinstehende Mutter, hatte sich Gott entfremdet und lebte gedankenlos in den Tag hinein. Sie arbeitete als Kassiererin, war ewig gestreßt und verschuldet.

»Eines Nachts wurde es Norma aber doch zuviel«, erzählte Jim. »Als sie ihre Registrierkasse abschloß, nahm sie 400 Dollar heraus und steckte sie in ihr Portemonnaie.« Mit klopfendem Herzen gelangte Norma zu ihrem Wagen, ohne gefaßt zu werden. Als sie jedoch den Zündschlüssel herumdrehte, geschah nichts.

Dabei hatte sie den Wagen erst in der Werkstatt gehabt! Das durfte doch nicht sein! Nicht noch weitere Schulden! Norma kam es vor, als ob die Welt einstürzte. Sie sah sich auf dem Parkplatz nach Hilfe um. Gewöhnlich waren dort immer Kollegen, die auch nach Hause wollten. Aber heute abend war seltsamerweise alles völlig menschenleer. An niemanden konnte sie sich wenden, bis auf ...

Norma legte die Stirn aufs Steuerrad. »Lieber Gott«, betete sie leise, »ich bin Dir fern, habe schon lange nicht mehr an Dich gedacht. Aber aus irgendeinem Grunde kommt es mir vor, als seist Du jetzt bei mir. Gib mir bitte einen Rat.«

Sie wartete einen Augenblick, stieg dann langsam aus dem Wagen, ging in das Gebäude zurück und suchte ihren Chef. »Bitte schön«, sagte sie und gab ihm die 400 Dollar. »Ich habe einen Fehler gemacht.«

Ihr Chef schaute erst das Geld und dann sie an. »Ich verstehe«, sagte er langsam. »Da freue ich mich aber, daß Sie es noch bemerkt haben.«

Sie lächelten einander an, und Norma fühlte sich erleichtert. Sie hätte gefeuert, ja sogar in Haft genommen werden können! Aber aus irgendeinem Grunde hatte ihr Chef Vertrauen zu ihr gehabt.

Vielleicht sollte sie auch Vertrauen zu sich haben. Möglicherweise war es noch nicht zu spät, nach Gottes und nicht nach ihren Gesetzen zu leben. Norma ging zu ihrem Wagen zurück und versuchte noch einmal, ihn zu starten. Er sprang an.

Martha Malham und ihr Gatte Howie waren in Arizona auf Besuch bei Sohn, Schwiegertochter und Enkelkindern. »Ich goß frischgebrühten heißen Kaffee in einen Becher und stellte ihn für Howie auf den Küchentisch«, erzählt Martha. Ganz in die Unterhaltung vertieft, sah niemand von den Erwachsenen, wie der 18 Monate alte John Paul angewakkelt kam, hinauflangte und den Becher am Henkel packte. Er kippte ihn um, und der siedend heiße Kaffee war im Begriff, aus dem Becher in sein nach oben gewandtes Gesicht zu schwappen.

Alle erstarrten vor Schreck. Da wechselte die dampfende Flüssigkeit auf einmal mitten in der Luft die Fallrichtung. »Der Kaffeestrahl machte einen Bogen von 45 Grad und schoß an John Pauls Gesicht vorbei«, erzählt Martha. »Mit einem riesigen Platscher landete er auf dem Küchenfußboden und bespritzte alles in der Nähe. Jedoch nicht ein Tropfen berührte John Pauls Sachen.«

Wer hatte um den kleinen Jungen eine unsichtbare Schutzwand errichtet? Martha glaubt es zu wissen.

Die Eltern der 14jährigen Karen Costello waren beide berufstätig, und so verbrachte sie viel Zeit allein mit ihrem 15jährigen Stiefbruder Eric. Der stellte dauernd irgend etwas an und war sogar schon einige Zeit in einer Strafanstalt gewesen. Karen hatte ein bißchen Angst vor ihm.

An einem Sommertag saß sie auf dem Fußboden vor dem

Fernseher, als Eric mit einem Gewehr nach Hause kam.
»Wo hast du denn das her?« fragte sie schockiert.
»Hab ich mir eingetauscht«, erwiderte Eric lässig. Dann hob er das Gewehr, zielte auf Karen und drückte ab. Immer und immer wieder.
»Weißt du denn nicht, daß man niemals ein Gewehr auf jemanden richten soll?« schrie Karen voller Angst.
Eric lachte. »Sei doch nicht wie so 'n kleines Kind. Das Gewehr ist doch gar nicht geladen«, erwiderte er und sah es sich genau an. »Ich werde es morgen wieder zurücktauschen. Das ist irgendein Schrott.«
Karen war erleichtert. Da Eric das Gewehr wieder loswerden wollte, beschloß sie, ihren Eltern gegenüber am Abend nichts von dem Vorfall zu erwähnen.
Am anderen Morgen erwachte sie und wollte aufstehen. Normalerweise holte sie immer ihren Morgenrock aus dem Wandschrank und ging dann zum Frühstücken in die Küche. Aber aus irgendeinem Grunde beschloß sie, noch ein bißchen im Bett zu bleiben.
Peng! Ein lauter Knall zerriß die Stille. Karen sah, wie ein Stück Holz aus der Tür ihres Wandschrankes absplitterte, und zwar genau dort, wo ihr Kopf gewesen wäre, wenn sie am Schrank gestanden hätte. Plötzlich zeigte sich ein Loch in der Wand gegenüber vom Schrank. Eine Kugel war durchs Zimmer geschwirrt!
Eric kam mit leichenblassem Gesicht hereingerast. »Bist du noch okay?« schrie er. »Karen, ich hab doch nicht gewußt, daß es geladen war! Ich schwör's dir! Ich hab da nie Kugeln 'reingelegt. Hab doch gar keine!«
Karen starrte ihn schockiert an. Offensichtlich war die Ku-

gel am Tag zuvor, als Eric auf sie angelegt hatte, in der Gewehrkammer gewesen. Er hatte doch aber mehrmals abgedrückt. Was hatte die Kugel daran gehindert, aus der Kammer herauszukommen? Was hatte Karen daran gehindert, ein paar Sekunden eher aufzustehen, so daß sie von ihr getroffen worden wäre?
Trotz Schwierigkeiten in der Familie fühlte sich Karen danach nicht mehr so verwundbar. Sie wußte, daß Gott auf sie aufpaßte.

Stürze (oder mögliche Stürze) scheinen speziell für die zeitweilige Aufhebung von Naturgesetzen gemacht zu sein. Während einer komplizierten Schwangerschaft stolperte eine junge Frau auf einem Treppenabsatz. Im Bruchteil einer Sekunde geriet sie in Panik und glaubte, zu fallen und ihr ungeborenes Kind zu verlieren. »Dann schien auf einmal alles ganz langsam zu gehen«, berichtet sie. »Ich glitt die Treppen hinunter ... und es war, als fiele ich durch den Himmel.« Sie landete wie auf einem Kissen, und als nach drei Monaten ihr Sohn geboren wurde, »nannten wir ihn Nathan, was auf hebräisch ›Gottesgeschenk‹ heißt.«[6]

In einem anderen Fall war Barbara Gove zu Besuch bei ihrem Bruder in Milton, New Hampshire, als ihr 14jähriger Neffe Eddie von einem Lieferwagen sprang, der dort auf dem Hof stand. Sie hörte ihn nur plötzlich wie am Spieß schreien. Entsetzt sah Barbara, daß er auf einem Brett gelandet war, aus dem ein Nagel herausragte, und dieser hatte sich fast durch seinen Fuß durchgebohrt. Eddies Vater war beim Arbeiten und niemand sonst zu Hause. Was tun?

Barbara nahm ihren schluchzenden Neffen in die Arme, noch mit dem Brett und dem Nagel an seinem blutenden Fuß, trug ihn zu ihrem Wagen und fuhr ihn ins nächste Krankenhaus. Auf dem gesamten Weg bat sie Gott um Hilfe. Mit quietschenden Bremsen fuhr sie auf einen Parkplatz, hob Eddie heraus und eilte zur Notaufnahme.

»Als ich ihn da so auf dem Gehsteig trug, fing auf einmal eine Frau zu schreien an«, erzählt Barbara. »Ich hatte keine Zeit, um stehenzubleiben und sie nach dem Grund zu fragen, und ging weiter.« Eddie war schrecklich schwer, aber Barbara schaffte es schließlich doch, ihn bis zur Notaufnahme zu bringen und einer Krankenschwester zu übergeben. Als sie dann innehielt, um wieder Atem zu schöpfen, sah sie, daß die Frau ihr nachgefolgt war.

»Warum haben Sie mich denn da draußen angeschrien?« fragte Barbara.

»Ja«, sagte die Frau bleich und erschüttert, »vielleicht sollte ich es Ihnen lieber *zeigen* als erzählen.«

Die Frau führte Barbara wieder nach draußen und zeigte ihr ein großes Gitter, fast so breit wie der Gehsteig. Es lag sonst über einem Schacht, durch den Waren in den Keller des Krankenhauses transportiert wurden – und dieser Schacht befand sich genau dort, wo Barbara entlanggegangen war. Und er war offen.

»Ich war sicher, daß Sie und der Junge in das Loch hineinfallen würden, und deshalb habe ich geschrien«, sagte die Frau. »Aber Sie beide schienen … förmlich darüber hinwegzuschweben.« Barbara war erstaunt. Wie konnte das sein? Sie wußte, daß ihre Füße nie den festen Boden verlassen hatten. Aber später erzählte ihr Eddie, ihm sei es auch so vorgekommen, als sei er geschwebt, als sie ihn in den Armen trug. Überdies heilte der Fuß trotz der Besorgnis der Ärzte in wenigen Tagen. Ohne Infektion oder Nachwirkungen.

1987 machten Clem und Julie Walters anläßlich ihres 30. Hochzeitstages mit ihren Freunden Sharon und David eine Europareise. Aufgrund eines Forschungsprojektes, an dem Julie gerade arbeitete, sollten das Geburtshaus und das Kloster der heiligen Thérèse, der berühmten katholischen Heiligen aus Lisieux in Frankreich, das Hauptziel der Reise sein.

Da sie in den Tagen vor der Reise mit Kirchenangelegenheiten in ihrer Gemeinde zu tun gehabt hatten, »waren wir nicht gut vorbereitet«, erinnert sich Clem. »Wir beherrschten keine Fremdsprachen und hatten Eurorail-Pässe, mit denen wir uns nicht gut auskannten. Wir reisten mit wenig Geld, so daß nichts schiefgehen durfte. Also beschlossen wir, auf unserer gesamten Fahrt zu beten.« Jeden Morgen faßten sich die vier an den Händen, weihten den Tag Gott und baten Ihn um Schutz und Führung.

Es ging alles leichter, als sie erwartet hatten. Aber auf der Fahrt von Rom nach Lisieux begannen die Probleme. Infolge schwerer Regenfälle verspätete sich der Zug um fast 20 Stunden, und als er Lisieux schließlich erreichte, glich die Station einem Irrenhaus. Für die vier war die Zeit knapp, weil ihre Fahrausweise nicht geändert werden konnten, und so hatten sie bloß ein paar Stunden in Lisieux, bevor sie mit der Fähre den Ärmelkanal überqueren mußten. »Die Frauen machten sich auf den Weg, einen Stadtplan zu besorgen, damit wir so schnell wie möglich unsere Besuchsziele ausfindig machen konnten«, erinnert sich Clem. »David und ich blieben auf der Bahnstation, um telefonisch Plätze auf der Fähre zu reservieren.«

Da die Männer sich jedoch nicht mit französischem Geld auskannten, kamen sie mit dem Münzfernsprecher nicht zurecht. Sie baten mehrere Personen um Hilfe, ernteten jedoch nur Seufzer oder Kopfschütteln. Die Zeit verging, und sicherlich schloß das Kloster bald. Da trat eine attraktive, gutgekleidete junge Frau an das benachbarte Telefon und führte in fließendem Französisch ein kurzes Gespräch. »Sprechen Sie englisch?« fragte Clem sie, als sie den Hörer wieder anhängte. Sie wandte sich ihnen mit einem strahlenden Lächeln zu. »Natürlich«, erwiderte sie. »Wie kann ich Ihnen behilflich sein?«

Clem war überrascht. Sie sprach ein einwandfreies Englisch. Er erklärte ihr rasch, daß sie Plätze reservieren müßten, was die freundliche junge Frau dann auch für ihn übernahm.

»Alles erledigt«, sagte sie, als sie den Hörer wieder auflegte.

»Wunderbar. Recht vielen Dank«, erwiderten die beiden Männer.

»Nicht der Rede wert.« Sie lächelte über die Schulter zurück, als sie in flottem Schritt den Bahnhof verließ. »Gute Weiterreise!«

Erleichtert gingen die beiden Männer auch. Ein Stückchen weiter erblickten sie Julie und Sharon an einem kleinen Laden im Gespräch mit einer älteren Frau.

Diese Frau sprach zwar kein Englisch, hatte jedoch Julie und Sharon helfen können, den richtigen Stadtplan zu kaufen. Außerdem kannte sie den Weg zum Kloster und wollte sie hinfahren. Die Frauen hatten versucht, ihr zu erklären, daß sie nicht ohne ihre Männer mitkommen könnten, und sie hatten das Gefühl, daß es ihr vielleicht nicht recht wäre, auch noch zwei Männer mitzunehmen. Sie hatte das aber nicht verstanden und versuchte noch immer, sie zum Mitfahren zu überreden. »Es wäre wunderbar gewesen, mit ihr mitzufahren. Das hätte viel Zeit gespart«, erzählt Julie. Sie machte sich Sorgen darüber, diese Gelegenheit für ihr Forschungsprojekt zu verpassen. »Aber wir können euch Männer ohne ihre Erlaubnis nicht mitnehmen!«, sagte sie zu Clem und David.

Clem wußte nicht, was sie tun sollten. In diesem Augenblick kreuzte die junge Frau von der Bahnstation wieder auf. Wo war die nur hergekommen? »Darf ich helfen?« fragte sie.

»Sie sind unsere Retterin«, sagte Clem und erklärte ihr schnell alles. Die beiden Französinnen berieten sich. »Sie würde sich freuen, Sie alle mitzunehmen«, übersetzte die junge Frau schließlich.

»Oh, wunderbar!« rief Julie aus.

Clem griff nach seiner Kamera. »Bevor wir losfahren, möchte ich aber gern noch euch vier Frauen fotografieren«, sagte er und machte rasch eine Aufnahme. Dann verschwand die junge Frau wieder in der Menschenmenge, und die ältere brachte die vier zu ihrem Wagen. Die Ehepaare erreichten das Geburtshaus der heiligen Thérèse, kurz bevor es geschlossen wurde, und Julie konnte ihre Forschungen vervollständigen.

Der Rest der Reise verlief angenehm, und die vier stellten oft Betrachtungen über das zufällige Dazukommen der jungen Frau auf der Bahnstation an. Ohne deren Hilfe wäre ihr Zwischenaufenthalt in Lisieux ein Reinfall geworden.

Wieder nach Indiana zurückgekommen, brachte Clem seine Filme zum Entwickeln. Eines Abends setzte er sich hin, um sie sich eingehend anzusehen. Er hatte eine gute Kamera benutzt, und alle Aufnahmen waren etwas geworden – bis auf die in Lisieux gemachten. Sie waren irgendwie unklar und dunkel, und man erkannte kaum etwas. Es mußte ein schlechter Film gewesen sein. Clem tat die Aufnahmen zur Seite.

Später überlegte er sich das noch einmal. Warum sollten die Aufnahmen nichts geworden sein, wenn alle anderen davor und danach ausgezeichnet waren? Neugierig sah sich Clem die Negative genauer an und stieß auf die, bei denen die Abzüge nichts geworden waren. Auf den Negativen waren die einzelnen Szenen ganz deutlich zu erkennen. Hier die Aufnahme vom Kloster in Lisieux und da eine von Thérèses Geburtshaus. Clem hielt das Negativ hoch, das er von den vier Frauen vor dem kleinen Laden in Lisieux gemacht hatte. Er bekam eine Gänsehaut.

Man sah deutlich, wie sie dastanden, ebenso den Hintergrund, und die kleine Gruppe war gut getroffen. Aber auf dem Negativ waren nur drei Frauen – Julie, Sharon und die ältere Dame, die sie mitgenommen hatte. Wo die junge Frau gestanden hatte, sah man überhaupt nichts.

»Wir haben von dem Negativ nie einen richtigen Abzug bekommen. Es hat einfach nicht ›geklappt‹«, erzählt Clem. Vielleicht wirken Engel so auf Kameras. Aber Clem hatte keinen Zweifel daran, daß sie auf dieser Reise Gottes Hilfe hatten und auch jetzt noch haben. Kein Problem ist für Gott zu gering.

Eine Vision der Hoffnung

Es ist ein Traum, liebes Kind! Ein Wachtraum,
Eine selige Gewißheit, eine strahlende Vision
Jenes seltenen Glücks, das auch auf Erden
Der Himmel seinen Lieblingen schenkt.

Henry Wadsworth Longfellow
Spanish Student (Der spanische Student)

Phyllis und Gus Cavallari aus Cleveland in Ohio heirateten 1965 und erfuhren zwei Jahre später voller Freude, daß sie ein Baby erwarteten – für ihre Eltern das erste Enkelkind. Beide Familien waren ganz aus dem Häuschen. Leider hatte Phyllis bald eine Fehlgeburt. »Das erste, was ich beim Erwachen aus der Narkose fragte, war, ob ich noch Kinder kriegen kann«, erzählt Phyllis. »Ich wollte so gern Mutter sein.«

Nach Meinung der Ärzte gab es keinen Grund, die Hoffnung zu verlieren. Aber das Jahr schleppte sich dahin, und nichts geschah. Phyllis betete und versuchte, sich nicht entmutigen zu lassen. Sie war noch jung, und die Zeit arbeitete sicherlich für sie. Aber sie konnte ihre Sorge doch nicht ganz unterdrücken. Gus war betrübt über die Fehlgeburt. Nun aber machte er sich noch mehr Sorgen um Phyllis. Ungern sah er sie so bedrückt, fühlte sich aber außerstande, etwas dagegen zu tun. »Gus und ich, wir haben eine schöne

Beziehung«, erzählt Phyllis. Ein Kind hätte die Beziehung vervollständigt.
Die beiden wohnten im letzten Stock eines zweistöckigen Hauses, das Gus' Mutter gehörte. An einem schönen Sommernachmittag 1968 ging Gus ins untere Stockwerk, um seine Mutter zu besuchen. Danach war es sehr ruhig in der Wohnung, und Phyllis beschloß, ein Nickerchen zu machen. Sie war müde, krank eigentlich nicht, fühlte sich aber auch nicht wie sonst. Vielleicht war sie schwanger? Nein, irgendwie wußte Phyllis, daß ihre Gebete noch nicht erhört worden waren. Diese Feststellung machte sie noch trauriger. Sie kroch ins Bett und zog die Decke über den Kopf. Nachdem sie eine Zeitlang geschlafen hatte, hörte sie hinter sich Kinder lachen. Sicherlich spielten die irgendwo draußen. Trotzdem klang alles so laut, als wären sie bei ihr im Zimmer. Das Kichern ging weiter und störte Phyllis. Sie drehte sich um – und erstarrte.
An ihrem Bett standen zwei Kinder und sahen sie an. Beide strahlten über das ganze Gesicht.
»Der Junge war etwa acht Jahre alt«, erinnert sich Phyllis, hatte schwarze Haare, schwarze Augen und trug ein gestreiftes langärmeliges Strickhemd. Das Mädchen war etwa vier, hatte langes hellbraunes Haar und große braune Augen.
Phyllis betrachtete die Kinder staunend. Wer waren sie? Um Gottes willen, wie waren sie bloß ins Haus herein- und in den zweiten Stock heraufgekommen, ohne daß Gus oder seine Mutter sie gehört hatten? Sollte sie sich erschrecken? Aber für die beiden schien alles so selbstverständlich zu sein, und sie freuten sich offenbar über den Streich, den sie ihr gespielt hatten. Sie sagten kein Wort, sondern kicherten

weiter. »Seid ruhig!« hörte Phyllis sich selber verärgert sagen. »Ich möchte schlafen!« Damit drehte sie sich um und schloß die Augen.

Als Phyllis nach etwa einer Stunde aufwachte, war das Zimmer leer. Leicht verwirrt rief sie sich das seltsame Vorkommnis ins Gedächtnis zurück. Warum war es ihr nicht eingefallen, die Kinder zu fragen, wer sie waren oder wie sie in ihr Schlafzimmer gelangen konnten? Wie seltsam, daß sie sich fast *wohl* in ihrer Gegenwart gefühlt hatte! Hatte sie das alles nur geträumt? Nein – das mit den Kindern war kein verschwommener Traum gewesen. Phyllis hatte das so lebhaft in Erinnerung, als ob sie noch dastehen würden. Sie konnte sich besinnen, wie die beiden gelacht hatten, sah noch die schwarzen Haare des Jungen und das glückliche Lächeln des Mädchens vor sich ...

Aber ganz plötzlich, als hätte ein Blitz sie getroffen, wußte Phyllis, wer die Kinder waren. »Es waren meine Kinder, waren diejenigen, die ich eines Tages haben würde«, sagt sie. Nichts war ihr je klarer gewesen. Gott hatte ihr Gebet erhört und ihr zur Bestätigung eine Vision geschickt.

Danach machte sich Phyllis keine Sorgen mehr, ob sie Mutter wird. Zur Erleichterung ihres Gatten wurde sie jetzt fröhlich und zuversichtlich und war überhaupt nicht überrascht, als sie mehrere Monate später schwanger wurde. »Damals gab es noch nicht solche Untersuchungen wie heute«, sagt sie. »Ich bin nicht untersucht worden, wußte aber, daß ich ein gesundes Kind bekomme, und zwar einen Jungen.« Ganz selbstverständlich kaufte sie ein Stickmustertuch und nähte »Louis« darauf, daneben die Gestalt eines schwarzhaarigen Jungen mit dunklen Augen in blauem Schlafanzug. Sie war-

tete nur noch darauf, sein Geburtsdatum und sein Gewicht einzusetzen.
Louis wurde am 17. November 1969 geboren. Ein prächtiges gesundes Kind mit glattem schwarzem Haar und schwarzen Augen. Als er noch klein war, hatte sie wieder eine Fehlgeburt, verfiel jedoch diesmal nicht in Panik. Gott würde ihr noch ein Kind schicken, ein Mädchen, und Seine Versprechen hält Er immer. 1973 wurde sie wieder schwanger.
»Diesmal bestickte ich ein Stickmustertuch mit einem kleinen Mädchen, das auf einer rosafarbenen Rose saß«, erzählt Phyllis, »und nähte den Namen ›Christine‹ darauf.« Ihre Tochter wurde am 6. September 1973 geboren, fast vier Jahre nach Louis. Phyllis setzte noch das Geburtsdatum und das Gewicht auf das Stickmustertuch für das kleine Mädchen. Schwanger wurde sie danach nie wieder.
Louis und Christine sahen später genauso aus wie die Kinder, die Phyllis gesehen hatte. Sie kicherten auch viel, besonders wenn Phyllis ein Nickerchen machen wollte. »Oft drehe ich mich um und sehe, wie sie an meinem Bett stehen und mir zulachen«, erzählt sie, »und ich erinnere mich dann an jenen herrlichen Tag.« Schon seit ewigen Zeiten hatte der himmlische Vater gewußt, daß es ihre Kinder werden würden, und aus irgendwelchen mysteriösen Gründen hatte er Phyllis einen kurzen Blick in den Himmel tun lassen.

Rettung in Nashville

Ich bin ein Glied in einer Kette, eine Verbindung zwischen den Menschen. Gott hat mich nicht umsonst geschaffen. Ich werde Gutes tun, werde sein Werk ausführen. Ich werde ein Engel des Friedens sein, ein Prediger der Wahrheit, wo ich mich befinde, ohne es mir vorzunehmen. Wenn ich nur Seine Gebote befolge. JOHN HENRY NEWMAN

Vom Wetter her war der Mai 1995 in Tennessee schwierig gewesen. Stürme, flutartige Überschwemmungen und heftige Gewitter waren bereits über viele Teile dieses Bundesstaates hereingebrochen, und als dann der 18. Mai kam, machten sich die inzwischen fast abgestumpften Einwohner darauf gefaßt, daß noch mehr geschehen würde. Bis 8.30 Uhr hatten Windböen in Memphis ein Trampolin eine Straße hinuntergeweht und mehrere Zelte für einen Kochwettbewerb unter freiem Himmel umgestürzt. Die Stadt Linden begann, die Zufahrtsstraßen wegen Überschwemmung zu schließen. In White Bluff hatten niederstürzende Bäume ein Haus zerdrückt, und in Newcastle war ein Anhänger umgekippt. In Hendersonville jedoch, einem Vorort von Nashville, bemerkte Jan Neve – Leiterin im dortigen Haverty-Möbelladen – nur Nieselregen, als sie sich zur Arbeit begab. »Als ich ging, rief ich meinem Mann zu: ›Bis heute abend!‹« erinnert sie sich noch. »Aber wir wissen das ja nie so genau, nicht wahr?«

Um Mittag kam Sturm auf. Von ihrem Büro aus auf der Rückseite des Möbelladens beobachtete Jan das Wetter eine Weile durch die großen Schaufenster. Ein seltsamer Regen. Irgendwie schmutzig. Sie hörte den Wind heftiger werden. Vielleicht sollte sie das Haus zum Mittagessen nicht verlassen? Zwei junge Mitarbeiterinnen kamen an ihr vorbei. Sie wollten zum Pausenraum. Plötzlich ging überall das Licht aus.

Die beiden jungen Frauen schrien erschrocken auf. »Keine Angst, alles okay«, beruhigte Jan sie. Sie stand auf, ging zur Tür ihres Büros und beugte sich vor. Ihre rechte Hand lag auf dem Türrahmen. Sie konnte noch in den inzwischen dunkel gewordenen Ausstellungsraum hineinsehen, wo Kunden vorsichtig zum Haupteingang tapsten. Der Regen trommelte auf die flache Glasfassade, und der Himmel sah dunkel und bedrohlich aus. Ein paar Sekunden lang brannte das Licht wieder, flackerte und erlosch. Dann stürzte die Vorderfront ein. Unglaublich!

»Es war schockierend und kaum zu fassen«, erzählt Jan. »Niemand wußte, was da vor sich ging. War ein Flugzeug auf unser Gebäude gestürzt? Bebte die Erde? Später erfuhren wir, daß es ein Tornado war, und als der Wind gegen unser Gebäude fegte, das auf einem Hügel steht, segelten Teile der Vorderfenster wie Frisbees durch die Luft.«

Die gefährlichen Teilstücke prallten von den Mauern ab, fielen auf schreiende Menschen und zersplitterten. Das Dach wurde abgedeckt, und fünf Klimaanlagen krachten unten auf den Ausstellungsraum. Wände verbogen sich, und in der Decke entstanden große Löcher. Dann spürte Jan einen Schmerz.

Ganz benommen von der Szene vor ihr, hatte sie nicht gleich bemerkt, daß ihre Hand an der Wand festgenagelt worden war, als die Tür zu ihrem Büro und der Türrahmen niederstürzten. Sie konnte in der Dunkelheit zwar nicht viel sehen, hatte jedoch das Gefühl, als ob ihre Hand in einer heißen Pfanne voll Fett gebraten wird. »O Gott, hilf mir ...« Irgendwie schaffte sie es, die Tür mit der linken Hand zu öffnen und ihre rechte Hand freizubekommen. Entsetzt betrachtete sie diese.

»Ich wußte, daß es mir jetzt dreckig ging«, sagt Jan. »Die Sehnen waren entblößt, die Muskel hingen heraus, und die Finger fielen in alle Richtungen ... Die Hand war fast abgetrennt. Blut floß aus einer Schlagader, und mir war klar, daß ich verbluten würde, wenn nicht unverzüglich Hilfe kam.« Aber um sie herum wirbelte es, Kunden schrien, Putz und Glas fielen zur Erde ... Jan sprang schutzsuchend unter ihren Schreibtisch und versuchte, einen Gedanken zu fassen, was sie jetzt tun sollte.

Ob der Notarzt wohl erreichbar wäre? Unbeholfen wählte sie mit der Linken die Nummer. Aber das Telefon war tot. Der Wind ließ inzwischen nach, und Jan packte ihre übel zugerichtete rechte Hand mit der linken und lief zum Haupteingang. »Ich stieg über weinende Menschen, fiel über Tische, zerbrochene Möbelstücke und Trümmer. Mein einziger klarer Gedanke war, zum Parkplatz kommen, in mein Auto steigen und zum Krankenhaus fahren«, erinnert sich Jan. Aber schaffte sie das, wenn sie weiterhin Blut verlor?

Als sie durch den Haupteingang stolperte, schnappte sie beim Anblick all der Verwüstungen vor sich unwillkürlich nach Luft. Entwurzelte Bäume, Stromleitungen und Lichtmasten lagen herum, und Flammen rasten an ihnen auf und ab. Halbe Gebäude waren verschwunden, und überall auf der Straße lagen umgekippte Autos und Trümmer. Nichts bewegte sich.

Aber sie *mußte* zum Krankenhaus! Verzweifelt raste Jan zum Parkplatz. Ein Mitarbeiter folgte ihr, weil er dachte, sie sei durch den Schock halb irre geworden. »Halt, Jan!« schrie er. »Wir kommen aus dem Parkplatz nicht heraus! Sehen Sie nur!«

Jan erkannte, daß er recht hatte, als sie atemlos und erschrocken stehenblieb. Auf fast jedem Auto auf dem Parkplatz lagen Bäume und Stromleitungen und blockierten die nächste Ausfahrt. Da und dort brannte es schon, so daß bald Benzintanks explodieren würden. Hier würde sie sterben, dachte Jan. Hilfe konnte nicht zu ihr kommen, und sie konnte keine erreichen.

Verzweifelt drehte sie sich um und erblickte Robert Morgan in seinem schwarzen Lieferwagen.

Robert war am Tag zuvor wegen einer Arbeit im Haverty-Möbelladen gewesen. Seine Firma hatte einen 900 Quadratmeter großen Anbau zum Lager errichtet, und dort, wo die beiden Bauten miteinander verbunden waren, war während des Regens Wasser durchgekommen. Robert hatte angenommen, das Problem sei am Tag zuvor gelöst worden, aber am Morgen hatte er von seinem Büro in Cookville aus mit dem für die Firma Haverty zuständigen Bauingenieur gesprochen. Obwohl es zu der Zeit in Nashville nur nieselte, hatte der Ingenieur ihm berichtet, vier kleine Stellen seien undicht.

Das klang nicht sehr nach Notfall, dachte Robert, als er sein

Büro verließ. Die Sonne schien gerade, und er sollte eigentlich in Crossville, das in der entgegengesetzten Richtung lag, eine Arbeit erledigen. »Aber als ich in meinen Wagen gestiegen war, folgte ich einem seltsamen Impuls und fuhr statt dessen westwärts nach Nashville«, erklärt er.

Als Robert auf der Autobahn war, verschwand die Sonne, und er spürte, daß sich hinter ihm ein Wind aufmachte. Die Windböen wurden häufiger und stärker. Es begann zu regnen. Das ist ja ein Tag! dachte Robert und bereute seinen Entschluß. Als er sich dem Hügel näherte, auf dem das Gebäude der Firma Haverty stand, rüttelte der Wind an seinem Wagen. »Allerlei Sachen flogen durch die Luft, und Autos hielten am Straßenrand. Aber aus irgendeinem Grunde fuhr ich weiter«, erinnert er sich. Auf einmal sah er voller Staunen, daß der Regen auf jeder Seite von ihm auf die Erde herniederprasselte, aber kein Tropfen auf seinen Wagen zu fallen schien. Als wäre er in eine Schutzhülle gewickelt … Aber so etwas gibt es doch gar nicht!

Als er dann auf den Parkplatz der Firma Haverty fuhr, schlug der Tornado zu und zertrümmerte alles um ihn herum. Da sah Robert, wie Jan aus dem Gebäude gelaufen kam und eine Blutspur hinter sich herzog.

Sie stolperte zu dem Lieferwagen. Dieser Fremde war jetzt ihre einzige Hoffnung. »Könnten Sie mich ins Krankenhaus fahren?« fragte sie. »Ich verblute sonst.«

»Na klar«, erwiderte Robert ruhig, obwohl sein Herz angesichts der Szene rings um ihn her wie verrückt raste. »Aber ich bin hier nicht aus der Gegend. Sie müssen mir den Weg zeigen.«

»Natürlich mach ich das.« Jan kletterte in den Lieferwagen

und hielt dabei ihr Handgelenk umklammert. Die Vorderseite ihres Hemds war ganz blutdurchtränkt, und an beiden Armen strömte Blut hinunter. Sie fühlte, daß sie immer schwächer wurde, und hatte unerträgliche Schmerzen.

Aber wie sollten sie überhaupt aus dem Parkplatz herauskommen? Robert fuhr erst in die eine Richtung, aber da zwang ihn ein umgekippter Baum zum Halten. Er stieß zurück und wendete, jedoch da blockierten Trümmerstücke die Weiterfahrt.

Plötzlich fiel eine riesige flammende Stromleitung auf sie zu. Die würde den Wagen treffen. »Passen Sie auf!« schrie Jan. Erstaunt sah Robert, daß die Leitung so lange in der Luft verharrte, bis der Lieferwagen unter ihr durch war. Als er in den Rückspiegel schaute, sah er, daß die Leitung weiterfiel und funkenstiebend aufschlug.

Dann schien auf mysteriöse Weise der andere Ausgang frei zu werden. Robert jagte hindurch und die Straße hinunter. Hier sah man wieder umgestürzte Bäume, heruntergefallene Stromleitungen, einen Autoladen mit Hunderten beschädigter Autos, verwirrte, weinende Menschen, die das Trümmerfeld anstarrten. Kein Fahrzeug war unterwegs – nur ihr Lieferwagen. Robert steuerte seinen Wagen mit einer Hand und versuchte mit der anderen, seinen Gürtel herauszuziehen. Jan war sehr bleich, bemerkte er, und wenn sie ohnmächtig wurde, wußte er nicht, wie er das Krankenhaus finden sollte. »Hier!« Er schob ihr den Gürtel in die Hand und schrie, um sie wach zu halten: »Wickeln Sie sich den um den Arm. Machen Sie eine Aderpresse. Sie müssen ziehen, ziehen!« Sie tat, was er sagte. Er war freundlich und fürsorglich, obwohl sie wußte, er mußte von alldem genau so einen

Schock bekommen haben wie sie. Vielleicht war er ein Engel, dachte sie verträumt, der gerade in dem Augenblick geschickt worden war, als sie am meisten einen benötigte. Sie mochte Engel schon immer ... »Sind wir bald da?« wollte Robert wissen. Er mußte diese Frau wach halten!

»Nein, nein«, murmelte Jan. Mit jeder Meile wurde sie benommener. »Wir haben noch lange zu fahren ...«

Robert tastete nach seinem Handy und wählte die 911. »Wo sind Sie?« fragte der Vermittler.

»Wo sind wir?« fragte Robert Jan.

»Auf der Galatan Road«, murmelte sie. Sie sah, wie ihnen ein Krankenwagen entgegenkam. Das einzige Fahrzeug, das unterwegs war. Aber er fuhr mit heulender Sirene schnell vorbei.

»Sie sind auf dem Weg in Richtung Krankenhaus Hendersonville. Fahren Sie weiter«, versicherte ihm der Vermittler.

Robert gehorchte. »Außer uns war nichts weiter auf der Straße«, sagt er. »Mir war klar, daß der Tornado etwa 500 Meter vor uns war, weil immer noch Telefonmasten herausgerissen wurden und umfielen, als würde eine unsichtbare Riesenhand alles niedermachen. Aus Stromleitungen traten Funken, und überall flog irgendwelches Zeug herum, jedoch alles am Lieferwagen vorbei.« Robert schaltete das Radio an und hörte, daß sich der Tornado mit einer Geschwindigkeit von etwa 70 Stundenkilometern fortbewegte. »Natürlich wollte ich ihn nicht überholen«, sagt er, »und so fuhr ich mit etwa 50 Stundenkilometern. Langsamer, als ich eigentlich wollte. Aber das war wahrscheinlich sicherer für uns.«

Der Wind heulte weiter, warf den Wagen hin und her, und plötzlich kam ein riesiges Stück Sperrholz, gespickt mit

Hunderten von Nägeln, direkt auf sie zugesegelt. Dem konnte er nicht mehr ausweichen! Sekunden später fuhr die linke Seite seines Lieferwagens direkt über die Nägel. Robert packte das Steuerrad und machte sich darauf gefaßt, daß die Reifen platzten. Aber nichts geschah.

Jan war inzwischen fast bewußtlos. Wie sollte er ohne sie das Krankenhaus finden? Und doch wußte Robert, daß er nicht der einzige war, der auf Jan achtgab. »Als wäre eine unsichtbare Hand über uns gewesen«, sagt er. »Etwas Größeres steuerte alles.« Und tatsächlich! Vor ihnen tauchte das Krankenhaus von Hendersonville auf. Er raste auf den Parkplatz. Sie hatten es geschafft.

Ein als Gast anwesender Facharzt für Handchirurgie führte gerade eine Operation im Krankenhaus zu Ende, und so bekam Jan Blut zugeführt und wurde unverzüglich weggetragen. Robert blieb noch eine Weile im Wartezimmer der Notaufnahme, um zu sehen, ob noch etwas zu tun war. Da keines der Telefone im Krankenhaus funktionierte (später erfuhr Robert, daß die Relaisstation auch nicht in Betrieb war), fragte er, ob jemand sein Telefon benutzen möchte.

»Könnte ich mal meine Kinder anrufen?« fragte eine Frau.

»Natürlich.« Robert gab ihr sein Telefon. Aber ihr Ruf ging nicht durch, und sie gab es ihm zurück.

Auf Roberts Telefon wird der jeweils letzte Anruf automatisch gespeichert, und wenn der Knopf »Send« gedrückt wird, wählt es die Nummer noch einmal. »Aus irgendeinem Grunde drückte ich auf diesen Knopf, und plötzlich ging der Ruf der Frau durch«, erinnert sich Robert. »Ich gab ihr das Telefon zurück, und sie konnte mit ihren Kindern sprechen.«

Drei verschiedene Personen versuchten, Roberts Telefon in der nächsten halben Stunde zu benutzen. Kein Ruf ging hinaus. Aber jedesmal, wenn Robert auf »Send« drückte, klappte bei allen gewählten Nummern die Verbindung. Auch er rief an – seine Frau, in Cookville, im Möbellager und sogar in Atlanta. Das Telefon funktionierte nur bei ihm.
Später fragte ein Arzt Robert, woher er käme und wie lange er gebraucht hätte, Jan ins Krankenhaus zu bringen. Als Robert die Fahrstrecke und die Entfernung beschrieb, meinten mehrere Leute aus dem Krankenhaus, er müsse sich irren. »An einem normalen Tag und bei forschem Tempo fährt man etwa eine halbe Stunde«, meinten alle. Robert wußte, daß er langsam gefahren war, um nicht den Tornado zu überholen. Er wußte auch, daß er Jan um 12.30 Uhr aufgeladen hatte, wenige Minuten nach Ausbruch des Tornados. Wie konnte Jan da genau um 12.45 Uhr aufgenommen worden sein? »Unmöglich«, meinten alle.
Aber völlig außer Zweifel stand, daß Robert ein Held war. In diesen kritischen 15 Minuten war Jans Blutdruck auf dramatische Weise gesunken, und sie hatte mindestens zwei Liter Blut verloren. Ohne ihn wäre sie sicherlich bald gestorben.
Schließlich brachte jemand Roberts Gürtel zurück, und er ging wieder, um noch möglichst viel von seinem Arbeitsplan zu erledigen. Erst am Tag darauf fuhr er mit seinem Lieferwagen nach Cookville zurück und brachte ihn weg, um das Blut abwaschen zu lassen. Als seine zwei linken Reifen nun in der Werkstatt in Sicherheit waren und nicht mehr benötigt wurden, platzten sie schließlich – aufgrund der riesigen, deutlich sichtbaren Löcher, welche die Nägel so viele Meilen entfernt in sie gebohrt hatten.

Obwohl mindestens 20 Tornados in dem Bundesstaat gezählt wurden und sie beträchtliche materielle Schäden angerichtet hatten, verursachten sie am 18. Mai in Nashville keine Todesfälle. Und nach mehreren chirurgischen Eingriffen ist Jan Neve auf dem Wege der Genesung und noch voller Ehrfurcht vor dem, was Gott für sie getan hat. »Ich überlege, warum gerade ich in diesem ganzen Weltall?« sagt sie. »Aber Gott hat alles richtig eingesetzt – den Facharzt, der rechtzeitig zur Stelle war, den Schutz während der Fahrt und vor allem Robert Morgan, der nicht einmal vorgehabt hatte, an jenem Tag in Nashville zu sein. Robert bleibt für mich immer ein Engel.«

»Leute, die mich kennen, werden Ihnen sagen, daß ich eigentlich kein Engel bin«, lächelt Robert ironisch. »Aber der Herrgott hatte wirklich seine Hand über uns.«

Und für die eventuell verbliebenen Zweifel hinterließ Er am Tage nach dem Tornado noch ein Zeichen. Vertreter des Hauptbüros der Firma Haverty waren gekommen, um den Schaden abzuschätzen, und sie verfolgten außerhalb des Gebäudes Jans Blutspur bis hin zu der Stelle, wo Robert seinen Lieferwagen geparkt hatte.

Dort fanden sie auf dem Boden ein Stück Metall, das der Wind in ein Sperrholzbrett gedrückt hatte. Es hatte die Form eines Kreuzes.

Ein unerkannter Engel

Prachtwolken folgend kommen wir
Von Gott, der unser Zuhause ist:
Der Himmel liegt um uns in unserer Kindheit!

William Wordsworth
Ode Intimations of Immortality
(Ode über die Unsterblichkeit)

Wenn eine Frau das Glück hat, die richtige Friseuse gefunden zu haben, will sie nicht, daß sich etwas daran ändert. Deshalb machte sich Marcia Wilson, Sportlehrerin in San Gabriel, Kalifornien, ein wenig Sorgen, als die Niederkunft ihrer schwangeren Friseuse näher kam. »Meine Haare müßten aber kurz nach Ihrer Entbindung geschnitten werden«, sagte sie zu Randi. »Übernimmt denn jemand übergangsweise Ihre Stelle im Salon?«

»Nein. Aber ich wohne nicht weit von Ihnen«, entgegnete Randi. »Ich würde Sie gern bei mir zu Hause frisieren.«

Zuerst wollte Marcia nichts davon wissen. Randi hatte bereits eine vierjährige Tochter und bekam nun bald noch ein Kind. »Falle ich Ihnen da nicht zur Last?« fragte sie.

Jedoch Randi versicherte ihr, daß es ihr nichts ausmachen würde. Vier Tage nach der Geburt von Randis zweiter Tochter, Nicole, rief Marcia an, um sich zu erkundigen, ob sich Randi gut genug fühle, um einen Termin auszumachen.

»Mir geht's gut«, sagte Randi. »Kommen Sie nur!«
Marcia war noch nie bei Randi zu Hause gewesen, fand aber leicht dorthin. Als sie aus dem Wagen stieg, schaute sie zum Haus hinauf mit seinen großen Vorderfenstern und den weißen Gardinen. Ein hübsches Mädchen am Fenster zog aufgeregt die Vorhänge zurück und winkte Marcia zu. »Sie ist hier!« hörte Marcia sie schreien.
Es war Randis ältere Tochter. Die Gardine ging wieder zu, und Marcia ging lächelnd auf die Haustür zu. Offensichtlich konnte es das Kind nicht abwarten, das neue Schwesterchen vorzuführen. Als Randi die Tür öffnete und Marcia eintrat, war jedoch von dem kleinen Mädchen nichts zu sehen. Das Baby Nicole schlief in einem Kinderkorb auf dem Fußboden im Wohnzimmer. Vielleicht hatte Randi ihre ältere Tochter zum Spielen oder zum Fernsehen in ein anderes Zimmer geschickt, während sie Marcia die Haare schnitt.
Die beiden Frauen unterhielten sich, und von Zeit zu Zeit drehte Marcia den Kopf, um nach dem Baby zu schauen, das etwa fünf Meter von ihr entfernt vor sich hin döste. Schließlich erschien das kleine Mädchen im Wohnzimmer und kniete sich neben Nicole nieder, wobei sie schützend ihren Arm um den Kinderkorb legte. Sie sagte kein Wort, schaute jedoch Marcia mit unverhohlenem Stolz und Entzücken an und lächelte breit. *Ja, ein schönes Baby*, war der Gedanke, den Marcia zu dem Kind schickte. »Ihre Tochter hat wirklich viel Freude an Nicole«, bemerkte sie Randi gegenüber. »Es macht ihr Spaß, die große Schwester zu sein«, stimmte Randi zu. Als Marcia jedoch eine Minute später wieder zu dem Baby hinüberschaute, war das kleine Mädchen nicht mehr da.

Randi fuhr fort mit dem Haareschneiden, und nach einer Weile bemerkte Marcia, daß nicht ein einziger Laut aus dem anderen Zimmer drang. »Ihre Tochter ist aber sehr artig«, sagte sie.

»Ja.« Randi nickte. »Seit ihrer Geburt schläft sie viel.«

»Nein, ich meine Ihre andere Tochter. Es ist doch ungewöhnlich für eine Vierjährige, so lange still zu sein.«

Randis Kamm verharrte in der Luft. »Wovon reden Sie?«

»Von Ihrer *großen* Tochter im Nebenzimmer.« Was war denn auf einmal mit Randi los? wunderte sich Marcia.

Randi war ganz perplex. »Mrs. Wilson, meine große Tochter ist heute gar nicht zu Hause. Sie ist bei ihrem Kindermädchen.«

»Aber – wer ist denn das Kind, das da bei dem Baby gesessen hat?«

»Was für ein Kind? Hier ist niemand weiter außer Ihnen, Nicole und mir.«

Verblüfft sah Marcia Randi an. Sie mußte das kleine Mädchen gesehen haben. Sie hatte doch zu ihr hingeschaut! Und war dieses Kind nicht buchstäblich vor Freude über das neue Baby geplatzt, und hatte sie das nicht mit so einer Besitzermiene gefeiert, daß man denken konnte, der Säugling gehöre *ihr?*

Da wurde Marcia klar, daß etwas ganz Besonderes geschehen war. »Ich glaube«, sagte sie langsam zu Randi, »ich habe eben den Schutzengel Ihrer Kleinen gesehen.«

Noch heute verspürt Marcia die Wärme jenes wunderbaren Tages. »Engel kommen nicht nur mit Harfen und Kerzen«, sagt sie. Manchmal erscheinen sie, wenn wir sie am wenigsten erwarten.

Es gibt genug für alle

Ein Wunder ist ein Ereignis, durch das Glaube entsteht. Das ist Zweck und Eigenart von Wundern.

George Bernard Shaw
Saint Joan (Die heilige Johanna)

Eine interessante Art von Wundern sind Vermehrungswunder, bei denen sich Lebensmittel oder andere Dinge vervielfachen. Tut Gott das heute auch noch? Oder waren diese Zeichen und Wunder auf frühere *Zeiten* beschränkt? Fragen Sie Wendy Thaxter.

Angesichts der schlechten Wirtschaftslage 1991 in Connecticut fuhren die 22jährige Wendy und ihre Freundin Sally nach Iowa, wo es mehr Arbeit gab. »Wir wohnten erst bei Freunden und mieteten uns dann eine Wohnung«, erzählt Wendy. Das Apartment hatte außerdem einen zusätzlichen Reiz, da zwei junge Männer gegenüber wohnten. Die Mädchen hatten bald angebändelt.

Sally trennte sich aber von ihrem Freund, fuhr plötzlich wieder nach Connecticut zurück und ließ Wendy mit der Miete für den letzten Monat und anderen unbezahlten Rechnungen zurück. Da Wendy kein Geld für eine Kaution hatte, um sich eine andere Wohnung zu besorgen, nahm sie den Vorschlag der beiden Männer an, übergangsweise zu ihnen zu ziehen.

»Eine Weile ging es sehr gut, jedoch mein Freund Jack begann sich bald von einer anderen Seite zu zeigen«, erzählt Wendy. »Er wurde launisch und jähzornig. Einmal sagte er etwas zu mir, wovon mir eiskalt wurde.« Er habe daran gedacht, seine Frau umzubringen, als sie sich von ihm scheiden lassen wollte. Er hätte es jedoch nicht getan, weil ihre gemeinsame Tochter nicht elternlos aufwachsen sollte.
Wendy bekam Angst. Danach erzählte ihr jemand, daß Jack allmählich »sonderbar« wird und sich eigenartig und abfällig über sie äußere. Sie mußte weg von ihm. Aber wie? Sie hatte noch nicht genügend Geld beisammen. Als ihr Großvater in Connecticut krank wurde, beschloß sie, nach Hause zu fahren.
»Ich begann, Kisten an meine Mutter zu schicken«, erinnert sich Wendy. »Jack dachte, ich würde überflüssigen Plunder unterstellen.« Er benahm sich *wirklich* seltsam, und sie hatte Angst zu gehen. Was würde er tun, wenn er entdeckt, daß sie nicht mehr da ist?
Eines Nachts, es war ein Freitag, verließen die beiden Männer die Wohnung. Umgehend belud Wendy in aller Eile ihren 1986er Thunderbird und fuhr in ein nahe gelegenes Motel. »Ich rief meine Chefin an, erläuterte ihr meine Situation und kündigte. Sie hatte volles Verständnis«, erzählt Wendy. »Dann rief ich meine Eltern in Plainville an und sagte ihnen, sie sollten mich irgendwann am Sonntagabend erwarten.« Wendy erzählte ihnen nicht, daß sie in Gefahr war. Warum sie aufregen? Jedoch die ganze Nacht warf sie sich im Bett hin und her. Jack arbeitete in der Straße, in der sich das Motel befand. Was wäre, wenn er ihren Wagen auf seinem Heimweg entdeckt?

Am Sonnabendmorgen um sieben Uhr machte sich Wendy auf den Weg. Sie hielt zum Tanken und zählte ihr restliches Bargeld, bevor sie auf die Autobahn fuhr. 56 Dollar. Keine Kreditkarten. Kam sie damit nach Hause? Es ging nicht anders.

Sie hielt nur einmal, in Indiana, wo sie etwas aß und wieder tankte. Um 19 Uhr war sie irgendwo in der Nähe von Toledo. In einem schäbigen Motel fand sie ein Zimmer für 30 Dollar, tankte noch für zehn Dollar und rief ihre Eltern an. Jetzt hätte sie gern so richtig geschlafen. Jedoch im Motel wurde laut gefeiert, Wendys Tür war dünn und ließ sich nicht verriegeln. Sie konnte nicht schlafen. Aber zumindest war sie Jack entkommen. Noch ein Tag, und sie würde zu Hause sein.

Sonntagmorgen war sie vor Tagesanbruch wieder unterwegs. »Als ich Pennsylvania erreichte, suchte ich die Ausfahrt nach Hartford, von wo es nach Plainville ging«, erzählt sie. »Ich hielt noch einmal und gab meine letzten fünf Dollar fürs Tanken aus.« Wendy machte sich nicht viel Sorgen, da sie ja nur noch ein paar Stunden zu fahren hatte. Selbst wenn ihr ein paar Meilen vor ihrem Zuhause das Benzin ausgehen würde, könnte ihr Vater kommen und sie abholen. Aber sie verpaßte die Abfahrt, und als sie das Schild WELCOME TO NEW JERSEY sah, wußte sie, daß sie nun Schwierigkeiten bekam. Sie wollte ja nicht nach New Jersey. Es war jetzt kurz vor 18 Uhr – vierspurig rauschte der dichte Verkehr mit 110 Stundenkilometern dahin. Sie konnte nicht abbiegen, selbst wenn sie es gewollt hätte. In der Nähe von Paterson schaute Wendy auf die Benzinuhr. Sie stand auf »Leer«.

Wendy geriet in Panik. Die Spannung des Vortages holte sie schließlich ein, und ihr strömten Tränen übers Gesicht. Durch eine Baustelle wurden aus den vier Spuren zwei, aber danach waren es wieder vier. Irgendwo wurde die I-80 zur I-95. Wendy fuhr weiter und machte sich darauf gefaßt, daß ihr Wagen zu stottern begann und hielt. Es war ein Alptraum.

Schluchzend erreichte sie die George Washington Bridge und sah das Schild für den 4-Dollar-Brückenzoll. Es hätten auch 400 sein können. »O Gott, was mach ich nur?« fragte sie sich weinend. »Bring mich bitte nach Connecticut ...« Sie griff nach ihrem Portemonnaie. Vielleicht hatte sie ein paar Münzen übersehen. Tatsächlich! Wendy zählte *genau* vier Dollar in Münzen ab. Nicht einen Penny mehr. Jetzt konnte sie über die Brücke, zur Seite fahren und ein Telefon suchen ...

»Aber jetzt befand ich mich in der Bronx, und dort zu halten war nicht ganz ungefährlich«, erzählt sie. »Ich fuhr weiter, weinte und betete immer nur dasselbe: ›O Herrgott, bring mich nach Connecticut, damit ich dort meine Eltern anrufen kann ...‹« Die Benzinuhr zeigte weiter auf »Leer«. Aber der Wagen fuhr.

Als Wendy jedoch den nächsten Zollautomaten erblickte, schrie sie fast auf. Was sollte sie jetzt tun? Hysterisch ließ sie ihr Portemonnaie aufschnappen und schaute hinein, obwohl sie wußte, daß es leer war. Jedoch *es war nicht* leer. Wieder waren Münzen drin, diesmal soviel wie für einen Dollar. Genau der Betrag für den Brückenzoll.

»Es wurde mir gar nicht richtig klar, wie unglaublich das war, daß meine Benzinuhr immer noch auf »Leer« zeigte und ich noch Geld im Portemonnaie hatte«, sagt sie. »Ich fuhr einfach weiter, da ich ja nirgends halten konnte. Die Straßen waren entsetzlich, und ich rechnete jeden Augenblick damit, daß ein Reifen platzt. Würde ich langsamer fahren, würden die anderen hupen und mir böse Blicke zuwerfen. Meine Nerven waren bis aufs äußerste gespannt.«

Dann sah sie vor sich das Schild WELCOME TO CONNECTICUT. Wieder weinte sie und dankte diesmal Gott, daß er ihr Gebet erhört hatte. »Ich hatte ihn nur gebeten, mich nach Connecticut zu bringen, und hatte mich darauf gefaßt gemacht, kein Benzin mehr zu haben, sobald ich da war«, berichtet sie. »Aber ich hätte Gott besser kennen sollen. Er hätte mich nicht den ganzen Weg geführt und mich dann im Stich gelassen, als ich Ihn noch brauchte.« Nein. Wendy fuhr noch mehrere Kilometer bis Darien, wo sie den ersten Rastplatz seit Pennsylvania fand. Sie führte ein R-Gespräch mit ihren besorgten Eltern, wartete am Straßenrand sitzend, bis sie sie fanden, Wendys Wagen tankten und sie mit in das Restaurant nahmen, damit sie das erste Essen seit ihrem Frühstück bekam. Es war fast Mitternacht.

»Ich glaube, an jenem Sonntag bin ich mindestens über 600 Kilometer gefahren«, erzählt Wendy. »Mein Wagen war vollgepackt und schwer, und er braucht viel Benzin. Die zweite Tankhälfte verbraucht er viel schneller als die erste, besonders wenn man mit 110 Stundenkilometern fährt.« Eigentlich hätte Wendy nicht mit Benzin für fünf Dollar fünf Stunden lang fahren und mit einem leeren Portemonnaie Brückenzoll bezahlen können. Aber sie tat es.

»Diese Erfahrung war der Wendepunkt in meiner Beziehung zu Gott«, sagt sie. »Als Methodistin großgeworden, bin ich bis zu meiner Konfirmation in die Kirche gegangen. Aber ich fühlte mich Gott nicht sehr verbunden, egal ob ich in der Kirche oder irgendwo anders war. Ich dachte, Er hätte bis nach unserem Tode nicht viel mit uns zu tun.« Aber jetzt spürt sie Seine liebende Gegenwart jeden Tag. Und sie glaubt an Wunder.

Hannah Lords aus Stanwood in Washington glaubt ebenfalls an Wunder. Sie hat genug erlebt, um Bände damit zu füllen. Aber vielleicht deshalb, weil sie in ihrem Leben oft Wunder für andere vollbracht hat.

Nach der Verheiratung des letzten ihrer sechs Kinder beschlossen Hannah und ihr Gatte Bill, sich den langgehegten Traum zu erfüllen, mit armen Menschen zu arbeiten. Sie verschenkten ihre Möbel und Haushaltsgegenstände und eröffneten in einem ehemaligen Waschsalon gegenüber vom Sozialamt in Everest ein Café, das sie »Die Zufluchtsstätte« nannten. Hinter dem Café ließen sie zwei Schlafzimmer und ein Bad zur eigenen Nutzung einbauen. »Wir wollten uns hundertprozentig für den Herrgott einbringen«, erklärt Hannah. »Da wir gleich hinter dem Café wohnten, konnten wir Bills Einkünfte als Lkw-Fahrer sowie alle möglichen anderen Sach- und Geldspenden sofort für unsere Arbeit verwenden.«

In ihrer »Zufluchtsstätte« nahmen Hannah und Bill Süchtige, Opfer, Täter und Obdachlose auf. »Wir gaben ihnen etwas zu essen und ließen beim Beten und Lesen aus der Bibel leise im Hintergrund Musik spielen, um ausgleichend gegen das Elend zu wirken, das tagtäglich durch die Tür kam«, erzählt Hannah. »Ich kochte, machte sauber, bezahlte Rechnungen, betete mit den Menschen und leitete Bibelstunden ...« Und sie begann, Wunder zu erleben. Eines nach dem anderen.

Eines Nachts erblickte Hannah Engel. Große weiße Geschöpfe standen zum Schutz der Lords und ihrer Arbeit an den Lüftungsklappen auf dem Dach. Wenn Hannah über Betrunkenen betete, erlebte sie oft, daß diese innerhalb von Sekunden wieder nüchtern wurden. Und eines Morgens erlebte sie ihr eigenes Vermehrungswunder:

Eine Gruppe junger Leute, die den Lords bei der Arbeit halfen, war gerade zum Morgengebet gekommen. Darunter auch Linda, eine Tochter der Lords, sowie ein Polizist und ein junger Mann, den er soeben wegen eines Rauschgiftdeliktes festgenommen hatte. Dieser Polizist brachte oft aus der Bahn geworfene junge Leute in die »Zufluchtsstätte«, weil er hoffte, dies könnte ihr Leben verändern. Das Gebet begann, »und bald waren wir alle so von Ehrfurcht erfaßt, daß wir das Gefühl hatten, zwischen Himmel und Erde zu schweben«, erinnert sich Hannah.

Es war ein harmonisches Erlebnis, doch als die Mittagszeit kam, fiel Hannah plötzlich ein, daß sie Bills Mittagessen die ganze Zeit in ihrem alten Backofen auf schwacher Flamme hatte stehenlassen. Das würde ja ein scheußliches und vertrocknetes Essen werden – zwei Scheibchen Hackbraten und ein Löffelchen Kartoffelpüree. Mehr war nicht vom letzten Abendbrot übriggeblieben. Die jungen Leute waren aber auch hungrig. Wie sollte sie die satt bekommen? Sie wollte bei ihren Gästen nicht den Eindruck erwecken, daß Gott nur zeitweise für sie sorgt!

Hannah betete und sang noch weiter, als sie unauffällig in

die Küche hinausging. Linda folgte ihr und mußte lachen, als sie sah, wie ihre Mutter spontan zwölf Pappteller in einer Reihe hinklatschte. »Linda, ich habe noch nie jemandem etwas zu essen gegeben und andere zugucken lassen«, sagte Hannah. »Ich gebe jetzt auf jeden Teller einen Klecks Essen, und das muß es dann sein!«

Hannah nahm den kleinen Topf mit dem vertrockneten Hackbraten aus dem Backofen und fuhr mit einem großen Schöpflöffel hinein. Der ging bis auf den Topfboden hinunter, und als sie ihn herauszog, hingen zwei große saftige Stück Hackbraten daran! Aber die eingetrockneten Stücke waren noch drin! Erstaunt ging Hannah zum nächsten Teller weiter und tauchte wieder ihren Schöpflöffel ein. Da geschah dasselbe. Auf dem Löffel lagen zwei weitere Scheiben saftigen Hackbratens. Und immer wieder und wieder!

»Jetzt lachten und weinten Linda und ich gleichzeitig«, erzählt sie. »Konnte das sein, oder bildeten wir uns das nur ein?« Hannah ging die Tellerreihe entlang, und jedesmal machte sie dasselbe.

Und als auf jedem Teller herrliches saftiges Fleisch lag und die anfänglichen zwei Happen immer noch im Topf lagen, zog sie den zweiten Topf vom Backofen. In dem befanden sich trockene, gelb gewordene Püreereste. Jedoch als sie durch die hart gewordene verkrustete Oberfläche stieß, verschwand ihr Löffel in sahnigweichem Kartoffelpüree.

»Zuerst gab ich auf jeden Teller eine kleine Portion, weil ich dachte, wenn ich schon mit dem Fleisch soviel Glück hatte, sollte ich es lieber nicht übertreiben!« Hannah lacht. Aber als alle zwölf Teller einen Schöpflöffel abbekommen hatten, lag noch immer Püree im Topf. Sie ging ein weiteres Mal die

Runde durch, bis auf jedem Teller ein großer weißer Püreeberg thronte.
Dann erinnerte sie sich daran, daß sie in ihrem schon schrottreifen Kühlschrank noch einen gefrorenen Kopfsalat hatte. »Als ich die Plastikhülle abzog, spürte ich es in meiner Hand knistern«, sagt sie. »Ich zögerte. Aber ein bißchen Grün würde die Teller ja attraktiver machen.« Also ging sie die Tellerreihe durch und legte große Stücke gefrorenen Kopfsalat dazu, der dann auf den Tellern zu frischen, knackigen Salatblättern wurde.
Niemand konnte mehr verblüfft sein als die am Tisch Sitzenden, als Hannah ihnen erzählte, was geschehen war. Alle freuten sich und dankten dem Einen, der sie so liebte, daß Er sogar noch etwas Himmlisches für das Mittagessen übrigließ. »Linda und ich gingen eigentlich nur ungern während des Betens hinaus«, erzählt Hannah. »Aber durch die Verköstigung der anderen hatten wir etwas erfahren, das uns dazu brachte, Ihn sogar noch mehr zu preisen!«

Pam Smith aus Merkel in Texas steht dem Glauben nicht fremd gegenüber. Während ihrer Tätigkeit als Kellnerin in einer Lkw-Raststätte in Pennsylvania begegnete sie oft Hungrigen und hat nie einen abgewiesen. »Ich habe ihnen von meinem Trinkgeld die Mahlzeiten bezahlt«, erzählt sie, »und wurde stets mit einem dankbaren Lächeln, einem warmen Händedruck oder einer Umarmung reich belohnt. An solchen Abenden schien ich dann immer besonders viel Trinkgeld zu bekommen! Ich hatte stets genug, um mich zu ernähren, und es mangelte mir an nichts.« Pam wußte, daß Gott in seiner Großzügigkeit nicht zu übertreffen ist.

Im letzten Jahr jedoch bekamen sie und ihr Mann finanzielle Schwierigkeiten. Das Geld war sehr knapp, und zu allem Überfluß litt Pams alter Dackel Corky auch noch an schweren Gesundheitsproblemen. »Der Tierarzt hatte zwar Mitleid, meinte aber, Corky würde nur noch etwa eine Woche leben«, berichtet Pam. »Ich betete viel, und Corky ging es wieder einigermaßen besser!«

Der Tierarzt sah *darin* ein Wunder, aber um gesund zu bleiben, brauchte Corky drei unterschiedliche Arzneimittel. Und jedes war teuer.

»Mir wird allmählich klar, daß ich mit allem zu meinem himmlischen Vater kommen kann«, sagt Pam. »Also habe ich gläubig wie ein Kind gesagt: ›Lieber Gott, ich habe nicht das nötige Geld für Corkys Arzneimittel, und ich glaube auch nicht, die Kraft zu besitzen, ihn jetzt verlieren zu können. Ich lege das in Deine Hände.‹«

Und was geschah? »In den letzten Monaten gaben wir Corky sein Antibiotikum«, erzählt Pam. »Wir haben nur die eine verschriebene Monatsration gekauft, aber die Flasche wird nie leer.« Die Vitamintabletten für den Hund, die für 30 Tage genügen sollten, reichten länger als drei Monate, und Pam kann sich nicht daran erinnern, wann sie zum letzten Mal Prednisontabletten für Corky gekauft hat. Aber wann immer sie die Flasche zur Hand nimmt, ist eine Tablette drin. »Ich glaube, der Herrgott liebt die Tiere genauso wie uns«, sagt Pam. »Da kann ich nur eines tun: Mein Herz zu Ihm erheben und Ihm für Seine Segnungen danken.«

Während Wunder wie die obigen früher selten zu sein schienen, meint Bruce Simpson aus Orlando in Florida, daß er immer mehr von solchen Fällen hört. Einen ganz besonderen erlebte er selbst vor einigen Jahren, als er und seine Frau Linda in Rochester, Michigan, einer Vorstadt von Detroit, einen Kirchenauftrag ausführten. Bruce, Vater von sechs Kindern und Diakon bei der katholischen Kirche, gründete auch eine Kontaktgruppe, die Good Shepherd Community, um Tage der Erneuerung, Unterricht für Gebetsgruppen, Klausuren und andere Evangelisierungstätigkeiten zu fördern. Die Gruppe lebt von Spenden, und gewöhnlich wird während einer Gebetsstunde für die Simpsons gesammelt.

An einem Gebetsabend in Rochester wurde Bruce von dem Gruppenleiter Bob ersucht, für einen Job für ihn zu beten. »Bob war schon ziemlich lange arbeitslos und befand sich in einem Alter, in dem man nur sehr schwer – wenn überhaupt – noch Arbeit findet«, erklärt Bruce.

Während seines Gebetes für Bob glaubte Bruce auf einmal, eine zuweilen als »prophetisches Wort« bezeichnete Botschaft vom Heiligen Geist zu erhalten. Er nahm Linda beiseite, erzählte ihr davon und bat sie, mit ihm zur Bestätigung dessen zu beten. Linda tat es, und auch nach ihrer Meinung war die Botschaft echt.

Der Botschaft zufolge sollte Bruce 100 Dollar aus dem Spendengeld nehmen, in einen Umschlag stecken, diesen zukleben und ihn Bob und seiner Frau Sheila geben. »Für uns war das viel Geld«, sagt Bruce, »aber ich tat, was meiner Überzeugung nach der Herrgott von mir forderte.« Als Bruce das Ehepaar zu sich rief und ihnen den zugeklebten Umschlag in Gegenwart aller übergab, zitierte er noch die restlichen Worte, die er gehört hatte: »›Das ist ein als Zeichen gemeintes Geschenk für euch, eine Anzahlung‹, sagt der Herr. ›Ich werde mich kümmern und euch eine Gelegenheit bieten, die besser als alles bisher von euch Erfahrene ist.‹«

Bob und Sheila waren den Simpsons außerordentlich dankbar. Nicht nur für die Botschaft der Hoffnung, sondern auch für die praktische Hilfe. Sie verließen die Versammlung mit dem ungeöffneten Umschlag in der Hand.

Ein Jahr später wurden Bruce und Linda wieder mit einem Kirchenauftrag in einer anderen Vorstadt von Detroit betraut. Bob war auch dort und erzählte ihnen den Rest der Geschichte.

Als Bob und Sheila an jenem Abend mit dem Umschlag nach Hause kamen, hatten sie das Gefühl, daß etwas Heiliges an ihm war. »Daher legten wir ihn – noch verschlossen – auf den Kaminsims«, erzählte Bob.

Ein paar Tage später brauchten sie Lebensmittel und hatten kein Geld. »Mach den Umschlag auf und sieh nach, ob genügend drin ist«, sagte Bob zu Sheila. Sie kam dem nach – und konnte ihre Wocheneinkäufe erledigen.

Ein bis zwei Tage später nahmen sie wieder Geld heraus und tankten den Wagen. Dann wurde eine Rechnung für Strom, Gas und Wasser fällig, und auch die bezahlten sie aus dem Umschlag.

»Anschließend waren die Hypothek und die anderen üblichen monatlichen Zahlungen dran«, fuhr Bob fort. »Wir bezahlten sie alle – aber auch wirklich alle – aus dem Umschlag. Sein Inhalt ging erst zu Ende, als mir der beste Job angeboten wurde, den ich je hatte und bei dem ich mehr als bei allen meinen bisherigen verdiene.« Bob sah Bruce an und hatte Tränen in den Augen. »Der Herrgott hat uns eine Gelegenheit geboten, wie es euer prophetisches Wort versprochen hat«, sagte er. »Aber ohne eure unglaublich großzügige finanzielle Hilfe hätten wir das nie geschafft.«

Dabei waren es nur 100 Dollar gewesen … Bruces Herz pochte wie wild. Was für eine Ehre, an so einem Wunder beteiligt zu sein!

»Ich habe mit meiner Familie manchmal gescherzt, ich hätte den falschen Umschlag weggegeben«, sagt Bruce lächelnd. Aber er weiß, was wirklich geschehen ist. »Linda und ich gaben in Demut das wenige, das wir hatten. Wie der Junge mit den fünf Broten und den zwei Fischen. Und durch Jesus ist es mehr geworden.«[7]

Der Mann in den Flammen

Siehe, ich sende einen Engel vor dir her,
der dich behüte auf dem Wege ...
2. Mose 23,20

Die sechsjährige Macy Krupicka und ihre Familie waren gerade wieder zurück aus Houston, wo sie Freunde besucht hatten. Den ganzen Tag über hatte es Tornadowarnungen gegeben, wie es Anfang Juli typisch für Oklahoma City ist. Macy hatte eigentlich keine Angst vor Stürmen. Als sie jedoch an jenem Abend ins Bett ging, war sie froh, daß alles ruhig zu sein schien. Ihre Eltern hatten die dreijährige Amy und den kleinen Kent bereits ins Bett gebracht. Dann hatte ihr Vater wie jeden Abend die Hintertür des Hauses, die in sein Arbeitszimmer führte, mit einem besonderen Schlüssel zugemacht. Macy wußte, daß die Tür ohne diesen Schlüssel weder von außen noch von innen zu öffnen war. »Wenn ich den Schlüssel in die Nähe der Hintertür lege, könnte jemand das Fenster aufbrechen, hineinfassen und ihn nehmen«, hatte ihr Vater ihr einmal erklärt. »Deshalb halte ich den Schlüssel versteckt.«
Papa war immer um sie besorgt, dachte Macy jetzt, als sie sich in ihr kühles Bett kuschelte. Er war ein wenig wie Gott, erkannte sie, zumindest nach dem, was sie gerade über Gott lernte. Gott und Sein Sohn Jesus kümmern sich sehr um sie.

Genauso wie ihre Eltern. Vor sechs Monaten war Macy den Mittelgang der Village Baptist Church hinuntergegangen und hatte Jesus als ihren Herrn und Erlöser angenommen. Es war eine große Verpflichtung für so ein kleines Mädchen. Aber sie hatte keine Zweifel gehabt. Jetzt gingen ihr die Augen zu, und sie glitt in die Traumwelt.

Um Mitternacht weckte sie lauter Lärm. Noch ganz benommen richtete sie sich auf. Donner ... ja, draußen tobte ein furchtbarer Sturm. Macy sah Blitze zucken. War es der Trommelregen, der sie geweckt hatte? Es war mehr, spürte sie.

Sie stieg aus dem Bett und ging leise den Flur hinunter zum Zimmer ihrer Eltern. Da stimmte doch etwas nicht im Flur. Rauch! Macy blieb mit hämmerndem Herzen stehen. Sie roch etwas Ätzendes und sah im Wohnzimmer etwas flakkern. Der Lärm war durch einen Blitz entstanden, der in ihr Haus eingeschlagen hatte, durch die Stromleitungen gefahren war und das Sofa in Brand gesetzt hatte. »Feuer!« hörte sie ihren Vater schreien. »Ruf die Feuerwehr!«

»Die Kinder!« Das war Mamas ängstliche Stimme.

»Mama!« schrie Macy. »Papa!« Keine Antwort. Wußten sie, daß sie hier im Flur stand? Der Rauch wurde inzwischen dichter, und Flammen zuckten die Wohnzimmerdecke entlang in Richtung Diele zur Haustür. Vielleicht sollte sie versuchen, hier herauszukommen? Zumindest war da kein Schloß aufzumachen. Aber wenn nun die Flammen über die Diele gelangten und sie in ihnen verbrannte? Voller Angst stand Macy in qualvoller Unentschlossenheit da. Sie hörte, wie ihre Mutter mit verängstigter Stimme bei der Feuerwehr anrief. Aber sie konnte nicht zu ihr gehen.

Auf einmal war Papa an ihrer Seite! Er nahm ihre kleine Hand in seine, und sie empfand Ruhe trotz all des Schlimmen um sie herum. Anstatt jedoch zur Diele zu gehen, führte Papa sie den Flur hinunter zu der anderen Tür und umging so die Flammen. »Komm hier entlang«, sagte er leise, »wir verlassen das Haus durch die Hintertür.«
Hatte er sich in dieser ganzen Verwirrung an den Schlüssel erinnert? Aber seine Hand war warm und beruhigend, und Macy war sicher, daß es nichts zu befürchten gab. Papa wußte immer, was zu tun war.
Macy sah nicht, daß Papa einen Schlüssel in das Schloß einführte, und ihre Hand ließ er auch nicht los. Aber die Tür ging ganz leicht auf, und dann befand sie sich hinten auf der Veranda. Regen strömte ihr übers Gesicht, und ihr Schlafanzug wurde ganz naß. Auf einmal war Papa fort!
»Papa!« rief sie. »Komm zurück!« Die Hintertür war geschlossen, aber sie öffnete sie und schaute in das Arbeitszimmer, das sich jetzt rasch mit Rauch füllte. »Papa?« Sie ging hinein und schloß die Tür hinter sich, aber es war dunkel. Sie ging wieder hinaus, aber alles war naß. »Was soll ich nur tun?« fragte sie sich. »Wo sind sie bloß alle?«
Verwirrt ging sie wieder in das Arbeitszimmer und schloß die Tür hinter sich. Da kam ihre Mutter gelaufen. »Macy, wir müssen hier raus!« schrie sie. »Die Tür geht nicht auf. Ich weiß nicht, wo der Schlüssel ist. Laß uns durch die Haustür …«
»Siehst du, wie sie aufgeht?« Macy öffnete sie. »Ich war schon draußen. Aber es regnet.«
»Wie hast du das gemacht?« Ihre Mutter starrte auf die Tür und griff dann ihre Tochter. »Egal. Komm!«

Macy und ihre Mutter rannten durch das nasse Gras um das Haus herum zur Vorderseite. Sie erblickten Amy und Kent an der Haustür auf der Veranda. Augenwimpern und Augenbrauen des kleinen Kent waren versengt, und Amy schluchzte. Papa war auch da, wollte aber trotz der Flammen ins Haus zurück. Er hatte Mutter und Tochter nicht gesehen. Sie eilten ihm entgegen, aber er verschwand in dem Rauch. »Wayne, komm raus!« schrie Macys Mutter.

»Papa ist Macy suchen gegangen!« weinte Amy.

»Ich bin doch hier!« rief Macy. Warum war denn Papa so durcheinander?

Ihr Vater kam verzweifelt zur Veranda zurückgestolpert. »Ich kann Macy nicht finden!« rief er seiner Frau zu. »Der Rauch ist dort drin zu dick, und man sieht nichts!«

»Papa! Papa, ich bin doch hier!« machte sich Macy laut bemerkbar.

Ihr Vater hustete sich aus. Macy sah, wie sich Schrecken und Hoffnungslosigkeit in seinem Gesicht zu Freude wandelten. »Macy!« rief er und sprang, um das Kind an sich zu drücken. »Gott sei Dank! Gott sei Dank bist du in Sicherheit! Ich habe versucht, dich zu finden, aber ich kam nicht durch die Flammen hindurch ...«

Er starrte ihr ins Gesicht. »Wie hast du das gemacht, Macy?« fragte er. »Wie bist du ganz allein durch die verschlossene Hintertür herausgekommen?«

Vierzehn Jahre sind seit dem Feuer vergangen, und Macys Mutter Juanita staunt noch immer über das, was geschehen ist und was später kam. »In den Monaten darauf litt Macy weder an einem Trauma noch an Angst oder Alpträumen, was ja sonst bei Kindern normal ist«, erinnert sie sich. »Statt dessen fühlte sie sich sicher und war ruhig. Es ist so großartig, daß sich Gott sowohl um ihr emotionales Wohlergehen als auch um ihre körperliche Sicherheit gekümmert hat!«

Und Macy? »Ich glaube, bald danach hatte ich begriffen, daß Gott einen Engel geschickt hatte, um mich zu retten«, sagt sie. »Aber nicht *irgendeinen*, sondern einen, der Vater ähnelte, weil Er wußte, daß ich mich in dessen Gegenwart sicher fühle.«

Sie hat auch die Berührung jener Hand nicht vergessen. Dieses Gefühl ist ihr heute – wie damals – bei Feuer und Regen eine Stütze.

Marias Mantel

Alle strahlenden und schönen Dinge,
Alle großen und kleinen Geschöpfe,
Alle weisen und wunderbaren Dinge
Hat der Herrgott geschaffen.

CECIL FRANCIS ALEXANDER

Als am Sonntagmorgen des 7. Dezember 1941 Bomben auf Pearl Harbor fielen, war diese Stadt nicht als einzige schwer betroffen. Viele Gebiete auf den philippinischen Inseln standen ebenfalls unter Beschuß, darunter auch die Stadt Baguio. Hier gab es Kiefern und Berge, rundherum Felder und Goldminen, und dort war Lolo Joaquin als Ingenieur tätig. Lolos Familienangehörige, alles gläubige Katholiken, hatten ihn zum Wochenende in den Goldminen besucht und waren nun mit dem Auto auf dem Heimweg nach Baguio zum Gottesdienst, als sie Bomben explodieren hörten. Voller Angst wendeten sie und fuhren wieder zurück zum Barackenlager, wo es verhältnismäßig sicher war. In den darauffolgenden Monaten blieben sie und viele andere in der Nähe von Itogon in einer Mission, die Pater Alfonso, ein belgischer Priester und langjähriger Freund der Familie, leitete.

Lolo hatte die Colorado School of Mining absolviert, hatte amerikanische Freunde und schloß sich der Widerstandsbewegung an, als die japanische Armee eine Stadt nach der

anderen besetzte. Er lehnte es ab, in den Kupfergruben zu arbeiten, da er wußte, daß aus dem Metall Kugeln gemacht und gegen seine Freunde eingesetzt werden. Seine Frau Lola schmuggelte in frischgebackenem Brot Nachrichten in Konzentrationslager, in denen Amerikaner gefangengehalten wurden. Aber sie wußten beide, daß es nur eine Frage der Zeit war, bis die Japaner in entfernter gelegene Gebiete eindringen und ihre Widerstandstätigkeit entdecken würden.
Als Anfang Oktober 1942 die Monsunzeit begann, gingen Gerüchte um, daß japanische Soldaten in ihre Richtung vordringen würden. »Wir ziehen uns in die Berge nach Dalupiri zurück«, sagte Pater Alfonso zu den bei ihm gebliebenen Familien. Sie könnten beim Stamm der Benguets unterkommen, dessen Häuptlinge Verständnis für ihre Notlage hatten.
Der Marsch begann am frühen Morgen, jedoch Lolo wurde bald klar, daß der lange Weg für seine Familie zu beschwerlich sein würde. Die Joaquins waren nicht nur mit vier kleinen Kindern unterwegs, sondern Lola hatte erst kürzlich eine Fehlgeburt gehabt und war noch schwach. Als nach mehreren Kilometern die Wege immer steiniger wurden, stolperte und stürzte sie oft. Andere Familien versuchten zu helfen, aber Lolo wußte, daß er die anderen damit nur aufhielt. Da ihnen die Japaner auf den Fersen waren, konnte das für alle gefährlich werden.
»Zieht nur weiter«, sagte er zu Pater Alfonso. »Wir holen euch schon ein.«
Pater Alfonso nickte widerwillig. »Sobald wir können, schicken wir Leute zurück, um Lola zu tragen«, versprach er. »Gott sei mit euch.«
»Und mit euch.«

Die Freunde waren bald weitergezogen. Verängstigt sahen sich die Zurückgebliebenen an.

»Papa, es beginnt zu regnen.« Die neunjährige Patricia schaute ängstlich zum Himmel hinauf.

Lolo folgte ihrem Blick. Es bewölkte sich, die Sonne war untergegangen, und es wurde kühl. »Kommt«, sagte er, als er den kleinen Sonny in einem Tragetuch auf seinen Rükken hob. »Es geht schon alles in Ordnung.«

Jedoch bald wurde der Wind immer heftiger, und Regen prasselte auf die kleine Gruppe hernieder. Bald waren alle durchnäßt. Der Kleine winselte, die siebenjährige Teresita zuckte zusammen, wenn die Bäume hin- und herschwankten, und redete seltsam vor sich hin. Lola wurde allmählich immer kraftloser. Der Monsun hatte begonnen. Wie sollten sie da weiterkommen?

Der Weg wurde bald so schmal, daß sie nur noch hintereinander weiterkamen. Zur Rechten ragten bedrohlich geröllbedeckte Felsen auf. Zur Linken fiel ein Abgrund steil hinunter in einen über seine Ufer getretenen Fluß. Der Regen trommelte weiter auf sie ein, während sie darum kämpften, auf dem schlüpfrigen Felssteig aufrecht zu bleiben. Schließlich ließ Lolo halten. »Wir setzen uns hier hin«, sagte er ruhig, obwohl Patricia sein besorgtes Gesicht gesehen hatte, bevor das letzte Licht schwand. »Eure Mutter braucht Ruhe.«

Langsam legten alle ihre Sachen ab und setzten sich an große Steine. Es war inzwischen dunkel geworden, bemerkte Lolo jetzt. Schlimmer aber war, daß er irgendwo auf den letzten Kilometern die Orientierung verloren hatte. Was tun? Seine Kinder waren erschöpft. Wie sollten sie durch die tückischen Felsen weiterziehen, nachdem nun auch die

Nacht hereinbrach? Aber sie konnten auf dem Berghang auch nicht schlafen. Nicht, wo es so regnete und Soldaten sie vielleicht aus dem Hinterhalt zu überfallen suchten.
Der Wind wurde heftiger, und Lolo stand bald wieder auf. »Wir sollten vielleicht kriechen«, schlug er vor. »Mit der einen Hand auf dem Boden und mit der anderen an der Bergwand, um nicht vom Weg abzukommen.«
»Warum zünden wir denn keine Fackel an, Papa?« fragte Buddy.
»Geht nicht, mein Junge«, erklärte Lolo. »Da könnte uns der Feind sehen und auf uns schießen.«
Teresita begann zu weinen. »Ich habe Angst, Papa«, schluchzte sie. Über den Bergen donnerte es. »Ich will nach Hause!«
»Pst«, sagte Lolo beruhigend und tätschelte sie mit der einen Hand, während er das weinende Baby mit der anderen in dem Tragetuch hielt. »Hört auf zu weinen, Kinder. Natürlich ist es hier im Dunkeln und im Regen nicht schön, aber wir müssen das Beste daraus machen – wir müssen jetzt mutig sein und dürfen keine Angst haben!«
»Was können wir denn tun?« fragte Lola, den vierjährigen Buddy an sich ziehend.
Lolo schwieg einen Augenblick. »Beten können wir«, sagte er. »Haben wir uns nicht immer an den Himmel gewandt, wenn es uns schlechtging?«
Die Kinder nickten. Sie hatten alle schon in Büchern Gebete gelesen oder Gebete gesprochen, die sie auswendig kannten. Natürlich wußten sie, wie man betet. Jetzt streckte ihr Vater seine Hände aus und erhob seine Stimme, wie sie es noch nie gehört hatten. »Bedecke uns mit deinem Mantel,

heilige Gottesmutter«, bat er, »damit wir aus allem Übel und aller Versuchung sowie aus allen Gefahren für Leib und Seele gerettet werden!«

Eine wunderschöne Bitte, voller Kraft und Hoffnung. Die Angst, welche die Familie hatte, schien zu weichen, wenn auch nur ein wenig. Lolo spürte es ebenfalls. »Ich habe eine Idee«, sagte er leise. »Es ist jetzt zu dunkel, um etwas zu sehen. Aber wenn wir im Gänsemarsch gehen und jeder die Hand seines Vordermanns nimmt, fühlen wir uns alle sicherer.«

Teresita wollte tapfer sein. Aber sie zitterte, weil der Fluß zu ihren Füßen toste. »Ich habe Angst, Papa.«

Ihr Vater nahm ihre nasse Hand. »Wir beten laut den Rosenkranz, wenn wir gehen. Da kann uns Gott durch den Sturm hören! Buddy, du führst uns an, weil du der Kleinste bist und dem Boden am nächsten. Seid ihr alle bereit?«

»Sind wir!« Langsam zog die kleine Gruppe weiter. Wasser strömte ihnen in die Augen, und ihre Sachen klebten ihnen an den zitternden Körpern. Das schaffen sie ja doch nicht. Ein Kind würde stolpern, sie alle würden das Gleichgewicht verlieren und in den Cañon da unten stürzen. »Ave Maria, du Gnadenreiche.« Unsicher klammerten sie sich an die vertrauten Sätze aus der Bibel, den beruhigenden Tonfall und die Erinnerung an den leidenschaftlichen Appell ihres Vaters. Sie schaffen es nicht! Und doch ... Der Marsch schien ewig zu dauern. Als sie jedoch an eine scharfe Wendung kamen, sah Buddy als erster etwas. »Mutti! Papa!« rief er aufgeregt. »Seht mal!«

Der Regen hatte plötzlich aufgehört, und die Luft schien köstlich zu duften. So weit sie sehen konnten, erstreckte sich vor ihnen eine lange Reihe leuchtender Kerzen, den Berg

entlang bis hin zu einer weiten Ebene. Aber das waren keine Kerzen. Diese Lichter sprangen, tanzten und funkelten wie Sterne am Himmel.
Leuchtkäfer waren es! Tausende, ja *Milliarden* schwebten etwa einen Meter über dem Boden. In dem auf diese Weise gemeinsam geschaffenen grünlichen Licht sah Lolo den Weg so klar wie am Tage. Sogar die Fußspuren der vor ihnen Geflüchteten.
Ehrfurchtsvoll kniete Lola in Dankbarkeit nieder. Die Kinder lachten, fingen ein paar der kleinen Käfer und wickelten sie in ihre Taschentücher. »Die können wir als Laternen benutzen!« rief Patricia entzückt.
Das Baby fest in den Händen haltend, starrte Lolo ungläubig auf die Szene vor sich. In seinem ganzen Leben hatte er noch nie so eine gewaltige Ansammlung von Leuchtkäfern an einer Stelle und schon gar nicht so exakt geordnet gesehen wie hier. Eigentlich gab's zur Monsunzeit keine Leuchtkäfer. Sie schwebten auch nie über dem Boden, sondern hielten sich lieber in den Wipfeln der Bäume auf. Hier aber sah er in Hüfthöhe eine unglaubliche Menge von ihnen, die auf seine Familie wartete und sie umschwirrte ... Wie ein Schutzmantel, wurde ihm plötzlich klar. Wie der goldverbrämte Mantel einer Königin.
Es waren noch mehrere Kilometer zurückzulegen, jedoch nun schien der Weg verzaubert zu sein, da ihn die heiligen Käfer bis zu dem kleinen Dorf erleuchteten. Endlich! Sie rannten die letzten Meter durch den Schlamm und hämmerten an Pater Alfonsos Tür.
»Wir hatten euch schon aufgegeben!« begrüßte sie der erstaunte Priester voller Freude, als er herauskam, um sie zu

umarmen. »Wie habt ihr denn das gemacht? Wie seid ihr denn in dieser Dunkelheit und bei diesem heftigen Sturm durch die Berge gekommen?« Patricia und Teresita schauten zum Himmel hinauf. Es begann wieder heftig zu regnen.

»Wir können es nicht erklären, Pater«, sagte Lolo. »Schau dir das Wunder dort hinten selber an.«

Der Pater schaute an Lolo vorbei nach hinten. Aber da war überhaupt nichts zu sehen. Keine Leuchtkäfer, kein wolkenloser Himmel. Nur Finsternis und strömender Regen. Lolo verstand. »Hat es den ganzen Abend so geregnet wie jetzt, Pater?« fragte er ruhig. »Es hat nie aufgehört, Mr. Joaquin«, entgegnete Pater Alfonso.

Am Tag darauf rief Pater Alfonso die Stammesältesten zusammen, von denen einige schon über 100 Jahre alt waren, und zeigte ihnen die Leuchtkäfer aus Teresitas Taschentuch. »Hat jemand von euch schon davon gehört«, fragte er, »daß Leuchtkäfer während eines Sturms kommen, um Wanderern den Weg zu erhellen?«

Die Stammesältesten berieten miteinander. Sie kannten sich in der Natur und mit Leuchtkäfern aus. So etwas gab es nicht, versicherten sie.

Diese Meinung ließ die Joaquins kalt, denn sie hatten es gesehen. Nicht nur mit den Augen im Kopf, sondern mit den Augen des Glaubens. Das Leben würde noch schwierig werden, wenn sie in ihrem von Krieg überzogenen Land ums Überleben kämpfen mußten. Aber sie würden nicht allein sein. Wie wunderbar sind doch die Wege des Herrn![8]

Der Fremde auf der Fotografie

Die meisten Ärzte sehen in diesen Visionen nicht das, was sie sind – Medizin für die Seele, vielleicht aber auch aus der Seele. MELVIN MORSE
Parting Visions (Abschiedsvisionen)

Es war besonders kalt in jener Nacht, als der 18jährige Johnny Bryan und sein älterer Cousin Donald ihr Zuhause in Tulsa verließen. Die beiden wollten nach Vian, wo Donald gewohnt hatte, bevor er mit zu Johnnys Mutter, Tante Tressie, gezogen war. Donalds Freundin wohnte noch in der Nähe der Blackgum Mountains, und so fuhr er fleißig jedes Wochenende dorthin, um bei ihr zu sein. Da es in Vian Pferde und weite Flächen gab – und weil er gern ritt –, begleitete Johnny Donald gewöhnlich.

In dieser Nacht hatte Tressie Bryan versucht, die Jungs zum Zuhausebleiben zu überreden. »Wenn nun der Wagen eine Panne hat und ihr auf einer verlassenen Landstraße erfriert?« fragte sie.

Aber die Jungs neckten sie nur mit ihrer Besorgnis. Wußte sie denn nicht, daß Wetterwarnungen nicht für junge Leute gelten? Tressie sah sie gehen und betete flüsternd für ihre Sicherheit. Wenn das so weiterschneit, noch dazu bei dem Wind, würden sie nicht viel von ihrem Wochenende haben.

Jedoch es schneite und windete weiter. Am Sonnabend schien es noch kälter zu werden, und am Sonntag zählte Tressie die Stunden bis zur Rückkehr der Jungs. Sie war natürlich strenge Winter gewöhnt. Als halbe Cherokee-Indianerin mochte sie das Leben unter freiem Himmel, und ihr lieber Bruder Buster hatte ihr schon früh das Jagen und das Reiten beigebracht. Schöne Tage waren das gewesen, wenn sie beide über die Felder jagten und sogar gemeinsam eine kleine Farm bewirtschafteten, damit auch ihre kleineren Geschwister etwas zu essen bekamen. Und dann waren sie erwachsen geworden, der Krieg war gekommen, und alles hatte sich geändert.

Das letzte Mal hatte sie Buster während seines Armeeurlaubs vor seiner Abreise nach Anzio gesehen. Buster hatte Tressies Mann beiseite genommen und zu ihm gesagt: »Sag es Tressie nicht, aber ich komme nicht wieder.« Als das Telegramm eintraf, schmerzte sie das so, daß sie all seine Fotos wegpackte. Ihr Sohn Johnny hatte ihn noch nicht einmal kennengelernt …

Sie faselte jetzt unzusammenhängendes Zeug und kramte in Erinnerungen, damit die Zeit verging, konnte jedoch das Gefühl nicht loswerden, daß irgend etwas geschehen war. Nachdem die Dunkelheit hereingebrochen war, ging sie ruhelos auf und ab und starrte auf die schneebedeckte Landschaft. Wo waren sie? 22 Uhr … 23 Uhr … Mitternacht, und die Jungs immer noch nicht da. So spät waren sie noch nie gekommen.

Um zwei klingelte das Telefon. Donald rief aus einem Krankenhaus in Broken Arrow an, das etwa 30 Kilometer entfernt war. »Der Wagen ist auf einer vereisten Strecke ins

Rutschen gekommen, hat sich überschlagen und uns hinausgeschleudert, Tante Tressie«, sagte er. »Bei mir ist alles in Ordnung, aber Johnny hat sich das Bein verletzt. Er ist bewußtlos, und deshalb weiß keiner, ob er noch andere Verletzungen hat.«

»Ich komme gleich«, versprach Tressie.

Sie betete auf dem Weg zum Krankenhaus, und als sie ankam, hatte Johnny das Bewußtsein bereits wiedererlangt. Die Ärzte beschlossen, ihn zu entlassen. Erleichtert und dankbar halfen Tressie und Donald ihm auf den Rücksitz des Wagens und machten es ihm bequem für sein bandagiertes Bein. Donald sprang vorn hinein, und Tressie fuhr ganz vorsichtig auf der schneebedeckten Straße. Johnny war ein wenig bedrückt, schien aber durchaus bei klarem Verstand zu sein.

Kurz vor Tagesanbruch erreichten sie ihr Haus. Donald stieg aus, um die Haustür zu öffnen, und Tressie half Johnny hinten aus dem Auto. Mit einem Arm um ihre Schulter humpelte er in Richtung Veranda. Auf einmal blieb er stehen. »Mutti«, fragte er, »wer ist denn der Mann auf der anderen Seite von mir?«

»Was meinst du?« Tressie runzelte die Stirn. Hatte Johnny infolge seiner Kopfverletzung Halluzinationen? »Da ist niemand auf der anderen Seite von dir, Johnny«, sagte sie beruhigend. »Siehst du, Donald ist da auf der Veranda.«

Johnny sagte kein Wort. Am nächsten Tag jedoch schnitt Tressie das Thema nochmals an. Wenn ihr Sohn eine Gehirnerschütterung hat, sollte sie das dem Arzt mitteilen. »Johnny, warum hast du mich nach einem Mann gefragt?«

»Als ich im Krankenhaus aufwachte, Mutti, stand ein Mann

an meiner Zimmertür«, begann Johnny mit ernstem Gesicht. »Er hatte einen Fuß über den anderen geschlagen, lehnte an der Tür und betrachtete mich. Er trug eine weiße Hose, weiße Schuhe, einen langen weißen Mantel, und sein Haar war pechschwarz.«

»Ich nehme an, das war der Arzt«, versuchte Tressie zu erklären. »Du mußt durcheinander gewesen sein, weil du mit dem Kopf aufgeschlagen bist.«

»Vielleicht«, gab Johnny zu. »Aber als wir nach Hause fuhren, saß dieser Mann hinten auf dem Rücksitz neben mir. Er betrachtete sich die Gebäude um uns herum, als interessierten sie ihn sehr. Als du mir dann aus dem Wagen halfst, war er an meiner Seite, bis wir an die Tür kamen. Er sah mich an und sagte: ›Es ist jetzt wieder alles okay mit dir.‹ Deshalb dachte ich erst, es sei jemand aus dem Krankenhaus.«

»Nein«, erwiderte Tressie. »Da saß niemand auf dem Rücksitz neben dir, Johnny.« Sie war beunruhigt. Obwohl es sich nur um einen kleineren Unfall gehandelt hatte, schien Johnny doch mehr abbekommen zu haben, als sie dachte. Was sollte sie tun?

Sie dachte auch noch später daran, als das Telefon klingelte. Eine Krankenschwester aus dem Broken Arrow Hospital war am Apparat. Sie und ihr Mann waren hinter den Jungs hergefahren und als erste am Unfallort gewesen. »Es war äußert seltsam, Mrs. Bryan«, sagte die Krankenschwester. »Als der Wagen sich überschlug, schlug sein Dach so auf die Straße auf, daß eine kleine Beule entstand. Und die schützte Kopf und Schultern Ihres Sohnes, bevor er aus dem Wagen geschleudert wurde.« Johnny hätte sonst an Kopfverletzungen sterben müssen, meinte die Krankenschwester. »Aber ich

wollte Sie wissen lassen, daß meiner Meinung nach jemand auf eine ganz besondere Weise über ihn gewacht hat.«
Tressie stimmte ihr zu. Worin auch immer Johnnys Probleme jetzt bestanden – sie war dankbar, daß er noch lebte.
In der Tat schien alles bei ihrem Sohn in Ordnung zu sein. Er erwähnte den Mann nie wieder und lebte weiter, als sei nichts geschehen. Tressie vergaß nicht, Gott jeden Abend dafür zu danken, daß er eine schreckliche Tragödie verhindert hatte, und dachte mit der Zeit auch nicht mehr an Johnnys seltsames Erlebnis.
Als Johnny Jahre später ausgezogen war, brachte Tressie einen Schrank in Ordnung und stieß auf ein paar alte Familienfotografien. Auch Bilder mit Buster waren dabei, die sie vor seiner Abreise nach Italien aufgenommen hatte. »Mein Lieblingsbild – ich hatte es bereits ganz vergessen – war das, wo er mit einem Fuß über den anderen geschlagen an einen Felsen gelehnt stand«, sagt sie. »Und noch ein anderes, eine Nahaufnahme von ihm ohne Hut.« Tressie starrte die Fotos an. Es war eigentlich Zeit, wieder an Buster zu denken, kam ihr in den Sinn. Sie wird die Bilder vergrößern lassen.
Kurz danach kam Johnny unerwartet zu Besuch. Er plünderte den Kühlschrank, schlenderte dann ins Wohnzimmer und blieb vor den Fotos stehen, die jetzt an der Wand hingen. Er guckte sie erstaunt an. »Mutti, das kann doch einfach nicht sein.«
»Was denn?«
»Weißt du noch, als ich mit Donald den Unfall hatte?« Johnnys Augen waren riesengroß.
»Natürlich.« Jenen Abend konnte Tressie nie vergessen.
»Das ist der Mann, Mutti, von dem ich dir erzählt habe, der

an der Tür stand und mich betrachtet hat! Er hatte einen Fuß über den anderen geschlagen und stand auch so angelehnt wie hier.«

»Das ist unmöglich, Johnny. Dies hier ist dein Onkel Buster. Ich hab dir doch von ihm erzählt. Er ist im Zweiten Weltkrieg gefallen. Den kannst du nicht getroffen haben. Weder im Krankenhaus noch sonstwo.«

»Mutti, sein Gesicht und dieses schwarze Haar sieht man doch ganz deutlich auf der Nahaufnahme. Ich hab ihn nie vergessen. Er saß neben mir im Auto und half mir bis zu unserer Haustür. Und er sagte ...« Johnnys Stimme wurde bei dieser Erinnerung ganz weich. »Er sagte, jetzt wäre mit mir alles okay.«

Tressie erinnerte sich des Unfalls, wie erstaunlich gut ihr Sohn dabei noch einmal davongekommen war und daß die Krankenschwester geglaubt hatte, er sei auf ganz besondere Weise geschützt worden. Schließlich dachte sie an Buster, der sich immer um sie gekümmert hatte. »Ich komme nicht wieder«, hatte er zu ihrem Mann gesagt. Aber wer wollte behaupten, daß diejenigen, die uns auf Erden geliebt haben, uns nicht auch vom Himmel aus lieben können?

»Johnny ist jetzt erwachsen und hat eine eigene Familie«, sagt Tressie heute. »Und ich hoffe, der Mann mit dem dunklen Haar wacht noch immer über uns alle.«

Heilung aus dem Himmel

Ist jemand unter euch krank, der rufe zu sich die Ältesten der Gemeinde, daß sie über ihm beten und ihn salben mit Öl in dem Namen des Herrn.

Brief des Jakobus 5,14

Obwohl Jan Lewis in einer gläubigen Familie groß geworden war, hatte sie wenig Interesse an spirituellen Dingen, als sie 1980 einen Armeekameraden heiratete. »Ich war in West Point, New York, stationiert, Chuck dagegen über 550 Kilometer entfernt in Maryland«, erklärt sie. Die jungen Eheleute pendelten zu den Wochenenden hin und her, und als Chuck nach Korea geschickt wurde, war Jan traurig. Ruhelos und einsam, freundete sie sich mit dem afroamerikanischem Soldaten David auf ihrem Stützpunkt an und hatte schließlich eine kurze Affäre mit ihm.

Als Chuck erfuhr, daß seine Frau ihn betrogen hatte, war er verzweifelt. Er bekam die Erlaubnis, in Maryland zu bleiben, und Jan zog zu ihm, um es noch einmal zu versuchen und ihre Ehe zu retten. Bald danach bemerkte sie, daß sie schwanger war. Sie wußte aber nicht genau, von welchem der beiden Männer das Kind war. Als sie das Chuck mitteilte, glaubte sie, daß ihre Ehe damit endgültig in die Brüche gegangen sei.

Aber Jan wußte nicht, wie tief gläubig ihr junger Gatte war.

»Chuck ist immer fromm gewesen«, sagt Jan, »und er schlug vor, trotz der Schwangerschaft mit einem Pfarrer, den er kannte, eine Eheberatung durchzuführen.« Jan war einverstanden, aber die Schwierigkeiten waren damit nicht verschwunden. Da es damals noch keine Tests zur Bestimmung der Rassenzugehörigkeit Ungeborener gab, mußte sie mit Chuck, der wie sie auch weiß war, bis zur Geburt warten, um dann die Wahrheit zu erfahren.

Vor Jahren hatte Jan schon einmal abgetrieben, und sie erwog einen weiteren Schwangerschaftsabbruch. Aber wenn sie nun damit das Kind *von sich und Chuck* umbrachte? Wenn sie aber andererseits nicht abtrieb und das Kind tatsächlich von David war, was sollte dann aus ihm werden? Würde es Chuck nicht ständig an ihre Untreue erinnern? Und wenn sie es weggibt? Würde sie es damit nicht zu einem Leben in Pflegeheimen verdammen, wenn sich keine schwarzen Adoptiveltern finden ließen?

»Ich versuchte mir vorzumachen, daß ich alles im Griff hätte, bis ich mit Chuck eines Abends zu einem Gottesdienst ging«, erinnert sich Jan. »Unser Pfarrer rief vom Altar aus alle auf, die eine persönliche Beziehung zu Jesus herstellen wollten, nach vorn zu treten.« Jan blieb sitzen. Sie hatte über Jesus immer nur »Kopfwissen« gehabt. Was brauchte sie mehr? Ein paar Augenblicke vergingen, und niemand trat nach vorn. Obwohl üblicherweise immer nur ein Aufruf erfolgte, rief der Pfarrer zum zweiten Mal auf.

Jan blieb immer noch sitzen. Sie spürte um sich herum eine seltsame Erwartungshaltung, als wollte jeder, daß etwas Bedeutsames geschah. Als der Pfarrer das dritte Mal zum Vortreten aufrief, erhob sich Jan plötzlich voller Ehrfurcht, während ihr Tränen über die Wangen strömten, und ging zum Altar, als sei er eine Oase in der Wüste. Was er in der Tat auch war.

»Ich hörte mich um Vergebung bitten für mein Verhalten in der Vergangenheit, für meinen Betrug gegenüber meinem Gatten, für all das, wo ich versagt hatte«, erzählt sie. »Ich wußte, daß ich einen Punkt erreicht hatte, an dem ich mich entscheiden mußte, auf welcher Seite ich stehe. Keinen Selbstbetrug, kein Schwanken mehr. Und wenn es Gottes Seite war, mußte ich mich ihm ergeben und durfte nie zurückschauen.«

Und genau das tat sie in diesem Augenblick. Ihr Problem hatten Chuck und Jan zwar immer noch, doch wußten sie, daß eine bedeutende Veränderung eingetreten war.

Die Abtreibung war für Jan kein Thema mehr. Mit fortschreitender Schwangerschaft dachte sie aber immer ernsthafter an eine Adoption, wenn das Kind von David wäre. Ihr Pfarrer hatte zwei Kinder adoptiert, und Chuck war auch ein Adoptivkind. Oft geht es gut, und so sagte sie zu den Sozialarbeitern im Krankenhaus, sie sollten für diesen Fall die notwendigen Papiere bereithalten.

Christopher wurde am 22. Dezember zu Jans Geburtstag geboren, und kurz danach bestätigte Jans Arzt, daß das Kind von David stammte. In dieser Nacht weinte Jan in ihrem Bett. Sicherlich wäre es für Christopher besser, wenn er unter Schwarzen großgezogen würde. Chuck hatte ihr gesagt, über das Schicksal des Kindes solle sie bestimmen; er würde jede Entscheidung mittragen. Aber nun wurde ihr allmählich klar, was für ein schönes Geschenk der kleine Christopher war – trotz der Umstände, die ihn seit seiner Entste-

hung begleiteten. Sie fragte sich selber, ob sie so ein Geschenk ablehnen könnte.
Auf einmal sah Jan an ihrem Bett so etwas wie ein Rauchwölkchen. Aber es war kein Rauch, sondern eine Gestalt. Jan blinzelte. Ein *Engel* war's, und der sprach zu ihr – nicht in hörbaren Worten, sondern an ihren Geist gewandt. »Gott macht niemals Fehler«, sagte er. »Die Menschen machen Fehler, Gott nie.«
Mit dem Verschwinden des Engels schwanden auch Jans Zweifel. Hatte sie nicht beschlossen, sich von Gott führen zu lassen? Sie würde ihr Baby nicht weggeben, sondern es gemeinsam mit Chuck großziehen, und sie würde Gott vertrauen, daß alles gut wird.
Jahre vergingen. David war über Christophers Geburt unterrichtet worden, wollte sich aber in Jans Familie nicht einmischen, und so schloß Jan die Tür zu diesem Teil ihrer Vergangenheit. Chuck hatte zu Christopher ein enges Verhältnis, wie ein richtiger Vater zu seinem Sohn, und Jan war ihm ewig dankbar für seine Unterstützung.
1986 verließ Chuck die Armee und fand in Chicago Arbeit. Kurz danach bemerkte Jan, daß sie wieder schwanger war. Sie galt als Risikopatientin, da sie Medikamente gegen Epilepsie bekam, und außerdem war ihre Blutgruppe Rh-negativ, Chucks dagegen Rh-positiv. Die Ärzte schlugen eine Abtreibung vor, jedoch Jan wollte nicht. Statt dessen bekam sie das Medikament Rhogam, um das Blut des Kindes nicht zu gefährden.
Einige Monate später bekam Jan einen Anruf von Davids Mutter, die ebenfalls in Chicago wohnte. »Mein Sohn hat ein Notizbuch mit Telefonnummern seiner Armeekamera-

den«, erklärte die Frau. »Ihr Name ist auch dabei, und deshalb rufe ich Sie an. Ich dachte, es könnte Sie interessieren, daß David sehr krank ist.«

Von Davids damaligem Verhältnis mit ihr schien seine Mutter nichts zu wissen, und Jan beschloß, ihr davon auch nichts zu sagen. Möglicherweise hatte David es sich inzwischen anders überlegt, wollte Christopher doch sehen, und sie sollte ihn besuchen?

»Im Krankenhaus gab man mir einen Kittel und eine Maske«, erzählt Jan, »und als ich in Davids Zimmer trat, sah ich, wie schwer krank er war.«

David schaute zu ihr auf. »Jan«, sagte er, »ich will, daß du es weißt. Ich habe Aids.«

Aids. 1987 wußte man noch nicht viel über diese Krankheit. Jan hatte nur gehört, daß sie gewöhnlich tödlich endet, und sie konnte sehen, wie nahe David dem Tod war. Sie sprachen über Christopher, jedoch sehen wollte David ihn nicht. Seiner Familie hatte er auch nichts von ihm gesagt.

»Mir ist es egal, was ihr Christopher von mir erzählt«, sagte David. »Kümmere dich um ihn und sei lieb zu ihm.«

»Das tun wir«, versicherte ihm Jan.

Zwei Wochen später starb David. Jan ging zur Beerdigung und erklärte nur, sie sei eine Armeekameradin von ihm gewesen. Nach einigen Wochen erzählte sie ihrem Arzt bei einer Routineuntersuchung von der Situation. »Zu der Zeit wußte ich von Aids nur Bruchstückhaftes«, erklärt Jan. »Ich hatte gehört, daß das Virus eine Zeitlang im Blut bleibt, und dachte, daß ich wohl einen Test machen sollte. So etwas wie einen Tbc-Test oder ähnliches.«

Ihr Arzt nahm die Sache wesentlich ernster und führte den

Test unverzüglich durch. Die ersten Ergebnisse waren positiv, und er ließ noch einmal eine genauere Untersuchung machen. Zehn Tage später lagen auch dafür die Ergebnisse vor. Obwohl man es zu der Zeit für möglich hielt, daß der Befund ungenau sein konnte, weil sie früher Rhogam bekommen hatte (heute ist das ausgeschlossen), ergab der Test, daß Jan HIV-positiv war. Es bestand Grund zu der Annahme, daß ihr noch ungeborenes Kind ebenfalls erkrankt war.

Die Vergangenheit hatte Jan wieder eingeholt, und zwar so schlimm, wie sie es sich nie vorgestellt hätte. Sie bekam körperliche Beschwerden – einen niedrigen Hämoglobinwert sowie Austrocknungserscheinungen – und war ständig im Krankenhaus. Stammten ihre Krankheiten von der Schwangerschaft oder von Aids? Wie sollten sie behandelt werden? Würde aus einer Erkältung eine Lungenentzündung werden? Würde sie oder das Kind während der Entbindung irgendwie angesteckt werden, so daß der eine oder der andere daran sterben würde? Wie schnell würde die Krankheit voranschreiten? Niemand wußte es.

Noch schlimmer war vielleicht die soziale Isolierung. »Es war ein Geheimnis, von dem wir wirklich niemandem erzählen konnten, nicht einmal unseren Familien, da wir Angst hatten, gemieden zu werden, und zwar zu einer Zeit, in der wir Unterstützung brauchten«, erzählt Jan. »Wir gehörten zum Friendship Center, einer wunderbaren Assembly-of-God-Gemeinde in Chicago, und der Pfarrer sowie mehrere Gemeindemitglieder kamen regelmäßig, um mich zu segnen und über uns für unsere Heilung zu beten. Aber sie sagten der Gemeinde nur, ich hätte eine schwierige

Schwangerschaft, weil sie nicht wollten, daß jemand Angst bekam oder wir uns eine neue Kirche suchen mußten.«

Keiner von Jans Ärzten hatte Hoffnung. Sie sollte im berühmten Michael Reese Hospital in Chicago ihr Kind zur Welt bringen. Obwohl bereits andere HIV-positive Mütter dort entbunden hatten, war das bei keiner im voraus bekannt gewesen. Hier wußte zum ersten Mal das Geburtshilfeteam vorher von einer HIV-Geburt. Also wurden alle möglichen Vorbereitungen getroffen. Jan bekam Bettruhe verordnet und wurde überwacht. Ein Facharzt meinte, solange sie noch bei verhältnismäßig guter Gesundheit sei, sollte sie die Bestattungsformalitäten für ihr ungeborenes Kind erledigen. Ultraschalluntersuchungen hatten ergeben, daß bei dem Ungeborenen ein Bein mehrere Zentimeter kürzer sei als das andere, das Herz unregelmäßig schlage, der Kopf überdimensional groß und der Körper unterentwickelt seien. »Vielleicht«, fügte der Arzt hinzu, »möchten Sie diese Formalitäten auch für sich selber erledigen.«

Trotz ihrer Isolierung und Angst beteten Jan und Chuck. Sie wußten, daß nur Gott ihnen Kraft geben konnte, und obwohl alles trostlos aussah, baten sie weiterhin die Kirchenältesten, sie zu segnen und über Jan für deren Heilung zu beten.

Am 28. September 1987 drängten sich über 30 medizinische Angestellte in dem Kreißsaal, wo Jan völlig komplikationslos ein Mädchen zur Welt brachte. Ein *gesundes* Kind, über drei Kilo schwer, Kopf und Körper einwandfrei. »Chuck und ich weinten, als wir Alisha sahen«, erzählt Jan. »Obwohl sie in die Intensivstation kam, bestand dafür eigentlich kein Grund. Sie war völlig gesund.«

Aber war ihre Tochter mit dem Aids-Virus infiziert? Es wurde entschieden, Jan und das Kind nach Hause zu schicken und Alisha später zu untersuchen, nachdem ihre Neugeborenenimmunität etwas nachgelassen hatte. Jan würde dann auch noch einmal getestet werden.

Heiligabend rief ihr Arzt an. »Wir haben von Ihnen beiden die Testergebnisse und müssen miteinander reden«, sagte er. »Wie schnell können Sie hiersein?« In aller Eile sammelten sie und Chuck die Kinder ein und fuhren ins Krankenhaus. Als sie eintraten, sahen sie einen riesigen Computerausdruck von der Decke hängen. Darunter stand ein strahlender Arzt. »Sie ist gesund!« verkündete er. »Es gibt noch mehr«, sagte er zu Jan. »Auch Sie sind gesund. Sie haben weder ein HIV-Virus noch Aids. Gar nichts.«

Jan starrte ihn an. »Und wie erklären Sie das?« fragte sie.

Der Arzt schüttelte den Kopf. »Vielleicht haben wir einen Fehler gemacht.«

Einen Fehler ... Fassungslos hörte Jan wieder die Stimme des Engels, der sie in jener Nacht der Verzweiflung besucht hatte.

»Die Menschen machen Fehler, Gott nie.« Sie erkannte, wie schön Er alles zusammengefügt hatte, indem Er all das von ihr nahm, was sie einst für wichtig *hielt*, und ihr zeigte, was tatsächlich wertvoll und von Dauer ist! Wie gut, daß sie an jenem Morgen in der Kirche dem Aufruf gefolgt war! Sie hatte ihr Herz ein klein wenig geöffnet, und Er hatte ihr gegeben, was sie am meisten benötigte – ein ganz neues Leben.

Heute kümmert sich Jan eifrig um ihre Familie, zu der inzwischen noch eine, 1993 geborene Tochter gehört, und sie arbeitet gelegentlich ehrenamtlich auf Aids-Stationen in Krankenhäusern. Sie und Chuck erzählen nach wie vor jedem, der von ihrer Zuversicht hören will, daß Gott nichts Schlechtes *schickt*.

Sollte es sich jedoch ereignen, macht Er Gutes daraus. Ihre ganze Familie sei ein Beweis dafür.

In Liebe von Mutter

Und doch, wenn Engel in strahlenden Träumen
Die Seele des Schläfers anrufen,
Gehen manche wunderbaren Gedanken über das
Alltägliche hinaus
Und lassen einen Blick in die Herrlichkeit tun.

HENRY VAUGHAN

They are all gone into the world of light
(Sie alle gingen in die Welt des Lichtes)

Als William, der Vater von Marvin Prince, 1972 gestorben war, beschloß Marvin, seine noch lebenden Verwandten ausfindig zu machen. Er wußte, daß sein Vater mehrere jüngere Geschwister in der Ukraine hatte, die seinerzeit nicht mit ihm in die Vereinigten Staaten ausgewandert waren. »Mein Vater als Ältester war hergekommen und wollte Geld machen, um die Familie nachzuholen«, erklärt Marvin.

Jedoch kurz nach Williams Ankunft in Ellis Island begann der Erste Weltkrieg. Als der zu Ende ging, brach die Revolution in Rußland aus, und in dem nun einsetzenden Chaos war es für Williams Familie praktisch unmöglich, die Ukraine zu verlassen. Williams jüngerer Bruder Michel mußte mit ansehen, wie ihre Mutter während eines Pogroms von russischen Soldaten zu Tode geknüppelt wurde. Ein weiterer Bruder starb an Mastoiditis. Dann kamen der Zweite Weltkrieg

und der Holocaust. Michels Frau und zwei kleine Kinder wurden von den Deutschen umgebracht.
Die Vernichtung seiner Familie hatte William Prince bis in seine letzten Tage hinein gequält. Nun meinte Marvin, wenn er in die Ukraine fahren würde, um wieder zu Onkel Michel Kontakt herzustellen, wäre dies ein Geschenk für seinen Vater.
Kurz nach Williams Tod flog Marvin nach Moskau. Er nahm die ins Jiddische übersetzte hebräische Bibel seines Vaters mit. Die sollte als Brücke dienen. »Da ich nicht russisch sprach und mein Onkel nicht englisch, wollten wir uns übers Jiddische verständigen, obwohl ich nur noch wenig davon aus der Kindheit in Erinnerung hatte«, erzählt Marvin. Da Bibeln während der Kommunistenherrschaft verboten waren, ist Marin fast verhaftet worden, als er seine beim Zoll vorzeigen mußte. Aber man erlaubte ihm dann schließlich doch, sie mitzunehmen.
»Als ich meinem Onkel die Bibel in die Hand legte, kamen ihm die Tränen«, erzählt Marvin. »Er hatte in fast fünfzig Jahren keine Bibel mehr gesehen. Also sagte ich ihm, daß ich sie dalasse.«
Michel lehnte das ab und meinte, Marvin müßte sie bei der Ausreise aus Rußland wieder vorweisen. »Aber eines Tages gibst du sie mir«, sagte er überzeugt.
»Wann denn, Onkel?« fragte Marvin.
»Im Jenseits«, sagte der alte Mann.
Marvin war beeindruckt, wie gläubig sein Onkel Michel war. Er wußte, daß Michels Familie zwar orthodox und fromm gewesen war, Michel sich jedoch nach der Ermordung seiner Angehörigen von Gott abgewandt hatte. Er war

eine Zeitlang Parteimitglied und Atheist gewesen. Wer konnte ihm das verübeln? Aber jetzt war er wieder orthodox und betete. An einem Abend stellte Marvin die zu erwartende Frage. »Onkel Michel, wodurch bist du wieder zu Gott zurückgekehrt?« Und nun wurde die Geschichte erzählt, die Michel so lange in seinem Herzen getragen hatte.

Während des Zweiten Weltkriegs kämpften die Russen gegen die Deutschen. Michel war Offizier in der russischen Armee gewesen und geriet in Gefangenschaft. Da die Nazis Offiziere und Juden sofort erschossen, riß sich Michel die Schulterstücke ab und weigerte sich zu reden. Hätte er seinen Verhörern geantwortet, hätten sie gewußt, daß er deutsch verstand, da es dem Jiddischen ähnelt, und er wäre wahrscheinlich erschossen worden. Statt dessen hielten sie ihn für einen Russen und steckten ihn zusammen mit anderen Soldaten ins Gefangenenlager.

Zweimal konnte Michel fliehen, aber beide Male wurde er gefaßt. Nun schickten ihn die Deutschen – es war tief im Winter – westwärts in ein Hochsicherheitslager für Kriegsgefangene. Ringsum Stacheldraht, Wachtürme mit Maschinengewehren und Hunde. Michels Mitgefangene redeten ständig von Ausbrüchen, aber Michel war deprimiert. Die Kälte war entsetzlich, und aus dem Lager schien kein Ausbruch möglich.

Als Michel eines Nachts eingeschlafen war, hatte er einen Traum. Seine Mutter stand vor ihm, jung und blühend, wie er sie noch aus seiner Kindheit in Erinnerung hatte. »Mama!« Im Traum streckte er die Hand nach ihr aus. Aber sie lächelte nicht.

»Michel, du mußt fliehen!« sagte sie zu ihm.

»Fliehen?« protestierte er. »Mama, hast du nicht die Hunde und die Gewehre gesehen? Da komme ich nie heraus.«
»Du mußt! Wenn du hierbleibst, Junge, bringen sie dich um!« Seine Mutter sah schrecklich aufgeregt aus.
»Aber wie komme ich hier heraus?« fragte Michel sie.
»Wie?« Sie entschwand langsam seinem Blick, und mit klopfendem Herzen erwachte er.
Was für ein Traum! So eigenartig klar und erstaunlich in seinen Einzelheiten war er gewesen. Michel konnte sich an die Kleidung seiner Mutter und den vertrauten zärtlichen Gesichtsausdruck erinnern ... Als wäre sie wirklich zu ihm gekommen.
Seltsamerweise hatte er noch nie in seinem Leben von seiner Mutter geträumt.
Vor Kälte zitternd, drehte sich Michel auf den rauhen Brettern seiner Pritsche um, schaute zur Barackentür – und erstarrte. Dort stand ein Soldat in deutscher Uniform und betrachtete ihn. War das ein Spiel des Mondlichtes? Nein, der Mann war wirklich da. Aber wozu?
»Michel!« flüsterte er. »Weck deine Kameraden. Ihr müßt jetzt alle fliehen!«
Fliehen? Träumte Michel noch? Nein, das war Realität. »Ich habe nichts, was ich Ihnen dafür geben kann«, sagte er zu dem Fremden. Wenn man Wachsoldaten bestach, wurde man zuweilen besser behandelt. Aber Michel wußte, daß es noch kein Gefangener geschafft hatte, sich eine Flucht von hier zu erkaufen.
»Du brauchst mich nicht zu bestechen. Aber beeilen müßt ihr euch.« Der deutsche Soldat stieß die Barackentür weit auf.

Es mußte eine Falle sein. Sie würden bestimmt erschossen werden, wenn sie zum Stacheldrahtzaun liefen. »Wir kommen durch diesen Stacheldraht nicht durch. Das wissen Sie doch«, flüsterte Michel.
»Laß das nur meine Sorge sein«, versicherte der Soldat.
Michel starrte auf die Tür, dachte an seinen Traum und die geheimnisvolle Botschaft seiner Mutter. Er hatte sie nach dem *Wie* gefragt. Und nun schickte sie ihm die Antwort. Er rüttelte seine Freunde wach. Sie wollten es riskieren.
Die Männer stürzten nach draußen, der deutsche Soldat vornweg. Jetzt los zum Zaun! Darauf gefaßt, jeden Augenblick eine Kugel in den Rücken zu bekommen, jagten Michel und die anderen durch die Dunkelheit. Aber obwohl sie im Mondlicht deutlich zu sehen waren und die Posten sicherlich auf den Wachtürmen standen, bellte kein Hund, und niemand schoß.
Noch ein Stück ... Jetzt sahen sie den Zaun schon vor sich. Atemlos hielten sie inne und starrten ungläubig. Ein großes Loch war in den Stacheldraht geschnitten worden.
Michel sah sich um. Der deutsche Soldat war nirgends zu sehen. Wenn er den Draht vorher aufgeschnitten hätte, wäre er sicherlich von jemandem gesehen worden. Wie hatte er das geschafft?
Es gab keine Zeit zum Überlegen. Die Männer krochen hindurch und liefen an einem Fluß entlang in die Wälder hinein. Augenblicke später hörten sie Sirenen als Zeichen für einen Ausbruch. Hunde begannen zu bellen. »Schnell!« flüsterte einer der Gefangenen. »Springt ins Wasser. Das bringt die Hunde von der Spur ab!«
»Da erfrieren wir doch!« widersprach jemand.

Erfrieren ist vielleicht besser, als erschossen zu werden, dachte Michel. Eine seltsame Nacht ... Zusammen mit den anderen sprang er ins eisige Wasser und blieb dort die ganze Nacht sitzen. Das Wasser reichte bis zum Hals. Bei Tagesanbruch, als das Suchkommando augenscheinlich die Richtung wechselte, ging ihr Weg in die Freiheit. Keiner der Flüchtlinge bekam infolge der durchnäßten, eiskalten Kleidung Frostbeulen oder andere Krankheiten.

Obwohl ihnen noch mehr Entbehrungen bevorstanden, darunter auch eine nochmalige Gefangennahme, ist Michel in jener Nacht zum Glauben seiner Jugendzeit zurückgekehrt. Sicherlich hatte seine Mutter Zeit und Raum überwunden, um ihm den nötigen Mut zuzusprechen. Und der deutsche Soldat? »Er muß ein *malach*, ein Engel, gewesen sein«, sagte Michel zu seinem Neffen. »Wie willst du das sonst anders erklären?«

Ja, wie anders? Marvin stimmte zu. Auch er wußte, daß der Himmel selbst den elendesten Ort erreichen und Hoffnung dorthin bringen kann.

Göttliche Leibwächter

Obwohl ihr uns nicht sehen könnt, sind wir immer da.
Angels in the outfield (Engel im Außenfeld)

Als »Straßenjunge« lernte Mike DiSanza schon früh, daß das Leben voller Gefahren ist. Er war klein und dünn, hatte ein leicht zu erschütterndes Selbstvertrauen und fürchtete sich sehr vor jeder Art körperlicher Gewalt. Es wäre auch nutzlos gewesen, um Schutz zu beten, denn für Mike war Gott unnahbar. Dem ging es um Regeln und Bestrafungen, und an einem gewöhnlichen Jungen von der Bronx hatte der doch kein Interesse.

Als Mike die höhere Schule absolvierte, war der Vietnamkrieg in vollem Gange. »Zum Studieren gab's kein Geld«, erklärt er, »und da viele meiner Cousins und meine Brüder zur Armee eingezogen wurden, ging ich mit.« Vielleicht würde er als Soldat seine Angst vor Gewalt überwinden.

Mike überstand unverletzt den Vietnamkrieg. Blieb aber ängstlich. Fast aus Jux und weil es wenig Arbeitsmöglichkeiten gab, machte er die Aufnahmeprüfung für die Polizei von New York City zusammen mit 50 000 weiteren Bewerbern. Er staunte, mit zu den 400 Angenommenen zu gehören. Jetzt *müßte* er aber seine Ängste überwinden.

Aber er tat's nicht. Mike war als Patrouillenpolizist tätig. Zuerst in Harlem, später in Manhattan. Im Zuge der Antikriegsstimmung wurden Polizeibeamte von vielen Seiten angegriffen, und die Moral war am Boden. Dadurch war Mike noch mehr Streß bei der Arbeit ausgesetzt. »Wir waren die Bullen an der vordersten Linie und hatten Zwischenfälle ganz allein zu bewältigen«, berichtet er. »Ich machte zwar schnell meine Erfahrungen, blieb aber ängstlich.«

Eines Abends hatte Mike während einer Straßenpatrouille einen derartigen Angstanfall, daß er glaubte, sterben zu müssen. »Mein Körper zitterte förmlich, als würde er explodieren«, sagt er. »Was soll das alles?« fragte ich mich. Was sollte er eigentlich hier in dieser hochgefährlichen Gegend, wo ihn die Angst jeden Abend völlig durcheinanderbrachte? In diesem Augenblick blieb eine junge Schwarze vor ihm stehen und griff nach seiner Hand. »Was ist mit Ihnen?« fragte sie.

Mike gab keine Antwort, hielt aber ihre Hand fest. »Ich wollte sie nicht loslassen«, erklärt er. »Mir war, als käme etwas Wunderbares von ihr. Damals wußte ich es nicht. Aber es war die Liebe Jesu, die ich noch nie erlebt hatte.«

Die Frau führte Mike zu einer Pentecostal Church, die sich in einem Laden befand und wo man sang, tanzte und Gott pries. Mike kam das alles ganz anders vor als die »flackernden Kerzen in den riesigen unpersönlichen New Yorker Kathedralen, an die ich gewöhnt war.« Ein unbeschreibliches Verlangen überkam ihn, und einige Tage später las er zu Hause das erste Mal die Bibel. Er stieß auf die Worte des Johannes (3,17): »Denn Gott hat seinen Sohn nicht gesandt in die Welt, daß er die Welt richte, sondern daß die Welt durch ihn gerettet werde.« Mike schloß das Buch. »Jesus, wer Du auch sein magst, hilf mir«, betete er.

Ein paar Wochen später mußte Mike einem Kollegen zu Hilfe kommen, der jemanden in der U-Bahn an der Kreuzung zwischen der 77. Straße und dem Broadway verhaften wollte. Mike lief am Fahrer des Streifenwagens vorbei und die Treppen zur U-Bahn hinunter. »Mein Kollege wollte dem Verdächtigen Handschellen anlegen, doch der leistete Widerstand«, erzählt Mike. »Eine Menschenmenge sammelte sich, und die Leute versuchten, den Mann freizubekommen. Ich arbeitete mich durch die Menschentraube hindurch und half dem Polizisten beim Handschellenanlegen. Aber wir waren eingekesselt. Wie sollten wir da die Treppen hinaufkommen?«

Die Menschenmenge war aufgebracht über die Verhaftung. Hände schoben Mike an den Bahnsteigrand. »Werft ihn auf die Gleise!« brüllte einer. Mike verspürte einen Schlag am Kopf und hörte voller Angst, daß ein Zug kam.

»Jesus«, murmelte er, »hilf mir.«

Plötzlich standen zwei große Afroamerikaner vor ihm. »Folgen Sie uns«, sagte einer. Der andere bahnte irgendwie einen Weg durch die dichtgedrängte Menschenmasse. Erleichtert schob Mike den Verhafteten hinter die beiden unerwartet erschienenen Beschützer. Die Menge wich zurück, und mit dem anderen Polizisten hinter sich folgten Mike und sein Gefangener ihnen über den Bahnsteig und die Treppen hinauf.

Auf der Straße jedoch war die Gefahr noch größer. »Eine Menschenmenge umstand auch den Streifenwagen, und der Fahrer wurde nervös«, erzählt Mike. »Aber die beiden Schwarzen waren direkt vor uns und räumten auf unserem Weg alle Hindernisse fort.« Als Mike den Verhafteten je-

doch in den Streifenwagen geschoben hatte und sich umwandte, um seinen Rettern zu danken, waren die nirgends mehr zu sehen. Wie konnten die ihm entgangen sein?
Als das Kommando abfuhr, atmeten alle erleichtert auf.
»Vielen Dank, Mike«, sagte der Polizist aus der U-Bahn. »Sie haben Großartiges geleistet, als Sie uns einen Weg durch die Menge gebahnt haben.«
»Na ja, das haben die beiden großen Schwarzen gemacht«, erwiderte Mike.
»Was für Schwarze?«
»Die da gesagt haben: ›Folgen Sie uns.‹ Die haben Sie doch gesehen. Jeden beiseite gedrängt haben die.«
Der Polizist schaute ihn verblüfft an. »Außer Ihnen habe ich niemanden gesehen.«
Mike schwieg. Ihn überkam ein seltsames Gefühl. Den Abend vorher erst hatte er in seinem ständigen Bemühen um ein besseres Verständnis der Bibel im Hebräerbrief etwas von »dienstbaren Geistern« gelesen, »ausgesandt zum Dienst um derer willen, die das Heil ererben sollen.« Waren die beiden Schwarzen etwa ... Engel gewesen?
Nein. Polizisten sehen keine Engel. Es sei denn, sie sind mit den Nerven fertig. Obwohl Mikes Herz während des Vorfalls in der U-Bahn wie verrückt geklopft hatte, wurde ihm auf einmal bewußt, daß er nicht mehr so ängstlich war wie sonst. Da hatte sich ganz entschieden etwas geändert.
Wochen später half er wieder einem Kollegen bei einer Verhaftung. »Der Verdächtige riß sich los und wollte fliehen«, erzählt Mike. »Ich packte ihn, und wir fielen beide in einen Schacht, den Arbeiter von der ›Con Edison‹ in die Straße gegraben hatten. Der Verdächtige fiel zuerst und ich auf ihn

drauf, so daß ich ihm leicht Handschellen anlegen konnte. Aber das Loch war zu tief, um wieder herauszukommen. Wir mußten auf Hilfe warten.«
Polizisten kamen und beförderten den Verhafteten nach oben. Dann ergriffen sie Mikes Hände und zogen ihn aus dem Loch. »Sei froh, daß du auf ihm gelandet bist; sonst wärst du noch verwundet worden«, kommentierte ein Polizist.
»Ja«, brummte Mike. Wieder packte ihn Angst. Würde er nie davon freikommen? Da sah er nicht weit von dem Loch zwei große Schwarze mit Con-Edison-Helmen. Sie lächelten ihm im Vorbeigehen zu. Das waren doch die beiden! Aber als er ihnen nachschaute, waren sie verschwunden.
In den folgenden Monaten überlegte Mike sehr viel. Er machte einzigartige Erfahrungen. Anderen Polizisten, ja sogar Leuten auf der Straße gegenüber hatte er bereits geäußert, daß sich sein Leben geändert hätte, nachdem er Jesus kennengelernt hatte. Vielleicht unterstützte ihn Gott in seiner Zuversicht, und er würde körperlich und geistig den Mut bekommen, alles zu tun, was seine Pflicht war. Aber wie konnte er das erfahren?
Eines Nachmittags wollte Mike in einem Restaurant essen. Er ging an einem Tisch mit zwei Gästen vorbei, als ihm auf einmal bewußt wurde ... Er drehte sich erstaunt um. Das waren doch die beiden Schwarzen! Sie sahen ihm ins Gesicht.
Freude erfaßte ihn. »Ich konnte einfach nicht anders«, erzählt er, »ich mußte ihnen zuwinken.«
Sie winkten zurück. Mike hätte fast laut losgelacht. Er setzte sich und schaute wieder zu ihnen hin – an dem Tisch saß niemand mehr.

Das war das Zeichen, das er brauchte. Von diesem Augenblick an fühlte sich Mike nie mehr allein, obwohl er weiterhin bei seiner Arbeit gelegentlich Angst bekam. Zuweilen hatte er das Gefühl, daß er auf sich zusammenbrauende gefährliche Situationen vorbereitet würde. Und es kam vor, daß er in aufgebrachte Menschenmengen hineinging, Leute entwaffnete oder auf einmal unerwartete Stärke zeigte – und bei alldem trug er keine Verletzungen davon.
So etwas konnte man aber nicht in einen Polizeibericht schreiben. Aber Mike begriff. »Ich wußte jetzt, daß Jesus mir zur Seite stand und mich nie verlassen würde«, sagt er. Jesus und zwei sehr himmlische Beschützer.

Der große Dinge tut …

Nun danket alle Gott
Mit Herzen, Mund und Händen,
Der große Dinge tut
An uns und allen Enden.

Kirchenlied

Bill Campbell ist Mitglied der Lutheran Church of Atonement in Palatine, Illinois, und liebt den Herrn. Ein freundlicher und gutmütiger Mensch, der jahrelang Menschen aller Konfessionen die Bibel nahegebracht und viele Wundergeschichten gesammelt hat, die er bei jeder Gelegenheit erzählt. Zu dem Missionar, von dem er die nachstehenden Episoden hat, unterhält Bill keinen Kontakt mehr, und so werden wir den Mann Jim Jackson nennen.

Jim und seine Frau Irene, beide Mitglieder der Episcopal Church, die in London ihren Hauptsitz hat, arbeiteten seit fast 30 Jahren in Afrika. Jetzt brauchten sie ein neues Kirchengebäude, und so reisten sie durch Kenia und Uganda, besuchten Siedlungen und baten um Spenden. Die Kirchenmitglieder waren gebefreudig, und so hatten die Jacksons ziemlich viel Bargeld bei sich, als sie eines Abends im Busch ihre Zelte aufschlugen. Nachdem sie ein Feuer angelegt und ihre Abendmahlzeit zubereitet hatten, wurde Jim ängstlich.

Er wußte, daß in diesem Gebiet Massai-Eingeborene lebten, und unter ihnen gab es Banditen, die christlichen Missionaren feindlich gegegenüberstanden.
Nach dem Abendessen schlief Irene schnell ein, Jim jedoch blieb noch wach und wurde bei jedem Rascheln immer nervöser. Plötzlich sah er eine Gruppe von Massai-Eingeborenen am Rande der kleinen Lichtung. Sie waren groß und wirkten gefährlich. Offensichtlich hatten sie von dem Geld gehört, das er und Irene bei sich trugen.
Angriffslustig bewegten sich die Eingeborenen mit langen Speeren leise auf ihn zu. Jim wußte, daß er und Irene gegen sie machtlos waren. Was tun?
Aber als die Eingeborenen an den Rand von Jims Lagerstätte kamen, blieben sie seltsamerweise auf einmal stehen, murmelten miteinander, wechselten die Richtung und schlichen sich unerklärlicherweise davon.
Jim fühlte sich zwar sehr erleichtert, war aber auch verblüfft. Warum hatten sie ihn nicht angegriffen? Er beschloß, Irene von dem Vorfall nichts zu erzählen.
In der Nacht darauf, diesmal an einer anderen Stelle, geschah dasselbe. Die Männer schienen sogar noch aggressiver zu sein. Mit erhobenen Speeren bewegten sie sich zielbewußt auf Jim zu, hielten dann wieder inne – und machten sich davon.
Als sie in der dritten Nacht wiederauftauchten, konnte Jim die Spannung nicht länger ertragen. »Wenn, dann macht es schnell!« schrie er in der Massai-Sprache. »Ihr habt Speere und wißt, daß wir Geld besitzen. Wir sind bereit, um des Herrn willen zu sterben!«
Ihr Anführer trat aus der Dunkelheit. »Wir haben euch ver-

folgt und drei oder vier Nächte lang versucht, an euch heranzukommen«, antwortete er Jim, »konnten es aber nicht. Wer sind die Leute da um euch herum?«

»Was für Leute?« fragte Jim. »Ihr wißt doch, daß ich hier allein mit meiner Frau bin.«

»Irgendeine Gruppe von Leuten in Weiß«, erklärte der Anführer. »Zwölf haben wir gezählt. Sie kreisen um euer Feuer und halten sich an den Händen. Sie sind zwar durchsichtig, lassen uns aber nicht durch!«

Der Anführer und seine Leute sind vielleicht betrunken, dachte Jim. Aber er sagte nichts, die Eingeborenen zogen erneut ab und kamen nie wieder.

Jim und Irene kehrten schließlich nach London zurück und fuhren danach in die Vereinigten Staaten, um weiterhin Spendengelder zu sammeln. Eines Abends sollte Jim vor einer Gruppe von Männern in einer Episcopal Church in Long Island, New York, sprechen. Es war nur eine Handvoll Leute anwesend, als Jim eintraf. Etwas enttäuschend. Aber zuweilen ist ja Qualität wichtiger als Quantität. Jim sprach von seiner neuen Kirche. Einem Impuls folgend, erzählte er auch von seinem Abenteuer mit den Massai-Eingeborenen. Die Männer hörten wie gebannt zu. Dann meldete sich einer von ihnen. »Eine interessante Geschichte, Reverend. Hat sie sich zufälligerweise im Juli, und zwar am 15., zugetragen?«

Jim überlegte. Er wußte, daß er kein Datum und nicht einmal die Jahreszeit erwähnt hatte. Aber ... natürlich. »Es war der 15. Juli«, sagte er überrascht. »Woher wissen Sie denn das?«

»Ich hatte so ein Gefühl«, erwiderte der Mann. »Wie Sie wissen, haben wir zu Ihrer Arbeit beigetragen, und Sie standen immer auf unserer Betliste.«

Jim schaute auf die anderen. Jedem von ihnen schien etwas zu dämmern. In ihren Gesichtern spiegelte sich Verwunderung.

»An jenem 15. Juli haben wir abends hier unsere wöchentliche Gebetsstunde durchgeführt«, erklärte der Mann. »Während des Betens hatten einige von uns ganz deutlich das Empfinden, daß Sie und Ihre Frau in Gefahr sind.«

Ein anderer nickte. »Wir hatten nicht einmal an Sie gedacht. Aber es war ein sehr starkes Gefühl, das nicht wieder verschwand. Schließlich bildeten wir einen Kreis, faßten uns an den Händen und beteten für Sie.«

»Wie viele waren Sie denn?« fragte Jim erstaunt. Aber ein rascher Blick über das Zimmer hinweg gab ihm die Antwort.

»Zwölf«, erwiderte der Mann unbekümmert. »Dieselben zwölf, die heute abend hier sind.«

Dieselben zwölf – begriff Jim – hatten spirituell Kontinente überquert und einen Schutzring gebildet, als er am dringendsten benötigt wurde. Er würde nie verstehen, *wie*. Aber er wußte, durch *Wen*.

Bei einer anderen Gelegenheit unterhielt sich Jim mit Bewohnern eines afrikanischen Dorfes über Jesus. »In der Bibel steht, daß wir in Seinem Namen um alles bitten können, und es geschieht«, erklärte Jim. Die anderen hörten höflich zu.

Ein paar Tage später kam der Stammeshäuptling zu Jim. »Wir haben beschlossen, euren Gott um etwas zu bitten«, sagte er.

»Das nennt man ›Gebet‹«, erläuterte Jim. »Worum möchtet ihr denn bitten?«

Der Häuptling wandte sich um und zeigte auf einen großen Berg in der Ferne. »Jedesmal, wenn wir mit dem Stamm auf der anderen Seite Handel treiben wollen«, erklärte er, »müssen wir über den Berg. Das ist schwierig und kostet viel Zeit. Wir möchten, daß euer Gott den Berg für uns fortnimmt.«

Jim starrte ungläubig vor sich hin, und der Mut verließ ihn.

»Es tut mir leid, überhaupt ordiniert worden zu sein«, sagte er am Abend zu Irene. »Ich habe jetzt im Augenblick weniger Glauben als dieser Stammeshäuptling.«

»Vielleicht nimmt Gott den Berg *wirklich* weg«, erwiderte Irene lächelnd. »Es sind ja schon seltsamere Dinge geschehen.«

Jim jedoch fand die Situation überhaupt nicht komisch. Er hatte dem Häuptling im Namen Gottes und mit Worten aus Gottes Buch etwas versprochen. Er stände nicht nur als Witzfigur da, wenn der Berg blieb, sondern der Stamm würde auch nie glauben, daß Jesus Gottes Sohn war.

In dieser Nacht wurde Kenia von einem Erdbeben heimgesucht. Die Jacksons erlebten zitternd mit, wie die Erde bebte und ächzte. Als jedoch die Sonne aufging, sahen sie, daß der Schaden gar nicht so groß war, wie sie befürchtet hatten. In der Landschaft um sie herum gab es nur eine einzige größere Veränderung.

Der Berg hatte sich gespalten – so wie sich das Rote Meer auseinandergetan hatte. Und so gab es einen Weg, der beide Seiten miteinander verband und für zwei Stämme, die miteinander handeln wollten, vollkommen ausreichte.

Jim fiel fast in Ohnmacht. Aber dann kniete er nieder.

Eine wunderbare Botschaft

Und noch starrten sie, und das Wunder wurde immer größer,
Daß ein kleiner Kopf all das tragen konnte, was er wußte.

OLIVER GOLDSMITH
The deserted village (Das entvölkerte Dorf)

Ganz zu Anfang ihres Lebens erlitt Julie Rose O'Donnell einen unerwarteten Schlag: Bei ihr wurde zystische Lungenfibrose diagnostiziert, eine lebensbedrohende Krankheit, die zum Versagen der Lungen führt. »Aber selbst als sie noch klein war, hat sie sich davon nie unterkriegen lassen«, erzählt ihre Mutter Mary Ellen. In ihrer frühen Kindheit war Julie verhältnismäßig gesund und steckte sich zwar gelegentlich an, war aber bald wieder obenauf. Als sie größer wurde, lernte sie nähen, schnorcheln und Wasserski, trat in einer irischen Tanzgruppe auf und spielte in der Basketballmannschaft ihrer Schule mit. Wegen ihres Mutes und ihrer Pfiffigkeit schlossen alle in Riverside, Illinois, sie ins Herz, besonders aber ihre fünf älteren Brüder und Schwestern.

Zu Julies Lieblingsbeschäftigungen gehörte die Betreuung ihres kleinen Neffen Nicholas O'Donnell, des Sohnes ihres Bruders Ralph und seiner Frau Jane. »Eine besondere Beziehung zu Nicky fand Julie bereits in dem Augenblick, als er geboren wurde, und sie interessierte sich aufrichtig für ihn«, sagt Jane. Der kleine Nicky war auch ganz verrückt nach

Julie. Die beiden besuchten oft den Brookfield Zoo in ihrer Nähe und sahen sich besonders gern die Vorführung der Delphine an. Stundenlang konnten sie den »Meeresengeln« zusehen, von denen sie viele mit Namen kannten.

»Eines Tages besuchten Julie, Mary Ellen, Nicky und ich so eine Vorführung«, erinnert sich Jane. »Meine Mutter war gerade von einer Reise zurückgekehrt, bei der sie mit Delphinen geschwommen war, und wir sprachen darüber, wie aufregend das sein muß.«

»Das mach ich irgendwann auch einmal«, erklärte Julie mit strahlenden Augen. Sie ging ja gern schnorcheln. »Ich werde mit den Delphinen schwimmen.«

Wenn jemand die Courage hatte, das zu tun, war es Julie. Aber als sie zwölf wurde, schien das nicht mehr möglich, denn in der Pubertät wird die zystische Lungenfibrose kritischer. Im Winter 1993 schritt die Krankheit voran, und die üblichen Behandlungen wirkten nicht mehr. Nach Meinung von Julies Arzt im Loyola University Hospital in Maywood war eine doppelseitige Lungentransplantation Julies einzige Hoffnung.

»Julie und ich trugen damals im Frühjahr und Sommer Piepser mit uns herum und warteten auf eine Benachrichtigung, daß Lungen verfügbar seien«, sagt Mary Ellen. »Als der Anruf eines Abends kam, fragte ich Julie, was sie davon halte.«

»Mami«, antwortete Julie, »am liebsten würde ich nein sagen. Aber ich bekomme ja eine neue Lebenschance, und da muß ich ja sagen.« Sie tat es. Die Transplantation war tatsächlich so ein Erfolg, daß Julie bereits sechs Tage später nach Hause konnte. Ihre ganze Familie sowie auch Freunde und Nachbarn, die viele Nächte betend gewacht hatten, waren ganz außer sich vor Freude. »Mit transplantierten Lungen zu leben ist nicht ganz problemlos und kann sehr schwierig sein«, erklärt Mary Ellen. »Aber für Julie gab es viele schöne Tage, an denen sie ganz normal atmen konnte.«

Der zweijährige Nicholas hatte sich besonders viel Sorgen gemacht und war deshalb hoch erfreut, als Julie wieder mit ihm spielen konnte. »Jetzt werde ich eines Tages *ganz bestimmt* mit Delphinen schwimmen, Nicky!« sagte Julie eines Tages im Brookfield Zoo zu ihm. Warum auch nicht? Julie war immer Optimistin gewesen und glaubte, eine grenzenlose Zukunft vor sich zu haben.

Als sie jedoch an einem frühen Oktobermorgen erwachte, sah sie ganz blaß aus. »Mami«, flüsterte sie, »ich fühle mich nicht gut.« Julies Arzt stellte eine Virusinfektion in ihrem Blut fest und wies sie unverzüglich ins Krankenhaus ein. Als die Blutvergiftung drei Tage später dann eine Schocklunge auslöste, schloß er sie an ein Beatmungsgerät an. Die besorgte Familie traf sich mit Freunden. »Die Ärzte zogen eine weitere Lungentransplantation in Erwägung«, erzählt Mary Ellen. »Sie erließen einen landesweiten Aufruf, aber es fand sich kein passender Spender.«

Als Jane und Ralph am Morgen des 23. Oktober 1993 ins Krankenhaus gehen wollten, kamen Janes Vater und ihr Bruder Tony kurz vorbei, um den kleinen Nicky in den Brookfield Zoo mitzunehmen. »Wir wußten, daß Julie sehr krank war«, erzählt Jane, »aber sie hatte bereits vieles überstanden, und wir beteten nun alle darum, daß sie bald wieder obenauf sein möge.« Jane umarmte den Kleinen noch einmal, bevor sie ihn gehen lassen mußte, unsäglich dankbar für seine robuste Gesundheit.

Nicky verbrachte einen wunderschönen Morgen bei den Tieren. Großvater und Onkel waren erleichtert, als sie sahen, wie er herumlief und herumsprang, denn sie hofften, daß er nichts von den Sorgen der anderen um Julie wußte. Plötzlich jedoch hielt Nicky im Spielen inne, stand ganz still da und runzelte die Stirn, als ob er sich intensiv konzentrierte. Dann schaute er zu seinem Opa auf.
»Julie ist im Himmel«, sagte er.
Janes Vater war überrascht. Er hatte den ganzen Morgen Julie nicht erwähnt. »Was hast du da eben gesagt, Nicky?« Er schaute auf die Uhr. Genau 12.08 Uhr.
Nickys kleines Gesicht war unbeweglich und ernst. Mehr sagte er nicht. Besorgt brachte ihn sein Großvater nach Hause, damit ihn seine Mutter beruhigte. Aber als Jane die Haustür öffnete, bestätigte ihr tränenüberströmtes Gesicht Nickys Worte. »Du brauchst mir nichts zu sagen, Jane«, meinte ihr Vater sanft. »Nicky hat es schon erzählt.«
Niemand wußte genau, wann Julie gestorben war. Obwohl sie nicht allein war, hatte in diesem Moment keiner der Anwesenden auf die Uhr geschaut. Doch einige Tage später erhielten Julies Eltern den Bescheid vom Krankenhaus mit der eindeutigen Angabe der Sterbezeit – 12.07 Uhr.
Woher hatte Nicky das gewußt? Niemand konnte es begreifen. Seltsamer war allerdings, daß er trotz dieses Wissens nicht weniger litt. Nächtelang schluchzte er in seinem Kinderbett. »Julie, ich brauche dich doch. Komm zurück …«
Niemand konnte ihn trösten, und er trauerte noch mehrere Wochen. Er war ja noch so klein, kaum drei Jahre alt, sagte sich seine Familie. Da würde er das sicherlich bald vergessen. Aber das schien nicht zu geschehen.

Mehrere Wochen nach Julies Tod setzte das Loyola University Hospital einen Gedenkgottesdienst für Familien an, deren Kinder im Jahr zuvor im Krankenhaus gestorben waren. Viele der O'Donnells beschlossen zu gehen, darunter auch Jane und Ralph. »Ich war unschlüssig, ob ich Nicky mitnehmen sollte, weil ich ja wußte, daß Menschen dort weinen würden und ihn das aufregen könnte«, sagt Jane. »Während Nicky aber sonst niemals gleich nach dem Abendbrot einschlief, tat er dies an jenem Abend.«

Ralph trug seinen schlafenden Sohn zum Auto, schnallte ihn fest, nahm ihn nach der Fahrt wieder heraus und trug ihn in die Kapelle des Krankenhauses. Seltsamerweise schlief Nicky während der ganzen Zeit. Jane war froh darüber, denn der Gottesdienst war tatsächlich bedrückend. »Ich glaube, ich bin so etwas wie ein ›Zeichenmensch‹«, sagt sie. »Ich hoffe immer, etwas wird mich wissen lassen, daß alles in Ordnung geht.« *Julie, wir vermissen dich sehr.* Alle brauchten etwas Trost, ein bißchen Zuversicht, daß sie eines Tages nicht mehr so sehr trauern müßten und Julie sicher in Gottes Armen wäre ... *Julie, schick uns ein Zeichen.* Nach dem Gottesdienst legten Jane und Ralph ihren immer noch schlummernden Kleinen in den Wagen zurück und fuhren nach Hause. Minuten später erwachte Nicky. »Du hast aber lange geschlafen.« Jane wandte sich zu ihm um. »Wovon hast du denn geträumt?«

Nicky lächelte. »Von Julie.«

Es war das erste Mal seit Tagen, daß er sie erwähnte. »Und hat sie etwas gesagt, Liebling?« fragte ihn Jane zärtlich. Sie hatte Angst, daß er wieder weinen würde.

Aber Nicky strahlte seine Mutter an, als wüßte er um ein

wunderschönes Geheimnis. Klar und präzise übermittelte er eine Botschaft in Worten, die klangen, als ob sie nicht die seinen waren. »Julie läßt bestellen«, sagte er und sah seiner Mutter in die Augen, »daß sie mit den Delphinen schwimmt.«

Mit den Delphinen. Könnte das stimmen? Jane erinnerte sich, wie Julie vor langer Zeit so überzeugt davon geredet hatte, und ihr kamen die Tränen. Sie ist zu Hause, in Sicherheit, bei den Engeln des Meeres. Und des Himmels. Danach hatte Jane ja gefragt. Das wollten ja alle so unbedingt wissen.

Nicky strahlte noch immer, und nun hatte sein Vater Ralph eine Frage. »Nicky«, erkundigte er sich, »ist Julie glücklich?«

Mit strahlenden Augen streckte Nicky seine Arme aus. »Ich kann gar nicht so *groß* zeigen, wie glücklich sie ist!«

Heute ist der Schmerz um den Verlust immer noch groß und der Glaube nicht immer stark. Aber die O'Donnells schöpfen Mut aus der Botschaft, die Nicky ihnen übermittelt hat, besonders da er nie wieder um Julies Verlust trauerte. Als hätte er Gelegenheit bekommen, einen kurzen Blick in die Ewigkeit zu tun. Warum auch nicht? »Dinge, die Erwachsene so zu verwirren scheinen, sind für Kinder gewöhnlich ganz einfach«, meint Agnes Sanford, die bekannte christliche Mystikerin. »Sie haben Gott, von dem sie gekommen sind, noch nicht ganz vergessen.«

Auch Julie Rose O'Donnell wird niemand vergessen. In ihrem allzu kurzen Leben hat sie vielen anderen Menschen das Leben verschönt. Auf Erden hat sie aufrichtig und tief geliebt und tut es noch vom Himmel herab. Ein kleines Kind hat es uns berichtet.

Janets Vision

Gottes Licht umgibt mich,
Gottes Liebe hüllt mich ein.
Gottes Macht schützt mich,
Und wo immer ich bin, ist Gott.

Unbekannter Verfasser

Marilynn Webber, Verfasserin von *A Rustle of Angels* (Das Rascheln der Engel) ging nicht gern zum Arzt und hatte sich schon viel zu lange nicht mehr untersuchen lassen. Eines Nachts träumte sie von vier Engeln. »Es waren überhaupt keine herrlichen strahlenden Wesen, wie ich mir Engel immer vorgestellt habe«, berichtet Marilynn. »Sie kamen in Schwarz und schienen zu trauern.«

Marilynn nahm ihren ganzen Mut zusammen und fragte sie, warum sie so traurig seien.

»Weil du sterben wirst«, sagte der eine, »wenn nicht bald etwas geschieht.«

Marilynn war plötzlich hellwach. Sie zitterte. So anschaulich war der Traum gewesen. Wie keiner ihrer bisherigen Träume. Stimmte es? War sie wirklich krank? Tags darauf suchte Marilynn ihren Arzt auf. Die Untersuchung ergab, daß sie Gebärmutterkrebs hatte – ein Krebs, an dem man sterben konnte, ohne zu wissen, daß man ihn hat. »Wenn Sie sich jetzt nicht hätten untersuchen lassen«, sagte der

Arzt nach dem erfolgreichen chirurgischen Eingriff zu Marilynn, »glaube ich nicht, daß wir Sie hätten retten können.« Präkognitive Träume, in denen Ereignisse gezeigt werden, bevor sie stattfinden, sind wahrscheinlich am schwersten zu verstehen. In manchen Fällen – wie bei Marilynn – kann der vorgewarnte Träumer etwas unternehmen oder sich durch die Kraft des Gebetes schützen. In anderen Fällen scheint man nichts tun zu können, um an dem, was da auf uns zukommt, etwas zu ändern. Dann will uns Gott vielleicht mit dem Traum oder der Vision so vorbereiten, daß wir wissen, Er ist nahe und wird uns helfen, alles Künftige zu überstehen.

Janet J. Corrao ist auch dieser Meinung. Als sie im August 1992 eifrig am Packen für einen Familienurlaub in Pennsylvania war, hatte sie ein seltsames Erlebnis. »Ich hörte eine Stimme, zwar keine genau vernehmbare, sondern eher irgendwo in meinem Inneren«, erzählt sie, »und die fragte mich, was ich täte, wenn unser Wagen brennen würde.« Eine lächerliche Frage, dachte Janet. Aber bevor sie das realisierte, hatte sie geantwortet: »Ich würde natürlich hinausspringen.«
Die Stimme ließ nicht locker. »Und deine Kinder auf dem Rücksitz?«
»Na, ich würde wieder zurückgehen und sie herausholen.« Janet hielt inne. Könnte sie das? Könnte sie wirklich durch Flammen laufen, um ihre Kleinen zu retten? Nur wenige Menschen kommen in die Situation, ihr Leben so aufs Spiel setzen zu müssen. Und sie?
Während sie noch darüber nachdachte, sah sie plötzlich

eine so lebensnahe Szene, daß sie eine Filmleinwand vor sich zu haben glaubte. Sie und ihr Mann Joe saßen vorn im Wagen, ihre drei Kinder hinten. Da schrie Joe sie an: »Steig aus! Der Wagen brennt!« Er sprang von seinem Fahrersitz, riß die Hintertür vom Wagen auf und zerrte die elfjährige Tochter Liana vom Sitz.

Janet sah auch sich in diesem »Kopffilm« handeln. »Ich nickte ihm zu, hob etwas vom Sitz, drehte mich um und entriegelte die Türen. Erst meine, dann die hintere, und dann stieg ich aus, öffnete die Hintertür, machte den Gurt meiner sechsjährigen Tochter Toni auf und schnallte dann den dreijährigen Joey von seinem Sitz los. Er schlief noch. Ich nahm ihn auf den Arm, schnappte mir Toni und lief mit ihr nach vorn. Dort befanden sich ein paar Fässer mit Leuchtringen, wie man sie gewöhnlich aus Sicherheitsgründen beim Straßenbau benutzt. Wir kauerten uns dahinter. Dann explodierte der Wagen und verbrannte.« Die Szene verschwand.

Janet war entgeistert. Was für eine schreckliche Sache hatte sie sich da ansehen müssen! Und wozu? Allmählich kam ihr pochendes Herz wieder zur Ruhe, und sie packte weiter. Sie wollte nicht mehr an den seltsamen Vorfall denken.

Der Rest des Tages verlief normal. Als Janet das Abendbrot zubereitete, kam die Vision jedoch wieder, und sie sah erneut die gesamte Szene. *O Gott, nimm sie doch bitte weg!* hörte sie sich beten. Das war ja nun das letzte, was sie zu Beginn einer Urlaubsfahrt brauchte.

In der Nacht träumte Janet in einer absonderlichen Serie von Wiederholungen immer wieder von diesem Ereignis. »Am Tag darauf erzählte ich Joe davon«, erinnert sie sich.

»Zum Glück sagte er sehr wenig und meinte nur, ich solle versuchen, mich zu entspannen und mich nicht von meinen Phantasien unterkriegen zu lassen.« Aber Janet wurde nervös. Den ganzen Tag über, während sie die letzten Vorbereitungen zur Abreise traf, kam die Traumvision mehrere Male, und zwar jetzt in einer beschleunigten Version. Joe schrie, sprang hinaus zu Liana, Janet nickte, nahm etwas vom Sitz, entriegelte die Türen, schnallte Toni los, nahm Joey hoch, rannte, versteckte sich hinter den Fässern ... immer schneller, immer schneller! »Ich mußte es immer wieder sehen, auch wenn ich nicht wollte«, sagt sie. »Ich glaubte, wahnsinnig zu werden.«

Sonntagmorgen fuhren die Corraos bei regnerischem Wetter los; aber bald klarte der Himmel auf, herrlich und schön lagen die Berge von Pennsylvania vor ihnen. Problemlos kamen sie in Hershey an und erreichten am Montagabend darauf Lancaster. Janet hatte den Traum schon zwei Tage lang nicht mehr gehabt. Sie fühlte sich erleichtert. Hoffentlich war die seltsame Tortur vorbei.

»Jedoch um vier Uhr morgens richtete ich mich kerzengerade in meinem Motelbett auf und zitterte wie Espenlaub«, erzählt Janet. »Ich hatte den Traum wieder gehabt! Der Fernsehapparat stand direkt gegenüber, und mir schien, ich sehe die Szene auf dem Bildschirm!« *Nicken, etwas vom Sitz heben, Türen entriegeln, Toni losschnallen, Joey herausnehmen, zu den Fässern rennen und rennen* ... Joe erwachte und suchte sie zu trösten. »Ich weiß, es ging ihm langsam auf die Nerven. Aber alles, was ich denken konnte, war: Lieber Gott, wir sind so weit von zu Hause weg. Wenn nun *wirklich* etwas passiert? Schicke bitte Deine Engel, uns zu behüten.«

Am Tag darauf besuchten sie die Amish-Siedlung Strasburg, und dort sah Janet in einem Laden einen blau-weiß gestreiften Hut, wie ihn Dirigenten von Musikkapellen manchmal tragen. Sie empfand ein seltsames Verlangen. »Den müssen wir für Joey kaufen«, entschied sie. Ihre Tochter sah sie überrascht an. Ihre Mutter hatte sonst immer gesagt, sie sollten nicht nach Souvenirs verlangen, und nun kaufte sie so einen albernen Hut für ihren kleinen Bruder! »Aber nachdem wir ihn gekauft hatten, überkam mich große Ruhe«, sagt Janet. »Als ob es so sein sollte.«
In der Nacht darauf kam der Traum nicht. War er glücklicherweise vorbei? Janet wagte nicht zu hoffen. Am letzten Morgen ihres Urlaubs fuhr sie erleichtert wieder in Richtung New Jersey nach Hause zurück. Anstatt die gebührenpflichtige Autobahn zu benutzen, entschied sich Joe für eine landschaftlich reizvollere Strecke über Neben- und Landstraßen. Jedoch die erwies sich als Labyrinth von Läden, Verkehrsampeln und Fußgängerzonen, so daß sie langsamer fahren mußten und ganz durcheinanderkamen. Schließlich erkannten sie, daß sie vom Weg abgekommen waren. Joe war sehr aufgeregt. Ein ungutes Gefühl überkam alle. Janet begann zu beten. Fast eindringlich. Etwas war im Gange, aber sie fühlte sich hilflos, das abzuwehren. Plötzlich brach Joe das Schweigen. »Schau mal aus dem Rückfenster, Janet. Siehst du da Rauch?«
Janet wandte sich um. Es sah aus wie dicke Auspuffgase. »Vielleicht ist das Benzin nicht in Ordnung?« deutete sie an.
Auf einmal schwenkte Joe scharf zum Straßenrand ab. »Steig aus!« schrie er Janet an, sprang auf seiner Seite hinaus

und riß die Hintertür auf, um Liana zu packen. »Der Wagen brennt!«

Der Wagen brennt ... Janet sah hinter sich blaue Flammen herausschießen. Und auf einmal wußte sie ganz genau, was sie zu tun hatte. Ruhigen Blutes hob sie Joeys neuen Hut vom Vordersitz, drehte sich um und entriegelte beide Türen, stieg aus und öffnete die Hintertür. Wie nach einem Plan machte sie Tonis Gurt auf, schnallte ihren schlafenden Sohn von seinem Sitz los und sprach immer wieder leise vor sich hin ... »Der Wagen brennt, aber das ist in Ordnung. Es ist in Ordnung.«

Janet packte die beiden kleinen Kinder und eilte nach vorn. Liana lief neben ihr her. Träumte sie jetzt? Nein, da standen die beiden Fässer mit den breiten Leuchtstreifen am Straßenrand, und sie duckte sich mit den Kindern dahinter. Jetzt sah sie, wie sich Flammen einer Pfütze unterhalb des Motors näherten. *Der fliegt gleich in die Luft*, dachte sie. Wo war Joe?

Joe war zu einem Lkw gelaufen, der hinter dem brennenden Wagen gehalten hatte. Einen Augenblick später begannen er und der Lkw-Fahrer, Schmutz vom Straßenrand in die Flammen zu werfen. Bald ging das Feuer aus, und kurz darauf hörte Janet Sirenengeheul.

Der Lkw-Fahrer, ein Polizist aus Allendale in New Jersey, der gerade nicht im Dienst war, hatte mit seinem Autotelefon Hilfe angefordert. Aber er konnte es noch immer nicht glauben, daß alle wohlauf waren. »Ich sah aus etwa einem Kilometer Entfernung Flammen und Rauch über Ihrem Wagen«, sagte er zu Janet, als sie und die Kinder zitternd hinter den Fässern hervorkamen. »Ich dachte, mit Ihnen allen wär's aus.«

Die Leute von der Nothilfe untersuchten jeden auf Kohlenmonoxidvergiftung. »Die waren auch verblüfft«, sagt Janet. »Wir hatten die Klimaanlage an, und das ganze Auto war voller Abgase. Die Kinder hätten eigentlich krank sein müssen, wenn nicht noch schlimmer. Aber wir waren alle wohlauf.«

Erst als der Wagen abgeschleppt und die Familie in ein Hotel gebracht worden war, an dessen Rezeption sie Verwandte verständigen konnte, hatte Janet Gelegenheit, sich zu entspannen. Und dabei hörte sie in sich die ihr inzwischen vertraut gewordene Stimme. »Siehst du, wie sehr Er euch liebt?« fragte die Stimme. Der Traum! Bis jetzt hatte sie nicht mehr an ihn gedacht! »Jedoch bis auf die Explosion war alles so gekommen, wie ich es gesehen hatte. Der Hut auf dem Vordersitz, den ich noch nicht gekauft hatte, als ich den Traum zum ersten Mal sah, und den ich dadurch natürlich nicht erkennen konnte. Joes Warnung, das Entriegeln der Türen, das Herausnehmen der Kinder, die Flammen um uns herum und ich so ruhig ...«

Weit entfernt davon, ein Unglück zu sein, war der Traum eine mysteriöse und unerklärbare Generalprobe gewesen. Mit all seinen Details – bis hin zu dem Hut – war er eine eindeutige Vorbereitung gewesen, so daß sie entschlossen und ruhig handeln konnte.

Der Wagen wurde mehrmals von Kraftfahrzeugmechanikern durchgesehen, doch es wurde nie etwas gefunden, und Joe fuhr ihn problemlos noch ein Jahr. Die Kinder der Corraos waren nach dem Vorfall weder ängstlich noch hatten sie etwas dagegen, wieder ein Auto zu besteigen. Janet hat diesen Traum oder irgendwelche anderen Vorwarnungen nie wieder gehabt, und sie weiß nicht, warum diese besondere Warnung in dieser Form gekommen war.

»Aber ich glaube«, meint sie, »wenn man etwas erfahren soll, findet der Herr Mittel und Wege, einem die Botschaft klar und deutlich, ohne Zweifel über ihren Ursprung, nahezubringen.«

Er liebt uns so sehr, sagt sie.

Ein Engel im Meer

Aber wenn diese Wesen euch beschützen, dann deshalb, weil sie durch eure Gebete herbeigerufen wurden.

St. Ambrosius *(4. Jahrhundert)*

Die Teenager Kimberly Winter (heute verheiratete McJunkin) und ihre Schwester Rachel hatten in der Badeanstalt ihrer Heimatstadt Waxahachie in Texas schwimmen gelernt und fühlten sich im Wasser sehr sicher. Als daher ihre Familie Verwandte in Alabama besuchte und die Mädchen erfuhren, daß eine schöne Bucht, die Mobile Bay, direkt hinter dem Haus ihrer Tante lag, waren sie begeistert. »Am Tag darauf packten wir unsere Badesachen in den Wagen«, erinnert sich Kimberley. »Einem Impuls folgend, brachte meine Mutter auch noch Papas Badehose. Mein Papa ist Nichtschwimmer, watet aber gelegentlich am Ufer durchs Wasser.«

Die Familie erreichte das Haus von Tante Elaine, und kurz darauf machten die Tante, Mr. und Mrs. Winters sowie ein Nachbar es sich am Strand bequem. »Unser kleiner Bruder spielte am Strand, aber Rachel und ich wollten ins richtig tiefe Wasser«, erzählt Kimberley. »Wir wateten durch die Bucht.«

Sie hatten lange zu gehen. Das Wasser war ziemlich seicht, die Mädchen gingen weiter und fragten sich, wann es wohl

tief genug zum Schwimmen sein würde. »Sieh mal!« lachte Rachel plötzlich, als sie sich einmal umdrehte. »Die am Ufer sehen aus wie winzige Punkte!«
Die Erwachsenen unterhielten sich angeregt, aber schließlich sah Tante Elaine auf. Sie schnappte nach Luft. »So weit geht nie jemand hinaus! Die Mädchen müssen zurückkommen.«
»Es scheint aber noch ziemlich seicht zu sein«, meinte Mrs. Winters.
»Nein, irgendwo da draußen geht es wegen einer Fahrrinne für Schiffe steil hinunter. Und Stachelrochen und Quallen gibt's auch.« Tante Elaine sprang auf. »Mädchen! Kehrt um!«
»Murl«, sagte Mrs. Winters zu ihrem Mann, »könntest du ...?« Aber Mr. Winter lief bereits ins Haus, um sich die Badehose anzuziehen. Sicherlich hören seine Töchter Tante Elaine, aber er wollte trotzdem zu ihnen hinauswaten.
Sie hörten sie aber nicht. »Als ich wieder zum Strand kam, konnte man nur noch die Köpfe und die Schultern der Mädchen sehen«, erzählt Murl. »Sie waren mindestens einen Kilometer vom Ufer entfernt.« Er stürzte sich ins Wasser. Quallen ... steil hinuntergehender Boden ... er mußte erreichen, daß sie ihn hören. »Kimberly! Rachel!« schrie er. Aber ohne Erfolg.
Die anderen Erwachsenen beobachteten das Ganze voller Angst. Anstatt sich nun unbekümmert zu unterhalten, beteten sie.
Bis jetzt hatten sich die Mädchen wohl gefühlt. Das Wasser ging über ihre Köpfe hinweg, sie tauchten in die Wellen und hüpften auf und ab. Gelegentlich streifte etwas ihre Beine,

aber sie hatten keine Angst. Überrascht sahen sie ihren Vater näher kommen. »Was machst du denn hier, Papa?« rief Kimberly. »Du gehst doch sonst nie ins tiefe Wasser.«
»Ihr seid ein bißchen zu weit draußen«, gab Murl ruhig zurück. »Kommt weiter ans Ufer heran.«
Die Mädchen gehorchten, Murl watete zum Ufer zurück, und alles war in Ordnung. Daß ihr Vater an jenem Abend nachdenklicher als sonst war, hat eigentlich keines von seinen Kindern bemerkt.
Aber am Tag darauf beschloß Murl, seiner Familie sein Erlebnis zu zählen. Er sei doch in die Bucht gegangen, um seine Töchter zurückzurufen, erinnerte er alle. Und dann sei folgendes geschehen:
Murl sah im Wasser bei den Mädchen eine dritte Person. Zuerst hatte er sie für die Nachbarin gehalten und sich gewundert, wie diese schon vor ihm zu seinen Töchtern gekommen war. Aber dann erkannte er, daß es sich nicht um die Nachbarin, sondern um einen jungen Mann mit einem weißen T-Shirt handeln mußte.
Der schien sich aber nicht mit Kimberly und Rachel zu unterhalten oder Kontakt zu ihnen herzustellen, als sie in den Wellen auf- und absprangen. Statt dessen schwamm er wie in einem schützenden Bogen um sie herum. »Manchmal war er zwischen den Mädchen, und manchmal bemerkte ich ihn auf der einen oder der anderen Seite«, erzählt Murl. Er blinzelte, denn er glaubte erst seinen Augen nicht zu trauen. Spielte ihm das Sonnenlicht einen Streich? Sah er doppelt? Nein. Dann hätte er seine Töchter und auch den Mann zweimal sehen müssen. Außerdem hätte sich das zweite Bild zeitgleich mit dem ersten bewegt. Statt dessen bewegten sich

alle drei Gestalten unabhängig voneinander. Aber wer konnte das sein?
Der Mann schwamm weiterhin vor und zurück und beobachtete unverwandt die Mädchen, bis Murl auf ein paar Meter herangekommen war. »Da sah man nur noch eure Köpfe«, erzählte Murl seinen Töchtern. »Als ihr euch bei meinem Rufen umgedreht habt, bemerkte ich, daß die Gestalt verschwunden war.«
Schockiert dachte Kimberly an das Streifen an ihren Beinen und die gefährlichen Untiefen in der Bucht. Wenn sie oder Rachel nun einen Krampf bekommen hätten oder gebissen worden wären? »Vor lauter Begeisterung haben wir unser Leben in Gefahr gebracht und es nicht gewußt«, sagt sie. »Aber Gott hat diesen Augenblick gewählt, um zu zeigen, daß Er uns beobachtet. Und Er tut das jeden Tag. Auch wenn wir nicht in Gefahr sind.«

Liebe im Licht

Gottes Wege scheinen im dunkeln zu liegen. Aber früher oder später erreichen sie die hellen Gipfelpunkte des Tages.

John Greenleaf Whittier
For Righteousness Sake (Um der Gerechtigkeit willen)

Eleanor Bickenheuser stammte aus der Kleinstadt Bedford in Indiana und heiratete 1958 – nachdem er sie stürmisch umworben hatte – William J. (Jerry) Westfall, damals Oberleutnant bei der Armee. Im Laufe des Jahres kam Jerry zur 503. Aviation Company der Third Armored Division nach Hanau in die Bundesrepublik Deutschland. Eleanor verabschiedete sich von Familie und Freunden und machte sich auf Abenteuerliches auf der anderen Seite der Welt gefaßt.

»Hanau war eine entlegene kleine Stadt«, meint Eleanor, »nur dadurch bekannt, daß die märchenschreibenden Brüder Grimm hier geboren worden waren. Doch im ersten Jahr ihres Aufenthaltes dort fand Eleanor ihr neues Leben hochinteressant. Auch fühlte sie sich nicht so einsam, wie sie erwartet hatte. Beim Militär herrscht ein besonderer Zusammenhalt«, erklärt sie. »Da bilden alle eine große Familie.«

Die Westfalls freundeten sich besonders mit Manny und Connie Guerraro an, einem netten, kontaktfreudigen Ehepaar. Von ihnen bekamen sie praktische Ratschläge, und sie luden einander gegenseitig zu sich nach Hause zum Essen ein. Gelegentlich betreuten sie auch deren kleine Söhne. Als Eleanor ein Baby erwartete, war Manny so aufgeregt, als ob er wieder Vater würde. »Das wird bestimmt ein Mädchen!« sagte er mehrmals zu Eleanor und Jerry.

Aber das erfuhr er nie. Im August 1961 berührte Hauptmann Guerraro mit seinem Hubschrauber eine Überlandleitung, der Hubschrauber explodierte, und er war auf der Stelle tot. Eleanor trauerte sehr. Sie wußte zwar, daß solche Manöver gefährlich sind, aber daß ein so junger Mensch, der ihr so nahegestanden hatte, gestorben war – damit konnte sie sich nur schwer abfinden. »Es änderte sich noch mehr«, erinnert sie sich. »Connie nahm ihre kleinen Jungs und fuhr wieder nach Hause in die Vereinigten Staaten. Mit ihrem Mann verloren wir also auch sie und ihre Kinder. Und als die Berliner Mauer gebaut wurde, verstärkten sich die militärischen Spannungen.«

Dann kam der Winter, eine trostlose, trübselige Jahreszeit, wo die Sonne erst um 9 auf- und gegen 15 Uhr wieder unterging. Im Dezember brachte Eleanor zwar Nancy zur Welt, aber das ergab trotz der Freude neue Sorgen. Warum konnten die Guerraros nicht dasein, um ihr in dieser ganz besonderen Zeit zur Seite zu stehen? Auch Jerry konnte sie nicht trösten, denn kurz nach Nancys Geburt mußte er ins Manöver und blieb fast vier Monate fort. Eleanor hatte allein für das Kind zu sorgen.

Angesichts des langen und bedrückenden Winters in Deutschland führte der Klub der Offiziersfrauen regelmäßig Veranstaltungen durch, um die Frauen ein bißchen aufzumuntern. Zum Beispiel wurden Hutmacher-Kurse angeboten – denn Hüte waren damals die neuesten Renner, nachdem die First Lady, Jacqueline Kennedy, sie sehr mochte. Jede Woche kam die Hutladenbesitzerin Mia aus dem nahe gelegenen Bad Vilbel, um den Offiziersfrauen beizubringen, wie man Hüte anfertigt. Da Mia kein Auto hatte, holte sie immer jemand ab und brachte sie wieder zurück. Insgesamt etwas über 40 Kilometer.

Eines Morgens wurde Eleanor von der Frau, die Mia abholen sollte, aber nicht konnte, da ihre Kinder krank waren, angerufen und gefragt, ob Eleanor für sie einspringen könne. Eleanor war eigentlich unentschlossen gewesen, ob sie an diesem Tag am Unterricht teilnehmen wollte; aber da ein Kindermädchen auf ihr Kleines aufpaßte, erklärte sie sich bereit. Vielleicht würde die Fahrt sie wieder ein wenig auf andere Gedanken bringen.

Das funktionierte aber nicht. »Ich beschloß, nicht die Autobahn, sondern die waldreiche Landstraße zu benutzen, weil ich hoffte, das ginge schneller«, erzählt sie. Die Sonne war noch nicht aufgegangen, und der trübe Himmel kündigte wieder einen grauen, kalten Tag an. Die Bäume mit ihren blätterlosen Ästen wirkten freudlos und düster und drängten sich zu beiden Seiten dicht an den Straßenrand. Kilometerlang ging das so dahin, und Eleanor fühlte sich allmählich bedrückt. In Gedanken spielte sie noch einmal den letzten tragischen Unfall durch und wurde erneut von Sorgen befallen. Nahm denn das kein Ende?

Auf einmal kam Eleanor eine kleine Steigung hinauf. Nachdem sie diese hinter sich gebracht hatte und wieder hinunterfuhr, mußte sie blinzeln. Sah sie Gespenster?

Nein, das war Realität. Die Landschaft vor ihr hatte sich in mysteriöser Weise verwandelt. Die Bäume standen nicht mehr so nah an der Landstraße, sondern etwas weiter zurück. Aber Eleanor konnte sie deutlich sehen. Trotz des Winters trugen sie Blätter! Aber nicht nur das – die Blätter wirkten eher *golden* als grün.

Erstaunt fuhr Eleanor an den Straßenrand und hielt. »Allmählich wurde mir klar, daß da etwas über der Landschaft leuchtete, obwohl es so düster war«, erzählt sie. »Als strahlte ein wunderbares himmlisches Licht die Blätter an den Bäumen an. Dann ging das Licht durch mich hindurch. Nicht als Kraft, sondern mehr wie ein leichter Wind. Ich fühlte mich mit Energie geladen und auch ruhig, kam mir gesegnet, erhoben und verwandelt vor – und das alles gleichzeitig.«

Einige herrliche Augenblicke lang genoß Eleanor dieses erhabene Schauspiel. »Dann spürte ich, daß ich jemandem davon erzählen mußte«, sagt sie. »Ich fuhr schnell weiter in Richtung Bad Vilbel, um Mia abzuholen. Vielleicht wußte sie etwas über diese zauberhafte Gegend, warum die Bäume hier im Winter Blätter trugen und woher das herrliche Licht kam ...«

Aber Mia sah die aufgeregte Offiziersgattin nur erstaunt an. Und als die beiden Frauen die Straße wieder zurückfuhren, war Eleanor noch verblüffter. Natürlich würde die Lichtung noch dasein. Mußte sie ja! »Aber wir fuhren an nichts vorbei, was ihr auch nur im entferntesten ähnelte«, erzählt Eleanor. »Auf der gesamten Strecke bis zurück zum Stützpunkt standen die dunklen kahlen Bäume bis dicht an den Straßenrand.« Und obwohl sie danach noch mehrmals diese Strecke fuhr, hat weder sie noch jemand anderes die bezaubernde Szene je wieder erlebt.

Eleanor aber glaubt, die beabsichtigte Botschaft empfangen zu haben. »Für mich war das goldene Licht ein Trost vom Himmel. Gott hatte es mir geschickt, um mich wissen zu lassen, daß Er da ist. Trotz der schwierigen Zeit, die ich durchmachte, und all der noch zu erwartenden Schicksalsschläge. Und daß Er nicht nur für mich da ist, sondern für uns alle, in allem, selbst in den trübseligsten und schmerzlichsten Augenblicken. Ich spürte, wie Er zu mir sagte: ›Eleanor, nimm dich zusammen. Hör jetzt auf mit dem Jammern, denn es ist alles in Ordnung.‹ Und ich hörte damit auf.«

Eine zauberhafte, wunderschöne Vision … Eleanor hat nie eine Erklärung für sie gefunden – und auch nie eine gebraucht. Manche Dinge bleiben am besten mysteriös.

Hundewache

Wo immer wir gehen, was immer uns zustößt,
Begleiten Engel unsere Schritte.
Mit wacher Fürsorge begleiten sie jeden Schützling
Und wenden jedes Übel ab.

CHARLES WESLEY

Nora will nicht, daß ihr richtiger Name genannt wird, »weil es mir immer noch peinlich ist, wie naiv ich war«. Damals hatte sie als schüchterne 18jährige noch romantische Träume. »Vor allem wollte ich, daß ein Mann in mein Leben trat«, erzählt sie. »Meine beste Freundin hatte gerade einen ganz tollen Typ kennengelernt, und genau das wünschte ich mir auch.«

Nora wohnte bei ihrem großen Bruder Mark, dessen Frau und deren Kind außerhalb einer Kleinstadt in Arkansas, weil sie es von dort aus nicht weit zu ihrer Arbeit in einer Schuhfabrik hatte. In dem Haus hielten sich noch drei weiße Hunde mit schwarzen Flecken auf, mit denen Mark Waschbären und Wachteln jagte. Die Hunde waren anhänglich und laut, sprangen immer um Nora herum, und sie spielte gern mit ihnen. Gelegentlich betreute sie ihren kleinen Neffen und ging jeden Sonntag in die Kirche. »Ich habe an Gott und die Bibel geglaubt«, erzählt sie. »Meine Mutter hat immer zu mir gesagt, wenn ich Schwierigkeiten bekomme, soll ich Gott um

Hilfe bitten.« Nora erwartete aber keine Schwierigkeiten, und gerade *das* war die Schwierigkeit! Obwohl sie ein angenehmes Leben führte, schien es stehengeblieben zu sein.
Eines Tages stellte eine Freundin ihr einen hübschen jungen Mann vor. Nora mochte Peter sofort, und als er sie zu einem zwanglosen Essen einlud, sagte sie gern zu. Als aber während des Essens Peter anzügliche Bemerkungen machte, bekam Nora es mit der Angst zu tun. Sie atmete erst wieder auf, als er sie zum Haus ihres Bruders zurückgebracht hatte.
»Inzwischen war es dunkel geworden. An unserem Haus führte ein kleiner Feldweg entlang, und Peter schlug vor dem Abschiednehmen noch einen kleinen Spaziergang vor«, erzählt Nora. »Ich war erst unschlüssig, da ich wußte, daß meine Schwägerin mit dem Kind am Wochenende zu ihren Eltern gefahren und mein Bruder auf Jagd war. Aber es war ein schöner und sternenklarer Abend ...« Peter hielt ihre Hand, und trotz mancher Bedenken waren Noras romantische Träume stärker.
Doch sie hatte einen Fehler gemacht. Kaum waren sie den menschenverlassenen Feldweg ein paar Meter hinuntergegangen, als Peter auf einmal über Nora herfiel und sie zu Boden stieß. Er war ungeheuer stark, und die entsetzte Nora wußte, daß sie gegen ihn nicht ankam. Sie verfiel fast in Panik, aber da schoß ihr ein Gedanke durch den Kopf. Gott bewachte sie! ER wußte, was vor sich ging. Er liebte sie, und Er würde sie nicht im Stich lassen, hatte ihre Mutter zu ihr gesagt.
»Gott, hilf mir! Schick Hilfe!« schrie Nora und wehrte sich. »Bitte, Gott ...« Es schien hoffnungslos zu sein. Peter überwältigte sie, und Nora betete laut weiter. Worte, an die sie

gar nicht gedacht hatte, sprudelten aus ihr heraus. Gott, *hilf, hilf* ... Auf einmal hatte Nora das Gefühl, als ob da etwas war. Sie schaute sich um und staunte sehr. Die drei schwarzweißen Jagdhunde ihres Bruders Mark standen, vom Mondlicht bestrahlt, direkt neben ihnen.

Mark! War er in der Nähe? Hatte er ihr Schreien gehört? Aber es herrschte Stille. Nora wußte, daß seine Hunde nie von seiner Seite wichen. Und das hier waren seine Hunde. Sie erkannte sie an ihren schwarzen Flecken. Aber warum hatte sie sie nicht kommen hören? Und warum hatten sie nicht gebellt und waren nicht um sie herumgesprungen wie sonst immer?

Erschrocken ließ Peter von ihr ab. Er starrte auf die Hunde, und sie starrten ihn an. Einer bellte ein- oder zweimal und beruhigte sich dann wieder. Die anderen standen stumm da, griffen nicht an und zogen sich auch nicht zurück. Standen einfach so da. Wie Wachen. Fast, als würden sie verstehen, was da vor sich ging, dachte Nora, und sehen sich das in scheuer Mißbilligung an.

Peter erhob sich und lief – immer schneller werdend – zu seinem Wagen zurück. Die Hunde beobachteten es, blieben aber bei Nora und bildeten einen Kreis um sie. »Jetzt wird alles wieder gut«, schienen sie zu sagen. Zitternd erhob sie sich. Es *war* schon alles wieder gut. Bis auf ihre Enttäuschung. Wären die Hunde nicht gewesen ... Langsam ging sie den Feldweg zum Haus zurück und schaute sich um, ob die Hunde ihr folgten. Aber sie waren nicht mehr da. Sie mußten zu Mark zurückgelaufen sein. Aber warum war er nicht mitgekommen?

Mehrere Stunden später fuhr Mark schließlich mit seinem

Lieferwagen die Auffahrt herauf. Jetzt bellten die Hunde laut, und als sie Nora sahen, sprangen sie aus dem Wagen und liebevoll um Nora herum. »Wo warst du denn?« fragte Nora Mark, als sie ihm etwas zu essen aufwärmte.
»Mit den Hunden in Finch auf Waschbärenjagd«, erwiderte Mark.
Finch? Das lag doch mindestens 24 Kilometer entfernt. »Den *ganzen* Abend?« Nora war verblüfft.
»Wir sind etwa zur selben Zeit losgezogen wie du«, erklärte Mark, »und waren die ganze Zeit in den Bergen.«
Die Hunde konnten doch nicht über 20 Kilometer zu ihr zurückgelaufen sein. »Waren die Hunde die ganze Zeit bei dir?« fragte Nora.
»Ja. Wie immer.«
»Ja, dann ...« – dann gehörten die Tiere, die sie gesehen hatte, vielleicht jemand anders. Aber nein. Nora kannte jeden Hund in der Umgebung, und keiner sah so aus wie die von Mark. Und welcher Hund wäre auch so schweigsam und so fürsorglich gewesen?
Mark sah sie neugierig an. Sie brauchte einige Zeit, darüber nachzudenken, bevor sie ihrem Bruder – oder anderen Leuten – erzählen konnte, was sie allmählich glaubte. Denn wenn die Hunde, die sie gerettet hatten, nicht Mark oder jemand anderem gehörten, wo waren sie dann hergekommen? Hatte Er sie geschickt?
Heute ist Nora verheiratet und Mutter zweier Kinder. Aber jenen Abend wird sie niemals vergessen. »Ich glaube, da ist Gott dazwischengetreten«, sagt sie. Engel kommen in vielen Formen.

Immer ein Vater

Himmel und Erde sind Fäden vom selben Webstuhl.
*Shaker-Spruch**

An einem frischen Oktobermorgen des Jahres 1991 machte sich Sharon Stultz auf den Weg nach Pittsburgh, um ihren Zweitwagen zu holen (der dort am Hause eines Freundes eine Panne gehabt hatte) und ihn nach Alexandria in Virginia zu schleppen, wo sie wohnte. Sie hatte zuvor noch nie abgeschleppt und war folglich nervös. Sie machte eine von ihr gemietete Winde an der Rückseite eines geliehenen Lkw fest und startete in Richtung Autobahn.

»Vor der Zufahrt zur Autobahn beugte ich den Kopf und sagte: ›Lieber Gott, bring mich bitte hin und wieder zurück und halte mich in Deiner Hand‹«, erzählt Sharon. Beim Beten dachte sie an ihren Vater, einen großen kräftigen Mann, der immer ihr Beschützer und bester Freund gewesen war. Sie vermißte ihn noch immer, obwohl er vor fast zehn Jahren gestorben war. Sharon wußte, wenn er noch lebte, würde er den Wagen für sie holen oder zumindest zum Helfen mitkommen. Sie seufzte. Hoffentlich schaute ihr Vater vom Himmel aus zu und schickte ihr unterwegs noch zusätzlichen Schutz.

Die Fahrt nach Pittsburgh verlief ohne Zwischenfälle, und

* Shaker sind eine Sekte, die sich von den Quäkern ableitet (Anm. d. Ü.).

so beschloß Sharon nach dem Anhaken ihres Wagens, noch am selben Abend zurückzufahren. Sie erreichte jedoch Breezewood in Pennsylvania erst um 22 Uhr, und da wurde ihr klar, daß sie einen Fehler gemacht hatte. »Durch das Abschleppen meines Wagens mußte ich langsamer fahren, und ich spürte allmählich, wie das Fahren und die ganze Anspannung mich erschöpft hatten«, erzählt sie. Es war an der Zeit, ein Motel zu suchen.

In einer Lkw-Raststätte aß Sharon erst einmal etwas Herzhaftes. Aber Zimmer gab's keine. »Ich hielt an mehreren Motels, aber nirgends waren Zimmer frei«, berichtet sie. Nun geriet sie fast in Panik. Sie konnte sich nicht vorstellen, am Straßenrand in dem Lkw zu schlafen. Aber wie sollte sie gefahrlos weiterkommen? In langsamem Tempo fuhr sie wieder ab. »Lieber Gott, Du hast Deine Hand über mich gehalten, und dafür danke ich Dir«, murmelte sie. »Aber jetzt brauche ich noch mehr Hilfe.«

Vor ihr lag eine einsame Strecke. Sharon betete weiter und passierte ohne Zwischenfall Hagerston in Maryland. Als sie sich jedoch Frederick näherte, wäre sie beinahe von der Straße abgekommen und in den Graben gefahren. Jetzt *mußte* sie halten, bevor es einen Unfall gab. Nein, es ging nicht. Wo sollte sie schlafen? Nur noch 80 oder 90 Kilometer. Aber ihre Augen waren schwer, so schwer ... Sie nickte schon ein, und das schaffte sie nicht mehr ...

Auf einmal verspürte Sharon eine kühle Brise an den Wangen, und zwei große Hände fuhren zärtlich über ihre Hände am Steuerrad. Als ob jemand für sie die Leitung übernahm, der verläßlich war und den sie kannte ... Ihre Augen klappten zu, und sie verfiel in selige Ruhe.

Sharon erwachte am nächsten Tag um elf, angekleidet und in ihrem eigenen Bett liegend. Erstaunt sprang sie auf und schaute hinaus zur Auffahrt. Da stand ihr Wagen, den sie am Haus ihres Freundes geparkt hatte, als sie sich dessen Lkw auslieh.

»Natürlich sind der Lkw und dein abgeschlepptes Auto hier«, sagte der Freund, als Sharon ihn anrief. »Du hast sie hiergelassen und am frühen Morgen deinen Wagen abgeholt, nicht wahr?«

Sie wußte es nicht. Sie erinnerte sich *an gar nichts mehr*. Wie konnte sie 80 Kilometer gefahren sein, einen Wagen gegen den anderen ausgetauscht haben und sicher wieder zu Hause angekommen sein, ohne es bemerkt zu haben?

Aber Moment mal. Eine schwache Erinnerung an Ruhe, Geborgenheit und an große, aber zarte Hände auf den ihren, Hände, die sie erkannt hatte, klang noch nach. Ihres *Vaters* Hände! Tränen traten ihr in die Augen. Das konnte doch nicht sein. Aber hatte sie Gott nicht darum gebeten, ihr zusätzlichen Schutz zu schicken? Und was konnte Er Besseres dafür auswählen?

Einige Tage später traf Sharon einen Freund im Supermarkt: »Ich habe dich neulich spät in der Nacht einen Wagen auf der 495 abschleppen sehen«, sagte er.

Die 495 war die Umgehungsstraße um Washington, D. C., ihre letzte Etappe auf dem Heimweg. Aber da hatte sie doch geschlafen.

»Ich hab mich noch gewundert«, fuhr der Freund fort, »wer der große Kerl da war, der deinen Lkw fuhr.«

»Der große Kerl?« fragte Sharon zurück.

»Ja, schon«, überlegte er. »Genau kann ich's nicht sagen.

Aber er *sah aus* wie ein Kerl. Und außerdem habe ich auch dich gesehen. Auf demselben Platz. Viel Licht war um dich herum. So ein richtiges Leuchten ...« Er zuckte die Achseln. »Wahrscheinlich klingt das ziemlich seltsam.«

Nicht seltsam, dachte Sharon. Das paßt alles zusammen.

»Ich werde Gott immer für das Privileg dankbar sein, die Gegenwart meines Vaters spüren zu können und zu wissen, daß er noch vom Himmel aus auf mich aufpaßt«, sagt sie.

Und sollte sie noch Zweifel gehegt haben, dürfte ein weiterer Vorfall aus jüngster Zeit diese endgültig zerstreut haben. Ein Mann, der Sharon gegenüber auf der anderen Straßenseite wohnt, geht jeden Morgen zur selben Zeit wie sie zur Bushaltestelle. »Unsere Straße ist dann sehr dunkel, und ich bin immer ein wenig nervös, bis ich zur Haltestelle komme«, sagt sie.

Obwohl der Mann noch nie mit Sharon geredet hatte, sprach er sie eines Morgens an.

»Ich würde sehr viel dafür geben, zu wissen, wer der Mann ist, der hinter Ihnen geht«, sagte er.

»Ein Mann? Was für ein Mann?« fragte Sharon.

»Er ist sehr groß und kaum zu übersehen. Und er folgt Ihnen jeden Tag. Aber wenn Sie an der Bushaltestelle sind, ist er fort.«

Er ist aber noch da, dachte Sharon. *Ich kann ihn mit dem Herzen sehen*.

Wenn wir bitten

Suche den Geber und niemals die Gabe. Wenn du etwas von Gott willst, sieh zu, daß du allein mit Ihm bist und mit Ihm darüber redest.

Sandra Pratt Martin
Bite Your Tongues (Beiß dich auf die Zunge)

Beständiges Beten ist ein Teil von Gottes Plan, uns bei der Entwicklung einer Beziehung zu Ihm behilflich zu sein. Und zuweilen müssen wir lange beten, damit Gott die Bereiche des Glaubens in uns aufbauen kann, die noch schwach ausgeprägt sind und Hilfe benötigen. Aber manchmal wird unser Gebet sofort und so individuell bezogen erhört, daß wir ganz erstaunt sind über die gütige Zuwendung, die Gott uns zuteil werden läßt.

Der 25jährige Eugenio Mendez lebte allein in Seattle, Washington, weit weg von seiner großen Familie, und er tat sein Bestes, um den Anforderungen seiner neuen Arbeitsstelle gerecht zu werden. Er hatte versucht, sich mit einem Mädchen zu befreunden. Doch er war schüchtern und fand nur schwer Anschluß. »Allmählich wurde es zur Routine, daß ich lange arbeitete, nach Hause kam, ein bißchen fernsah und dann einschlief«, erzählt er. »Bald hatte ich starke Depressionen.«
Eines Abends schaute Eugenio wieder stumpfsinnig auf den

Kasten. Wenn er nur ein Zeichen hätte, irgend etwas, das ihm die Zuversicht schenkte, nicht immer so einsam sein zu müssen. »Lieber Gott«, sagte er laut, »ich glaube nicht, daß ich das noch lange aushalte. Hilf mir bitte.«

Fast im selben Augenblick hörte Eugenio ein zartes Klopfen. Überrascht schaute er auf. Während der ganzen Zeit in Seattle war er nur ein- oder zweimal besucht worden. Er mußte schon Gespenster hören.

Es klopfte wieder. Diesmal etwas stärker. Eugenio öffnete, und vor ihm stand eine kleine Afroamerikanerin mit einer Blume in der Hand. Eugenio blickte an ihr vorbei, weil er erwartete, noch einen Erwachsenen zu sehen. Jedoch da war niemand.

Eugenio schaute wieder auf das Kind. Die Kleine hatte Augen voller Mitgefühl und schien klüger zu sein, als es in ihrem Alter zu erwarten wäre. Lächelnd streckte sie ihm die Blume entgegen. »Die ist für Sie«, sagte sie und gab sie ihm in die Hand. Dann drehte sie sich um und hüpfte die Treppe hinunter. *Die ist für Sie*. Ihre Worte waren süß wie ein Kuß gewesen. Mit einem Male schwand die ihn belastende Verzweiflung, um nie wiederzukehren. Einige Jahre später heiratete Eugenio, und heute führt er ein interessantes und erfülltes Leben. Aber obwohl er das Kind nie wieder sah, wird er niemals die himmlische Botschaft vergessen, die genau zur rechten Zeit kam: »Du bist heute und auch in Zukunft nie allein.«

Ken rief den Moderator und mich beim Sender KXLY in Spokane, Washington, an und erzählte von dem Tag, an dem er einen Traktor über einen Gebirgszug zu schleppen hatte. »Der Motor von meinem Wagen hätte eigentlich überholt werden müssen, aber ich beschloß, trotzdem zu fahren«, erklärte er. Der Motor stotterte, wurde immer langsamer, und Ken wurde bald klar, daß er die Zündkerzen auswechseln mußte.

Aber wo? Es war dunkel und die Straßen menschenleer. Er war mit etwa 15 Stundenkilometern dahingeschlichen, und bei dieser Geschwindigkeit hätte er die ganze Nacht gebraucht, um über den Gebirgszug zu gelangen. »Lieber Gott, ich habe etwas Dummes gemacht. Hol mich da bitte heraus«, betete Ken.

Vor ihm tauchte ein kleiner Lebensmittelladen auf. Ken fuhr an den Straßenrand und betrat den Laden. Die Verkäuferin, die dort ganz allein war, hatte keine Zündkerzen. »Die haben wir nie im Angebot«, sagte sie, »und ich weiß auch nicht, wo Sie zu dieser nächtlichen Stunde noch welche bekommen, ohne einen großen Umweg machen zu müssen.«

Ken schaute traurig durchs Ladenfenster. Was nun? Da hielt ein kleiner Lieferwagen neben seinem Auto, »und auf dem stand ›Zündkerzen‹«, erzählte Ken den Rundfunkhörern. »Nicht ›Alles fürs Auto‹ oder ›Auto-Service‹ oder irgend etwas in dieser Art, sondern einfach nur ›Zündkerzen‹. Als wäre er speziell für mich geschickt worden.«

Ken rannte über die Straße. Der Fahrer hatte den geparkten Wagen gesehen und gedacht, daß jemand in Schwierigkeiten sein könnte. Ja, er hatte vier Zündkerzen in der erforderlichen Größe. Die beiden Männer wechselten die Kerzen aus, der Fahrer steckte das verdiente Geld ein und fuhr weiter. Ken kam rechtzeitig und sicher über den Berg.

»So oft klappt etwas genau richtig«, erinnerte uns Ken, »und wir vergessen, daß einem anderen als uns das Verdienst dafür zukommt.«

Roland und Mary Tom Haun leben auf einem 80-Hektar-Bauernhof mitten in Kentucky. Beide sind Lehrer und züchten nebenbei Appaloosa-Pferde. An einem Winterabend war Roland auf einer Sitzung, und Mary selbst mußte den Pferden Heu aufs Feld bringen.

»Es hatte den ganzen Tag geschneit, und es lagen mehrere Zentimeter Schnee«, erklärte Mary. Nun wirbelte der Wind ihn herum. Mary lud Heuballen auf den Traktor, aber aus irgendeinem Grunde beschloß sie, diese nicht wie üblich an einer Stelle in der Nähe des Zauns abzuladen, sondern brachte sie direkt zu den Pferden, die in der Feldmitte dicht zusammenstanden. Es erwies sich als eine richtige Entscheidung, denn als Mary sich der Herde näherte, sah sie Blutspuren im Schnee. Anscheinend war ein Pferd verwundet. Welches und wie sehr?

»Ich breitete das Heu für die Pferde aus und wollte nachsehen, welches von ihnen verletzt war«, erzählte Mary. »Aber es wurde immer dunkler.« Schließlich machte sie einen jungen Hengst ausfindig. Bei jedem Schritt schoß Blut aus einer Schnittwunde in seinem Bein. Mary suchte ihn heranzuholen; aber ein Pferd auf offenem Feld einzufangen ist nicht einfach, und noch schwieriger ist es, wenn es frißt und nicht gestört werden will. Der Hengst wich ihr immer wieder aus und lief zwischen die anderen Pferde. Der Wind peitschte Mary ins Gesicht, und ihre Sorge wuchs. Wenn sie ihn nicht einfing, könnte es passieren, daß er in der Nacht verblutete.

Nach längerer Zeit – wie ihr schien – begann Mary zu beten. »Lieber Gott«, sagte sie, »ich will nicht, daß dieses Pferd stirbt. Aber wenn ich es nicht in den Stall bekomme, geschieht dies wahrscheinlich. Kannst Du helfen?«
Der Hengst rannte ans andere Ende des Feldes. Auf einmal jedoch blieb er stehen, drehte sich um, schaute Mary an und kam in aller Ruhe zurück. Er ging entschlossen durch die anderen Pferde hindurch direkt zum Stall, als ob ihn jemand führte, und hielt nicht einmal inne, um ein bißchen Heu zu fressen.
Mary beobachtete das alles ungläubig. Der Hengst ging in den Stall hinein, drehte sich um und traf ihren Blick, als wollte er sagen: »Bist du *nun* zufrieden?«
Mary machte rasch die Stalltür zu und holte Hilfe, überzeugt, daß Gott selbst das kleinste Gebet erhört.

Der dreizehn Monate alte Seth Beach war mit einem Loch zwischen seinen Herzkammern geboren worden, und das letzte EKG hatte ergeben, daß dieses Loch immer größer wurde. Mit einer Katheterisierung im damaligen Charlotte Memorial Hospital (North Carolina) sollte festgestellt werden, wie groß das Loch war und was getan werden mußte. Also trafen die besorgten Eltern die erforderlichen Vorkehrungen.
»Mein Vater kam am Abend vor dem Eingriff zum Krankenhaus, um uns zu besuchen«, erinnert sich Seths Mutter Phyliss. »Auf dem Parkplatz des Krankenhauses sprach ihn ein Mann in einem Wagen an und fragte ihn, ob er etwas Wasser für seinen Motor hätte. Papa gab ihm Wasser, und während der Mann es in den Kühler goß, erwähnte er, daß er seine Frau besucht hätte.«

Phyliss' Vater erzählte von seinem kleinen Enkel, und wie besorgt die Familie sei.
»Sind Sie ein Mensch, der betet?« fragte der Fremde. »Sicherlich«, erwiderte Phyliss' Vater.
»Na gut«, antwortete der Mann. »Wenn ich wieder zu Hause bin, werde ich auf Knien für Ihr Enkelkind beten. Dann wird ein Wunder geschehen.«
Phyliss' Vater drehte sich um und stellte die Wasserkanne auf den Boden hinten im Auto. *Dann wird ein Wunder geschehen.* Es war ungewöhnlich, daß ein Fremder so sprach ... Er schaute auf, und der Mann war samt Wagen verschwunden, obwohl man den Parkplatz nur verlassen konnte, wenn man an Phyliss' Vater vorbeifuhr. Aber kein Wagen war vorbeigekommen.
Er dachte noch über den seltsamen Vorfall nach, als er in Seths Zimmer trat. »Ich glaube, ich habe eben einen Engel getroffen«, sagte er zu seiner Tochter.
Nach Phyliss' Meinung konnte Seth alle möglichen Gebete – von Engeln wie von gewöhnlichen Sterblichen – gut gebrauchen. Aber erst am Tag darauf erkannte sie, wie das Versprechen des Fremden wirkte.
Seths Arzt fand nicht die Spur eines Loches. Nur eine verengte Klappe, die dem gesunden Kind jedoch bislang keine Schwierigkeiten bereitet hatte.

Die zehnjährige Kristy B. und ihre Schwestern waren auf der Rückfahrt von einem Besuch bei Verwandten und saßen auf der Pritsche des Lieferwagens ihres Stiefvaters. Kristy hatte Angst vor ihm. Er war furchtbar launisch, und sie wußte nie, was ihn wütend machen konnte.

Der Lieferwagen holperte auf der ausgefahrenen Landstraße dahin. Kristy hielt ihre neue rote Jacke in der Hand, als plötzlich ein Windstoß durch den Lieferwagen fuhr und ihr die Jacke entriß. »Aber nicht doch!« schrie sie und sah die Jacke durch die Luft fliegen.

Ihr Stiefvater fuhr an den Straßenrand. »Ist da jetzt etwas aus dem Wagen geflogen?« fragte er ärgerlich.

Niemand sagte ein Wort. Kristys Herz begann zu hämmern. Sie hatte ihre Jacke in die Felder fliegen und verschwinden sehen. Die war fort.

Ihr Stiefvater schien es bereits zu wissen. »Hoffentlich hast du deine Jacke bei dir, wenn wir nach Hause kommen«, sagte er zu ihr und fuhr weiter.

Kristy und ihre Schwestern sahen sich für den Fall aller Fälle im Lieferwagen um, jedoch da war nichts zu sehen. Kristy begann zu weinen. Sie hatte Pech gehabt, denn nun würde sie betraft werden. »Bitte, lieber Gott, bitte ...«, murmelte sie. Sie wußte nicht, ob man so richtig betet, aber das war alles, was sie tun konnte.

Als der Wagen vorm Haus hielt, stieg ihr Stiefvater aus und kam an die Ladeklappe. »Wo ist deine Jacke, Kristy?« fragte er.

Kristy öffnete den Mund, um ihm die Wahrheit zu sagen. Da packte ihre Schwester sie am Arm. »Sieh nur!« zeigte sie.

Mitten auf der Pritsche, für alle deutlich sichtbar, lag die rote Jacke.

Es zahlt sich alles aus ... Die Farmersfrau Roberta Eschenbaum, die in der Nähe von Miller in South Dakota wohnt, weiß, daß das stimmt. Eines Morgens war sie rasch nach Miller gefahren und befand sich nun auf dem Heimweg, um das Mittagessen für die Männer auf den Tisch zu bringen. Während ihrer Fahrt hielt sie nach ihrem Vater Ausschau, der allein lebte und ein Emphysem hatte. »Er fuhr nicht viel. Bis auf die 20 Kilometer zu unserer Farm«, sagt sie, »und so wußte ich stets, wenn er unterwegs Hilfe brauchte, würde schon jemand halten.« Aber sie machte sich doch Sorgen und betete oft um seine Sicherheit.

Der Wagen ihres Vaters war nirgends zu sehen. Statt dessen sah sie vor sich einen fremden Wagen am Straßenrand stehen und einen Mann in den Motor starren. »Normalerweise helfe ich Bekannten«, erzählt Roberta. »Aber ich kannte diesen Mann nicht, und außerdem hatte ich's eilig.« Sie wäre weitergefahren, aber irgend etwas in ihr sagte, sie solle anhalten. Sie stoppte.

Der Mann hatte Ärger mit seiner Batterie, und daher fuhr Roberta zu einer Nachbarfarm, lieh sich ein Starthilfekabel aus, kam zurück, und der Wagen wurde wieder in Gang gebracht.

»Das ist ja wunderbar«, dankte ihr der Mann und griff nach der Brieftasche. »Darf ich ...?«

»Das ist nicht nötig«, entgegnete Roberta lächelnd und stieg wieder in ihren Wagen. »Am besten bedanken Sie sich damit, daß Sie beim nächsten Mal auch einem Fahrer helfen, der Schwierigkeiten hat.«

»Mach ich natürlich!« Der Mann winkte, als sie weiterfuhr. Zwei Wochen später rief ihr Vater an und hatte ihr eine interessante Geschichte zu erzählen. »Ich war auf einer Versteigerung etwa 80 Kilometer südwestlich von hier ...«, begann er.

»80 Kilometer?« Roberta war entgeistert. »Papa, so weit fährst du doch nie allein!«
»... und bekam auf dem Nachhauseweg einen Platten.«
Jetzt war Roberta in Panik. Die von ihm genannte Stelle lag an einer einsamen Landstraße, die selten oder nie befahren wurde. Auch konnte ihr Vater Reifen nicht allein wechseln. Dazu war er viel zu schwach. »Und was ist passiert?« fragte sie.
»Du wirst es nicht glauben. Ein netter Mann kam vorbei und wechselte mir den Reifen aus. Aber als ich dafür bezahlen wollte, nahm er nichts an. Eine Frau in der Nähe von Miller hätte ihm vor zwei Wochen bei seinem Batterieschaden geholfen und ihm gesagt, er solle auch anderen einen Gefallen tun. Er beglich gewissermaßen eine Schuld.«
Roberta fühlte sich wie von Liebe umarmt. »Ich glaube, Gott hat gewußt, daß Papa das passieren würde, und hat im voraus Hilfe für ihn arrangiert«, sagt sie. »Ich suche stets nach Zeichen von Ihm und finde sie auch immer.«

Margaret Farnaus hat schon als junges Mädchen in ihrem Kirchenchor als Sopranistin mitgesungen. »Am meisten mochte ich die alten Lieder wie ›Blessed Assurance‹ (Gesegnete Zuversicht) und ›Fairest Lord Jesus‹ (Liebster Herr Jesus)«, erzählt sie. »Beim Singen kam es mir immer vor, als würde ich alle meine Gefühle verströmen. Gesungen habe ich wirklich am liebsten.«
Margaret zog dann mit ihrer Familie fort, und sie kamen in eine Gemeinde, wo man diese Lieder selten sang. Sie wollte jedoch auf jeden Fall im Chor mitwirken, bemerkte aber in den darauffolgenden Monaten, daß ihre einst kristallklare

Stimme rauh und heiser wurde. Pastillen und Sprays halfen nichts. »Ich bekam die hohen Töne nicht mehr heraus«, erklärt sie. »Es schmerzte mich, aber mit dem Singen war es anscheinend vorbei.«

Margaret hatte inzwischen eine neue Freundin, Myrtle. Bei ihr wurde schließlich Krebs festgestellt, und Margaret besuchte sie regelmäßig im Krankenhaus, selbst als Myrtle sich im Koma befand. Zu Myrtles Geburtstag trat Margaret leise in ihr Krankenzimmer und betrachtete sie, wie sie so bewußtlos dalag. Myrtle war an allerlei Schläuche angeschlossen, und Margaret spürte, daß sie am Sterben war. Wenn wir nur irgendwie Kontakt zueinander herstellen könnten! Sie legte ihre Hand auf Myrtles Arm. »Lieber Gott«, betete sie, »hilf mir, ihr zu helfen.«

Auf einmal kamen ihr die tröstenden Worte aus dem Lied »Gott wird für dich sorgen« in den Sinn. Sie hatte es schon seit Jahren nicht mehr gesungen, erinnerte sich auch nicht mehr an den Text und hatte jetzt eine schreckliche Stimme. Aber wenn Myrtle sie hören könnte, würden die Worte ihr vielleicht Trost bringen. Margaret beugte sich über das Bett und begann zu singen. Erst leise und dann immer inbrünstiger, weil – sie hörte erstaunt, daß ihre Stimme hoch und wohlklingend war wie vor Jahren.

Wie konnte das sein? Margaret wußte es nicht. Aber noch während sie sang, setzte sie sich neben Myrtle und nahm deren Hand. Dann begann sie ihr Lieblingslied »Was für einen Freund wir in Jesus haben«. Sie merkte, daß sie sich noch an *alle* Strophen erinnern konnte, ohne innehalten oder suchen zu müssen. Sie freute sich sehr und sang weiter. Den ganzen Nachmittag gab Margaret dieses Sonderkonzert, und ihre Freundin war die einzige Zuhörerin. Mindestens 40 ihrer Lieblingslieder mit allen Texten kamen ihr wieder, und sie sang jedes in voller Länge. Aber erst ihre Stimme! Die war kristallklar, rein und lieblicher denn je zuvor. Hätte ein Fremder ins Zimmer geschaut, hätte er eine schlafende Patientin gesehen, die auf nichts reagierte; aber Margaret hatte das Gefühl, daß sie *doch* Kontakt hatte, daß Myrtle irgendwie wußte, daß sie nicht allein war und eine Freundin ihr zum letzten Geburtstag ein besonderes Geschenk machte.

Margaret sang noch mehrere Stunden, als einer von Myrtles Apparaten plötzlich summte. Myrtle atmete tief durch und entspannte sich wieder. Krankenschwestern kamen gerannt – jedoch es gab nichts zu tun.

Margaret verließ das Krankenhaus zwar traurig, aber auch seltsam erhoben. »Ich hatte das Gefühl, Kontakt zum Himmel hergestellt zu haben«, erzählt sie. Und auch das Wunder, daß ihre Stimme wiederhergestellt war, gab ihr zu denken.

Als Margaret jedoch zu Hause zu singen versuchte, stellte sie fest, daß ihre Stimme wieder rauh war. Auch an die Titel der Lieder konnte sie sich nicht erinnern, geschweige denn an die Texte – nicht einmal an ein paar von den vielen, die sie an diesem gesegneten Tag so mühelos gesungen hatte.

Schließlich ging Margaret zu einem Facharzt und erfuhr, daß sie das Sjögren-Syndrom hat, eine Funktionsstörung im Immunsystem, bei der dem Körper Feuchtigkeit entzogen wird, so daß Augen und Mund austrocknen sowie die Kehle heiser und rauh wird. Margaret konnte sich zwar behandeln lassen, aber auszuheilen war das nicht. Der Zustand wurde auch

spontan nicht besser. Es bestand keine Möglichkeit, Margarets Stimme wieder so herzustellen, wie sie einst war. Auch nicht zeitweilig. Überhaupt keine Chance …
… außer an jenem Tag, als die himmlischen Scharen einen Engel von der Erde in ihren Dienst genommen haben, um eine Seele auf den Flügeln des Gesangs in das Paradies zu bringen.

Der Wundermann

Die Vision ist die Kunst, Unsichtbares zu sehen.
JONATHAN SWIFT
Thoughts on various subjects
(Gedanken über verschiedenes)

Mickey Robinson wuchs in den fünfziger Jahren in einer typischen gutbürgerlichen Familie in einem Vorort von Cleveland auf. »Wir sind zwar zur Kirche gegangen, aber über Gott hatte ich nur ›Kopfwissen‹«, erzählt er, »und kann mich an niemanden erinnern, der eine persönliche Beziehung zu Jesus gehabt hätte. Ich wußte nicht, daß dies wichtig war.«

Mickey wurde ein gutaussehender, begabter junger Mann und hatte zahlreiche Freunde. Als er 18 war, kam er mit viel Geschick an einen tollen Job in einer Börsenmaklerfirma, wo ihm eine große Karriere offenstand, so daß er sich richtig ausleben konnte. Allmählich wurde er geradezu süchtig aufs Fallschirmspringen.

»Für mich zählte nur noch das Springen aus Flugzeugen«, erinnert er sich. »Ich sparte weder an Geld noch an Zeit dafür und wurde bald ein Profi. Hätte damals jemand zu mir gesagt, daß ich ein Idol hätte oder daß Fallschirmspringen mein Gott wäre, hätte ich ihn für verrückt erklärt. Aber Gott ist ja das, was man am liebsten mag, und obwohl ich sogar eine Freundin hatte und heiraten wollte, stand ich hundertprozentig aufs Fallschirmspringen.«

Mickey schien ein Leben zu haben, wie man es sich nur wünschen konnte: Tagsüber ein erfolgreicher junger Geschäftsmann, nachts ein wildes Kind der sechziger Jahre, das mit Drogen und Alkohol herumexperimentierte und offensichtlich an alldem seine Freude hatte. Niemand ahnte, daß er tief in sich Minderwertigkeits- und Angstgefühle bekämpfte, die ihn schon ein ganzes Leben lang plagten. »Ich glaubte, mich voll im Griff zu haben«, meint er, »dürstete jedoch ständig nach Liebe, Anerkennung und Ruhe.« An einem heißen Sommerabend im August 1968 ging Mickey mit vier Freunden zum Fallschirmspringen. Sie kletterten in eine nagelneue Piper Cherokee und waren schon in Hochstimmung. Das Flugzeug raste über die Start- und Landebahn und hob ungewöhnlich steil ab. Dann war auf einmal Stille! Voller Entsetzen bemerkte Mickey, daß der Motor ausgefallen war.

»Jetzt ist es aus!« schrie der Pilot. »Wir fallen!« Mit über 300 Stundenkilometern stürzte das Flugzeug sich überschlagend nach unten und knallte auf den Boden. Mickey fiel nach vorn und bekam einen Schlag ins Gesicht. Überall spritzte Benzin herum, und es begann zu brennen.

Von panischem Schrecken ergriffen krochen die anderen aus den Trümmern. Aber Mickey kam nicht nach, weil sein Bein in dem Loch steckte, das der herausgefallene Flügel hinterlassen hatte, und von Kopf bis Fuß brannte alles an ihm. Der vierte Fallschirmspringer schaute zurück, sah Mickey und den in seinem Sitz eingeklemmten Piloten und lief zum brennenden Flugzeug zurück. Seine ersten Versuche, Mickey freizubekommen, blieben erfolglos, jedoch er versuchte es weiter.

»Schließlich zerrte er mich heraus, warf mich zu Boden und rollte mich herum, um die Flammen zu löschen«, erzählt Mickey. »Aber sie züngelten immer wieder auf. Die eintreffende Rettungsmannschaft rechnete schon mit einem Toten.«

Mickey hatte an über einem Drittel seines Körpers Verbrennungen dritten Grades, und die Ärzte gaben ihm angesichts der zu erwartenden Komplikationen keine Überlebenschance. Sie schienen recht zu behalten, denn in den folgenden schlimmen Wochen ging Mickeys Gewicht von kräftigen 167 auf 90 schwache Pfund zurück. Seine Knochen waren durch offene Wunden deutlich zu sehen, es entstanden Geschwüre und innere Blutungen. Seine Speiseröhre war teilweise derart zerkratzt, daß er nicht einmal Wasser trinken konnte. Auf dem rechten Auge war er blind, und eine Hand mußte wahrscheinlich abgenommen werden. Er bekam über 40 Grad Celsius Fieber, in beiden Beinen starben ihm die Nerven ab, und seine Füße schwollen an wie Pranken. Allein der Verbandswechsel dauerte jeden Tag zwei Stunden. Seine Verlobte lief ihm davon, und ein Facharzt vermerkte in seinen Unterlagen: »Ich kann für diesen jungen Mann nichts tun.«

Mickey verlor immer wieder das Bewußtsein. Er wußte, daß er als einstiger Superheld nun zu völliger Hilflosigkeit herabgesunken war. In seiner Verzweiflung und Einsamkeit begann er nach Gott zu rufen. »Es tut mir leid«, flüsterte er immer wieder, denn er wußte kaum noch, wie man betet. »Vergib mir bitte. Gib mir bitte noch einmal eine Chance.«

Eines Nachts hatte Mickey das Gefühl, daß sein Körper nicht mehr mitmachte. Fühlte man sich so, wenn man starb? Plötzlich entschwand das Krankenzimmer seinem Blick, und »mein inneres Ich kam aus dem Körper heraus. Unverzüglich wurde mir klar, daß die spirituelle Welt die eigentliche Welt ist. Ich wurde mir auch der Ewigkeit bewußt und spürte überhaupt keine Zeit mehr. Das brauchte mir niemand zu erklären. Ich wußte einfach Bescheid. Ich war irgendwohin unterwegs und konnte das nicht steuern. Es war ehrfurchtgebietend!«

In ein atemberaubendes spirituelles Reich hineingezogen, überkam Mickey ein Staunen, als er an eine Tür gelangte, durch die von der anderen Seite reinstes weißes Licht strahlte. Es ging von Gott aus, und er wußte, daß die Quelle jenes Lichtes die Quelle *allen* Lebens war.

Dann bemerkte Mickey entsetzt, daß sich die Tür zu schließen begann. »Allmählich umgab mich tiefe Finsternis, und mir wurde klar, was das bedeutete: Wenn sich die Tür schließt, bin ich für immer von diesem Licht abgeschnitten.«

Nein! »Lieber Gott, ich will leben!« Am Rande der Ewigkeit befindlich, in fast völliger Finsternis, schrie Mickey: »Es tut mir leid. Gib mir *bitte* noch einmal eine Chance!«

Unverzüglich kam Gottes Herrlichkeit über ihn. »Wie flüssiges Gold war sie überall. Über mir, unter mir, um mich herum und durch mich hindurch vibrierend. Ich spürte Gottes Autorität, all Seine Macht und Seine Liebe. Jetzt wußte ich, daß ich nie sterben würde, daß ich immer getröstet und umsorgt werden würde.«

Dann sah Mickey wie auf einem großen Fernsehbildschirm

Gestalten vor sich. »Tage, Wochen und Jahre zogen vorbei, und alle waren miteinander verbunden – nicht willkürlich ein Tag hier und einer dort. Ich sah mich Menschen betrachten, als ob ich sie kannte, obgleich sie mir eigentlich unbekannt waren. Ich sah Orte, an denen ich nie gewesen bin ... Ich sah mich Dummheiten machen, die ich eigentlich nicht machen sollte.« Er erblickte eine ihm unbekannte schöne blonde Frau und sah sich mit ihr über eine Wiese gehen. Und es waren auch Bekannte von ihm da, Freunde aus der Drogenszene, die noch fixten. »Sie hatten schreckliche Gesichter, und ich wußte, daß ich ihre Zukunft sah.« Die Vision endete, und Gott sagte zu Mickey, daß er nun wieder zur Erde zurückkehren würde. »Er sprach nicht wie ich jetzt«, erklärt Mickey. »Das Wissen um meine Rückkehr, eine Art Bewußtsein, kam mir in diesem Augenblick. Ich sagte: ›Nein, ich will das nicht‹, jedoch wenn Gott etwas sagt, was soll man da machen?«

Angehörige und Ärzte wachten weiterhin besorgt über ihn, aber Mickey wußte, daß sein Nahtoderlebnis ein Wendepunkt gewesen war. Er setzte seine Betrachtungen über dieses Ereignis fort, während er in den darauffolgenden Jahren über 75mal operiert wurde. Ein Hornhauttransplantat, das erst aussichtslos zu sein schien, gab ihm nach fünfjähriger Blindheit auf einem Auge die Sehkraft wieder. Durch plastische Chirurgie wurde sein Gesicht irgendwie wiederhergestellt, und durch Krankengymnastik konnte er sich mit der Zeit wieder bewegen. Sein linkes Bein, das geschient war und erst überhaupt nicht reagierte, spielte plötzlich wieder mit. Er lernte eine schöne blonde Frau kennen, die ihm irgendwie bekannt vorkam, und nachdem sie geheiratet hatten und in ihr erstes Zuhause – auf einen Bauernhof – gezogen waren, erinnerte sich Mickey, wo er sie schon einmal gesehen hatte …

Weit bedeutender war jedoch sein innerer Wandel. Gott hatte all das fortgenommen, was ihm wichtig gewesen war – seine körperlichen Fähigkeiten, seine Freunde und seine Selbstachtung –, und hatte ihn in Situationen gebracht, in denen nur Gottes Stärke helfen konnte. Allmählich erkannte Mickey, daß er allein nichts auszurichten vermochte. Doch mit Gott hatte er eine grenzenlose Zukunft.

Heute ist Mickey Robinson Leiter der Prophetic Christian Ministries Association und lebt mit Frau und vier Kindern in Jackson, Mississippi. Er kann wieder laufen, Ski fahren, reiten und sogar Fallschirm springen. Und mit seinen Predigten bereist er die ganze Welt und erlebt dort Gottes Verwandlungskraft, für die er selber das beste Beispiel ist. Nahtoderlebnisse allein oder sogar Wunder verändern seiner Meinung nach einen Menschen nicht. Das geschieht nur, wenn man sich Gott ganz hingibt. Was nicht leicht ist. Aber Mickey tut es jeden Tag aufs neue.

»Gott hat herniedergeschaut, als ich mich in jener Finsternis befand, und hat gesagt: ›Wir machen beide ein Geschäft miteinander. Du bietest dein Leben und ich Meines‹«, erzählt Mickey. »Ich glaube, ich habe das bessere Geschäft gemacht.«[9]

Die dem Herrn dienen

Gott hat keine Lieblinge. Er segnet alle in gleicher Weise, sucht aber für jeden eine andere Arbeit aus.

JOSEPH GIRZONE, *Josua*

Als Keith und Karen Parker 1979 heirateten, schien ihnen eine glänzende Zukunft bevorzustehen. Karen hatte eine interessante Arbeit als Systemanalytikerin, und Keith flog als Marineoffizier einen F-14-Düsenjäger. Seine Lieblingsmaschine. Er war gern bei der Marine. Wenn alles gutging, würde er 20 Jahre lang Navigationsoffizier sein, mit 42 in die Rente gehen und etwas anderes anfangen. Inzwischen würden sie ein schönes Haus haben und Kinder … »Wir hatten alles geplant«, erklärt Karen.

Aber es ging nicht nach Plan. 1986 wurde Keith von der Marine beauftragt, seine Magisterarbeit in Aeronautik zu schreiben, und die beiden mieteten sich ein schönes Haus in Monterey in Kalifornien mit Blick auf den Stillen Ozean. Aber es kamen keine Kinder, um die leeren Räume zu füllen. Zunehmend besorgt, suchte Karen wegen ihrer Unfruchtbarkeit einen Arzt auf. Er verschrieb ihr ein Medikament, aber nichts geschah.

Nachdem Keith seinen Abschluß gemacht hatte, erlebten die beiden eine weitere Enttäuschung. In keiner F-14-Staffel bei der Marine gab's für ihn eine freie Stelle. *Nur* im Naval Air Test Center in Lexington Park, Maryland, wo er ferngesteuerte Maschinen von Panzerkreuzern aus fliegen konnte. Keith nahm sie an, obwohl er erst wieder in drei Jahren seine geliebte F-14 fliegen könnte.

Karen war nicht erbaut darüber. Sie hatte zwar eine Versetzung erwartet, »aber das war dort echte Provinz, wo es nicht einmal eine Fußgängerzone gab, und ich wollte meine Arbeit und so viele gute Freunde eigentlich nicht aufgeben«, sagt sie.

Später jedoch wurde ihr klar, daß Lexington Park in Maryland auch etwas Positives hatte. Man fuhr nämlich nur zwei Stunden bis Bethesda, wo sich die Kinderwunschklinik der Marine befand.

Die Möbelpacker hatten kaum die Sachen der Parkers abgeladen, als Karen schon einen Termin mit einem der Spitzenfachärzte dieser Klinik in Bethesda ausmachte. »Ich ließ alle Routinetests und Untersuchungen durchführen«, erzählt sie. »Fast zwei Jahre lang fuhr ich zweimal im Monat dorthin.« Nichts tat sich, obwohl sie *wirklich* die bestmögliche Pflege bekam. Und da ihr Gatte bei der Marine war, gab's das alles kostenlos.

»Wir gehörten nicht zu den Kirchgängern, und unser Glaube war in diesen Jahren nicht sehr stark«, sagt Karen. »Meine Unfruchtbarkeit war so schwer zu verstehen. Wir hörten von Abtreibungen, von Kindesmißbrauch, von Neugeborenen, die in Abfalleimer geworfen wurden und dort starben ... Ich glaube, das werde ich nie begreifen. Aber ich machte Gott keinen Vorwurf. Ich begann, um ein Baby zu beten, und bat andere, dies auch zu tun.«

Inzwischen widmete sich Keith seiner Arbeit in Lexington Park zu mehr als 100 Prozent. Aber Karen wußte, daß er wieder zu seiner F-14 zurückwollte. Es war eigentlich nachteilig, zu hoffen, von Maryland und damit von der Klinik wegzukommen, weil sie dann noch viel weniger Chancen gehabt hätte, Mutter zu werden. Aber beide freuten sich auf Keiths neue Versetzung.

Als der Befehl dazu schließlich kam, gab's für die Parkers wieder einen Rückschlag. Infolge von Haushaltseinsparungen und Reduzierungen aller F-14-Staffeln sollte Keith Ende Januar 1991 aus der Marine entlassen werden.

»Es kam mir vor wie ein Schlag in die Magengrube«, erinnert sich Karen. »Die Marine hatte über anderthalb Millionen für Keiths Ausbildung ausgegeben, dazu kam seine Magisterarbeit – und nun auf einmal brauchte man ihn nicht?«

Keith litt Qualen. Die Marine verlassen ... all ihre Pläne, ihre Träume ... Damit hatte er nie gerechnet. Aber er raffte sich auf und hielt Umschau nach einem Job. »Da unsere Familien in Texas lebten, suchte ich vor allem dort«, erzählt er. »Da wir ja sowieso wegziehen *mußten*, konnten wir auch in deren Nähe sein.« Ein Kind zu bekommen erschien ihnen inzwischen unmöglich. Aber Karen fuhr weiterhin in die Klinik.

Ende November 1990, Keith war gerade in Texas auf Stellensuche, schaute Karen wieder einmal auf ihren Kalender. Hmmm. Sie verließ ihr Büro, kaufte einen Schwangerschaftstest für zu Hause und ging mit ihm auf die Toilette. Schwach, sehr schwach ... War er *positiv?* »Dana!« Karen lief ins Zimmer einer Kollegin. »Sieh mal!«

Dana war ebenfalls ganz aufgeregt. »Warum holst du dir nicht noch einen Test für morgen früh, um ganz sicher zu gehen?« sagte sie.
Auf dem Heimweg kaufte Karen einen Doppeltest. (Der Apotheker, der ihr zuvor den Einzeltest verkauft hatte, guckte ganz verwirrt.) Am nächsten Tag bestätigte ein Test in Bethesda, was Karen bereits wußte: Ihre Gebete waren erhört worden.
Schwanger. Sie glaubte, vor Freude bersten zu müssen. Und Keith erst! So glücklich hatte sie ihn seit seiner Versetzung nicht wieder gesehen. Er fand bald eine Arbeit bei einer Firma in Fort Worth, die beiden kauften sich ein Haus und zogen glücklich nach Texas zurück. Karens Schwangerschaft verlief ereignislos, und zu den schönsten Nebenwirkungen ihres Umzugs gehörte, daß sie wieder mit ihrem geliebten Vater zusammen war. »Er wohnte nur ein paar Meilen entfernt. Wir haben immer eine enge Beziehung gehabt, und jetzt trafen wir uns jeden Tag und gingen zusammen spazieren«, erzählt sie. Die Pläne der Parkers waren Umwege gegangen; aber nun war alles wieder im Gleis.
Katelynn Leigh wurde am 13. August 1991 geboren, »an dem glücklichsten und entsetzlichsten Tag meines Lebens«, sagt Karen. Glücklich, weil ihr lang ersehntes Kind endlich da war, und entsetzlich, weil bei Katelynn der obligatorische Bluttest gemacht wurde, um sie auf Phenylketonurie und eine Reihe anderer Gesundheitsrisiken zu testen, und die Kinderärztin danach mit einem ernsten Gesicht in ihr Zimmer kam. »Wir haben ein Problem bei dem Baby«, sagte sie. »Der Test auf das angeborene adrenogenitale Syndrom war positiv. Ich möchte gern, daß Sie das Kind morgen im

Cook-Fort Worth Children's Medical Center einem Endokrinologen zeigen.«

Schockiert hörten Karen und Keith nur einen Teil dessen, was die Ärztin sagte. Sie hatten noch nie etwas von einem angeborenen adrenogenitalen Syndrom gehört. Aber das klang ernst. Nach all den Tests, Gebeten und Planungen und dieser Wunderschwangerschaft nun ein Kind, das nicht ganz gesund war! Noch ein überraschender Rückschlag.

In den folgenden zwölf Tagen, an denen das Kind im Cook-Fort Worth Hospital lag und die Ärzte alles taten, um sein angeborenes adrenogenitales Syndrom in den Griff zu bekommen, erfuhren Karen und Keith etwas von dieser seltenen Erbkrankheit. »Mit einfachen Worten gesagt: Die Nebennieren funktionieren nicht richtig«, erläutert Karen. »Die Nebennieren steuern die Hormone, und ein Hormon reguliert die Körperflüssigkeit. Kinder mit angeborenem adrenogenitalem Syndrom haben dieses Hormon nicht, und daher können ihre Körper in ein paar Tagen austrocknen.« Normalerweise sind Nieren, Herz und Gehirn bei solchen Neugeborenen für immer geschädigt, und sie können sogar sterben, bevor überhaupt bekannt wird, daß mit ihnen etwas nicht in Ordnung ist. Andere Nebenwirkungen können ebenfalls auftreten.

Dann erfuhren die Parkers noch etwas. Texas ist einer von nur zwei Bundesstaaten, in denen der Test zur Feststellung dieses adrenogenitalen Syndroms Teil der Untersuchung Neugeborener ist. »Wäre Katelynn irgendwo anders im Lande geboren worden«, sagt Karen, »hätte sie wahrscheinlich sterben müssen.«

Heute ist Katelynn eine fröhliche und lebhafte Vierjährige,

fährt Rollschuh, tanzt, liebt Kinderwitze – und nimmt Medikamente ein. Wie viele andere normale Kinder. Ihre Eltern jedoch glauben, daß sie und ihre Lebensumstände nichts anderes als ein Wunder perfekter Zeitplanung Gottes sind. Denn obwohl Keith und Karen ihre Rückschläge als negativ empfunden hatten, waren diese vom spirituellen Standpunkt aus betrachtet in Wirklichkeit positiv. »Dadurch, daß Keith für eine ganz andere Tätigkeit in der Marine eingesetzt wurde, sind wir auf die Kinderwunschklinik gekommen«, erklärt Karen. »Dadurch, daß Keith aus der Marine entlassen wurde, sind wir nach Texas zurückgekommen, wo das Kind gleich die erforderliche medizinische Hilfe bekam. Und die Marine ist uns ja auch nicht vollständig verlorengegangen. Keith ist Fregattenkapitän der Reserve.« Daß Karens Vater nach Katelynns erstem Geburtstag plötzlich starb, hatte dann nach all den Geschehnissen auch einen tröstlichen Aspekt. Denn wären sie nicht nach Fort Worth gezogen, meint Karen, hätte ihr Vater ihr nie die erforderliche Unterstützung geben können, und er hätte nie seine kerngesunde Enkelin kennengelernt.

»Katelynn ist der Sonnenschein unseres Lebens«, sagt Karen heute. »Durch sie bin ich eine bessere Christin geworden. Ich weiß, daß sie mehr braucht, als ich ihr beibringen kann. Jetzt gehen wir gern zur Kirche und loben den Herrn. Und ich glaube, daß alles, was ich erlebt habe, dazu gedacht war, mich Ihm näherzubringen.«

Zuweilen fällt es schwer, Gottes Pläne zu erkennen, weil unsere eigenen so oft im Wege stehen. Die aber »dem Herrn dienen«, erfahren eine ewige Wahrheit. Er wählt immer den richtigen Zeitpunkt, und Er kommt nie zu spät.

Das Wunder mit der Quelle

Oh, wir stehen auf heiligem Grunde,
Und ich weiß, da sind Engel in der Runde …
Kirchenlied

Während der wirtschaftlichen Depression wohnten Robbie und Tom Douglas, Eltern zweier kleiner Mädchen, in einem kleinen Haus mit zwei Zimmern hinter dem Bauernhof von Robbies Vater. Wie viele andere machte auch ihre winzig kleine Gemeinde in Daysville, Tennessee, schwere Zeiten durch. Tom war im Bauwesen tätig und freute sich, Arbeit zu haben, obwohl er jeden Tag etwa acht Kilometer einen Berg hinauf zu einer Straßenbaustelle laufen mußte und abends wieder zurück.

»Wir kamen durch«, erinnert sich Robbie, »aber das schlimmste war, daß wir kein Wasser im Hause hatten.« Waschwasser gab's in einem nahe gelegenen Bach. Aber für Wasser zum Trinken und Kochen mußte einer von ihnen etwa 300 Meter auf einen Hügel und durch ein Zauntor zu einer Quelle auf einer Wiese laufen. Dort füllten sie immer zwei rund zehn Liter fassende Eimer und trugen sie zu ihrer kleinen Behausung zurück. Was sie aber beim ersten Mal holten, reichte nicht immer für einen ganzen Tag, so daß die ganze Prozedur meist ein zweites Mal wiederholt werden mußte.

»Das kostete viel Zeit und war sehr mühsam. Wenn Tom oder ich allein waren, mußten wir auch noch unsere kleinen Mädchen mitnehmen«, erklärt Robbie. Aber sie dankte Gott oft für das, was sie hatten. Schließlich hatte Er für Arbeit und Unterkunft gesorgt, auch wenn sie sehr bescheiden war, während viele ja überhaupt nichts hatten. Obwohl sie also nicht speziell wegen ihrer Wasserschwierigkeiten betete, »wußte ich, daß Gott sah, wie schwierig die Situation für uns war.«

An einem Sonnabend nahm Robbie ihre Töchter, um ihren Vater zu besuchen, während Tom im Gemüsegarten arbeitete. Auf einmal hörte er ein Geräusch, schaute auf und sah einen großen Mann im Vorhof stehen. Er trug eine schwarze Hose und das weißeste Hemd, das Tom je gesehen hatte.

»Guten Morgen«, rief er über das Beet hinweg. »Ich habe großen Durst. Hätten Sie vielleicht einen Schluck Wasser für mich?«

Tom stand langsam auf, denn er dachte daran, wie kostbar das Wasser war. Jemandem etwas davon abzugeben bedeutete noch einen mühsamen Gang zum Brunnen. Aber der Fremde sah verschwitzt und müde aus. »Möchten Sie vielleicht auch noch etwas essen?« fragte Tom.

»Nein, nur Wasser«, entgegnete der Mann.

Tom ging ins Haus an den Wassereimer, dachte aber in diesem Augenblick daran, daß das Wasser inzwischen abgestanden und nur noch zum Waschen zu benutzen war, nicht aber für einen durstigen Gast. Er ging wieder auf die Veranda hinaus. »Bleiben Sie bitte sitzen, und ruhen Sie sich etwas aus. Ich hole frisches Wasser für Sie.«

Der Fremde lächelte. »Das wäre mir sehr lieb.«

Tom griff nach einem Eimer, stieg auf den Berg, kam bald mit kostbarem Naß zurück und füllte ein großes Glas damit. Der Mann trank es voller Genuß. »Wunderbares Wasser«, sagte er, »aber es ist doch schlimm, daß Sie so weit gehen müssen, um es zu holen.« Tom goß ihm noch ein Glas ein. »Schade ist es schon, aber wir haben es dafür in anderer Hinsicht besser.«

Der Fremde lächelte und verabschiedete sich nach einigen Minuten. Tom sah ihm nach, wie er die Straße nach Daysville hinunterging. Er wunderte sich allmählich über ihn. Wie war er so lautlos auf den Hof gekommen? Und wozu? In dieser abgelegenen Gegend hielt doch kaum jemand. Und woher stammte dieses ungewöhnliche Gefühl der Ruhe, das ihn beim Anblick des Fremden erfaßt hatte?

Bald kamen Robbie und die Mädchen nach Hause. Tom war noch immer neugierig und beschloß, in den Lebensmittelladen von Daysville zu gehen. Bestimmt war der Fremde noch dort. Vielleicht unterhielt er sich noch mit den Männern, die dort herumsaßen, tratschten und Neuigkeiten über Arbeitsmöglichkeiten austauschten. Als Tom jedoch hinkam, erlebte er eine Überraschung.

»Was für ein Mann?« Seine Freunde waren verblüfft. Der Ort war zu klein, als daß ein Fremder hier *unbemerkt* geblieben wäre. Aber niemand hatte ihn gesehen. »Du bist der einzige, Tom, der seit langer Zeit die Straße hier heruntergekommen ist«, behaupteten sie alle. Sicherlich haben sie recht, dachte Tom.

Etwa zwei Wochen später regnete es heftig in Daysville, und ungefähr zehn Meter von Toms Haus entfernt begann Wasser aus dem Boden zu sickern. Der Boden trocknete zwar wieder ab, aber das kleine Rinnsal blieb. Tom war dies ein Rätsel. Er lief in den nächsten Tagen immer wieder um den nassen Fleck herum und griff schließlich zur Schaufel. »Ich muß doch herausbekommen, was da vor sich geht«, sagte er zu Robbie.

Kaum hatte er die obere Schicht abgetragen, sprudelte Wasser aus einer unsichtbaren Quelle. »Robbie, komm mal schnell her!« rief er. Eine neue Quelle hatte er gefunden. Genau dort, wo der Fremde gestanden hatte.

»Nun brauchten wir keine langen Gänge mehr zur Wiese zu machen, denn diese Quelle war die beste von allen in der Gegend«, erzählt Robbie. »Sie versiegte nie und blieb uns während der ganzen Zeit, in der wir dort in dem Haus wohnten, erhalten.«

Kurz nachdem die Douglas-Familie ausgezogen war, regnete es jedoch wieder stark, und die Quelle verschwand genauso unerwartet, wie sie gekommen war.

Robbie und Tom haben nie daran gezweifelt, woher die Quelle stammte. Sie hatten in Seinem Namen eine Tasse Wasser gegeben und waren dafür reichlich belohnt worden.

Endlich zusammen

Wir sterben nicht für uns allein … Vor uns Gestorbene oder spirituelle Wesen begleiten uns auf unserer Reise.

MAGGIE CALLANAN

Final Gifts (Letzte Geschenke)

Für jeden, der ihn kannte, war Michael J. Caldwell aus Pleasant Hills in Kalifornien ein außergewöhnlicher Mensch. Er kränkelte zwar viel, lag oft im Krankenhaus, hat sich jedoch von seinen Gesundheitsproblemen nie unterkriegen lassen. Er kam immer wieder auf die Beine und hatte mit einer beneidenswerten Begeisterung Freude an seiner Familie, seiner Arbeit und seiner ehrenamtlichen Tätigkeit. Ein einziges Mal nur sah ihn seine Tochter Kathleen trauern. Das war, als 1977 sein jüngerer Bruder Frank plötzlich starb. »Papa ist in der Nähe von New York in einer Gegend aufgewachsen, die Indian Harbor heißt – er hat aber nie viel von seiner Kindheit erzählt. Ich habe den Eindruck, daß sie schwer gewesen sein muß«, sagt Kathleen. »Aber ich weiß, daß er und Onkel Frank sich sehr gemocht haben. Ich werde nie vergessen, wie Papa in seinem Schaukelstuhl saß und weinte, weil sein Bruder gestorben war.«

Als jüngstes Kind stand Kathleen ihrem Vater besonders nahe. Deshalb wußte sie, daß etwas nicht stimmte, als er sie am

3. Dezember 1991 anrief und bat, ihn für seine Weihnachtseinkäufe etwas herumzufahren. »Wegen seiner Krankheiten fuhr er nicht mehr selbst Auto«, erläutert Kathleen. Wie viele andere Männer hatte auch er niemals im voraus für Feiertage Einkäufe gemacht. »Sag mal, Papa«, neckte ihn Kathleen, »kommst du da nicht ein bißchen zu früh? Schließlich sind es noch drei Wochen!«

Seine Antwort war bemerkenswert. »Nein, ich komme da nicht zu früh«, sagte er langsam. »Ich muß es jetzt machen.« Am nächsten Tag gingen sie einkaufen. Michael suchte ein besonders schönes Geschenk für seine Frau aus und bestand darauf, daß sich Kathleen ebenfalls etwas Besonderes aussuchte. Ein paar Tage danach lud er die ganze Familie zu sich ein. »Es war sehr rührend«, erinnert sich Kathleen. »Er nahm jeden einzeln beiseite und sagte, was er besonders an ihm oder ihr mochte.« Ihr Vater war ärgerlich, weil sein Tonbandgerät nicht funktionierte. »Ich habe es wieder in Ordnung gebracht, und als die Zeit zum Abschiednehmen kam, ging er mit mir nach draußen und winkte mir noch nach, bis ich über den Hügel war. Das hatte er sonst nie getan.« An jenem Abend blieb Michael noch lange auf und sprach seine Lebensgeschichte für seinen dreijährigen Enkelsohn Andrew auf Band.

So kam es eigentlich nicht überraschend, als Kathleen am Tag darauf einen Anruf erhielt, daß ihr Vater zu Hause im Koma liegend aufgefunden worden sei, daneben eine Liste zu erledigender Angelegenheiten, von denen fast jede abgehakt war. Jetzt befand er sich im Krankenhaus, und die Familie versammelte sich an seinem Bett.

Obwohl Michaels Zustand ernst war, erholte er sich einigermaßen und kam wieder zu Bewußtsein. Mehrere Mitglieder der Familie dachten, er käme wieder nach Hause, wie zuvor immer nach solchen Anfällen. Kathleens Mutter mietete sogar ein Krankenhausbett und alles, was sie zur Pflege benötigte. Aber Kathleen hatte bei alldem ein ungutes Gefühl.

»In jener Nacht blieb ich im Hause meiner Eltern«, erinnert sie sich. »Ich schlief unter Papas Steppdecke, weil ich ihm möglichst nahe sein wollte.« Schließlich hatte sie folgenden Traum:

Zwei kleine Jungs spielten am Ufer einer großen Wasserfläche. Der Kleinere begann loszulaufen und rief über die Schulter dem Jungen hinter sich zu: »Mikey! Schnell, hol mich ein!«

Der Größere rannte los, um den Kleinen einzuholen. »Frankie, warte!« rief er.

Mikey ... Frankie. Mitten im Traum wußte Kathleen auf einmal, daß die beiden Jungs ihren Onkel Frank und ihren Vater darstellten. Die einzigen, die sich mit diesen Kosenamen angeredet hatten.

Mikey schien Frankie aber nicht einholen zu können. »Warte!« schrie er wieder. Und dann waren die beiden irgendwie doch zusammen. Sie hielten sich an den Händen und liefen glücklich an einem riesengroßen Haus entlang, das auf einem Hügel stand. Kathleen hatte das Haus noch nie gesehen. Es war groß, von einer Steinmauer umgeben und überragte das Wasser. Die Jungs liefen lachend und schreiend zur Vorderseite des Hauses. Dann verschwanden sie, und Kathleen wachte auf.

»Da wußte ich«, sagt sie, »daß sich mein Vater diesmal nicht wieder erholen würde. Onkel Frank war gekommen, um ihn mitzunehmen, und Papa würde bald bei seinem Bruder im Himmel sein.«

Michael war noch einen Tag bei Bewußtsein, lächelte friedlich allen zu und sagte jedem, wie sehr er ihn mochte. Er war zufrieden, aber irgendwie zerstreut, als habe ein Teil von ihm bereits die Bindung zur Erde aufgelöst. An jenem Abend starb er.

Im Jahr darauf hatte Kathleen das intensive Verlangen, an die Ostküste zu fahren und Spuren aus der Vergangenheit ihres Vaters nachzugehen. Ihre Cousins dort würden sicherlich mehr wissen über das »Indian-Harbor-Haus«, wie ihr Vater es immer genannt hatte. Im Dezember 1992 unternahm sie schließlich die Reise. Ihre große irischstämmige Familie freute sich, sie kennenzulernen, und nach einigen Tagen schnitt sie das Thema bei einem Cousin an. »Ich möchte gern sehen, wo Papa großgeworden ist«, sagte sie zu ihm.

»Das sollst du auch«, versprach er.

Am nächsten Tag fuhren sie nach Greenwich in Connecticut zu einer Stelle am Long Island Sound. »Das ist Indian Harbor«, erklärte ihr Cousin.

»Aber wo …?« Kathleen schaute auf das blaue Wasser, und ihr schien das Herz stehenzubleiben. Da war doch genau dasselbe Haus, das sie im Traum gesehen hatte! Riesengroß und das Wasser überragend …

»Da wohnt jetzt niemand mehr«, sagte ihr Cousin, als er darauf zeigte. »Aber das ist die Stelle, an der dein Vater gewohnt hat.« Kathleen erinnerte sich an die hohe Steinmauer und den langen Seitenhof, wo die zwei kleinen Jungs herumgelaufen waren. Alles so, wie sie es im Traum gesehen hatte. Aber hier war sie noch nie gewesen. Sie hatte auch von diesem Haus nichts gewußt und kein Foto von ihm gesehen.

»Ich glaube, mein Vater und mein Onkel haben mir durch meinen Traum die Botschaft aus dem Himmel geschickt, daß sie zusammen und glücklich sind«, sagt sie heute. »Sie schicken ja immer noch Botschaften. Mein kleiner Neffe Andrew träumt dauernd von seinem Opa, obwohl er eigentlich noch zu klein ist, um sich an ihn erinnern zu können. Und einige meiner Cousins hatten ebenfalls Visionen von den beiden Männern.«

Einmal träumte Kathleen, sie befinde sich in einer Kirche. Am Altar stand ihr Vater, strahlend in vollem Ornat, und hielt einen Kelch in die Höhe. Als Symbol des Lebens. »Solange wir uns an ihn erinnern können, ist mein Vater nicht gestorben«, sagt sie. »Und ich glaube, er wird auch weiterhin zu besonderen Gelegenheiten kommen, um uns Trost zu spenden und uns wissen zu lassen, daß er noch in der Nähe ist.«

Beschützer im Dschungel

Ob ihr an uns denkt oder nicht – wir sind bei euch,
Oh, ihr Getauften. Rückhaltlos und ganz entschieden.
Wie Gott es will:
Immer, immer,
Niemals abgelenkt, niemals auf Ferien.

LUIGI SANTUCCI
Cain's Angel (Kains Engel)

Geschichten über Engel, die in Kriegszeiten gesehen werden, gibt es sehr viele. George Washington soll angeblich in Valley Forge einen Engel gesehen haben. Eine oft erzählte Begebenheit aus dem Ersten Weltkrieg handelt von den Engeln von Mons und der Weißen Kavallerie, Wesen in langen weißen Gewandungen, die die britischen Truppen begleiteten und den Vormarsch der deutschen Armeen aufhielten. Nach Israels Sechstagekrieg erzählte man sich eine Geschichte von einem israelischen Jeep-Konvoi, den zwei Männer auf eine Seitenstraße umgeleitet hätten. Nur die Insassen im ersten Jeep hätten die beiden gesehen. Als die Truppen dann auf dem Rückweg die Hauptstraße sondierten, stellten sie fest, daß diese stark vermint war.

Waren Engel auch in Vietnam mit dabei? Quang Nguyen ist sich dessen sicher.

1947, Quang war noch Teenager, bot ihm sein Onkel an, ihn und seinen eigenen Sohn zur Funkerausbildung nach

Paris zu schicken. Quang verließ daher seine wohlhabende Familie in Nordvietnam und zog zu seinen Verwandten nach Saigon. Bevor er nach Paris ging, besuchte er noch eine Schule der Adventisten des siebenten Tages. Er lernte englisch, nahm Bibelunterricht und bekannte sich schließlich zu der Sekte.

Als Quangs Onkel davon hörte, warf er seinen Neffen wutentbrannt aus dem Haus. Inzwischen war in Nordvietnam der Bürgerkrieg ausgebrochen, und Quang konnte nicht wieder nach Hause zurück. Die Adventisten nahmen ihn auf, er durfte in einem Klassenzimmer auf dem Fußboden schlafen und bei ihnen arbeiten.

»Das war eine ziemliche Veränderung für einen in Luxus aufgewachsenen Jungen«, sagt Quang. »Aber ich meinte, wenn Jesus als Gottes Sohn nichts daran gefunden hatte, körperlich zu arbeiten, warum sollte dann ich mich daran stoßen?«

Die Sektenmitglieder waren sehr gut zu Quang, und er sparte genügend Geld, um nach Singapur und später nach Bangkok zu gehen, wo er Labortechniker wurde. Schließlich bekam er ein Stipendium für ein Medizinstudium in den Vereinigten Staaten.

Zu der Zeit aber baten ihn die Adventisten in Saigon um seine Hilfe beim Aufbau eines Krankenhauses. »Sie waren so gut zu mir gewesen, daß ich nicht nein sagen konnte«, erklärt Quang. Er arbeitete mit den Ärzten und lernte sehr viel. Aber als er dann in die Vereinigten Staaten hätte gehen können, bekam er von der vietnamesischen Regierung kein Visum. Also wurde Quang Direktor des Krankenhauses.

In diesen Jahren fügte der lang andauernde Bürgerkrieg in Vietnam dem Land großen Schaden zu. Die Vereinigten Staaten verstärkten ihr Engagement und waren nicht mehr nur Berater, sondern schickten auch Truppen. Die Kämpfe verschärften sich.

Einige hundert Meilen nördlich von Quangs Saigoner Krankenhaus gab es einen Urlaubsort, der Da Lat hieß. Etwas weiter entfernt in den Bergen lebten primitive Stämme, die ihren eigenen Dialekt sprachen und nichts als Lendenschurze trugen. Einige von ihnen hatten mit den Adventisten in Da Lat Bekanntschaft geschlossen, und die hatten ihnen das Vietnamesische und die Christenlehre beigebracht. Diese wiederum bekehrten dann andere aus ihrem Dorf zu der neuen Religion.

Als nun der Krieg eskalierte, traf das diese Stämme schwer. Kommunistische Soldaten brannten ihre Hütten nieder, vernichteten ihre Ernten, töteten und verwundeten viele von ihnen. Tragischerweise waren die Stämme im Grunde von Hilfe abgeschnitten, da der Weg zu ihnen zu gefährlich war. »Der Vietcong hatte Truppen in den Dschungel geschickt, die alle Fremden töten sollten, auf die sie stießen«, erklärt Quang. In diese abgelegene Gegend zu fahren wäre Wahnsinn gewesen.

Aber als die Leute im Saigoner Krankenhaus von der Situation erfuhren, war ihnen klar, daß jemand den Dorfbewohnern Hilfe bringen mußte. Vier Personen meldeten sich freiwillig – der amerikanische Leiter der Mission, ein australischer Arzt, eine norwegische Krankenschwester und Quang als Dolmetscher. Der vietnamesische Pfarrer der Kirche in Da Lat beschloß ebenfalls, sich ihnen anzuschließen.

»Niemand hat das je versucht«, wandte ein Arzt ein. »Ihr werdet alle umgebracht.«
»Nein«, erwiderte einer der fünf langsam. »Gott wird uns einen Schutz schicken.« Die anderen nickten. Sie fühlten dasselbe. Die Reise war irgendwie gesegnet.
Zuerst beteten sie gemeinsam. Anschließend beluden sie einen Lieferwagen mit dringend benötigten Lebensmitteln, Saatgut und Korn sowie Medikamenten und fuhren nach Da Lat. Dort trafen sie auf etwa 30 Eingeborene, die für den Rest des Weges als Träger fungieren sollten, da die Dschungelpfade unbefahrbar waren.
»Wir machten uns auf und zogen zehn Stunden lang durch die Wildnis der Berge«, erinnert sich Quang. »Wir fünf spürten genau, in welch großer Gefahr wir uns befanden. Zweifellos beobachteten uns Vietcong-Soldaten, und wir erwarteten, daß sie uns in den Weg traten.« Sie wußten, daß sich schon andere Missionare in diese Gegend gewagt hatten und nie wieder gesehen wurden. Der Vietcong kannte keine Gnade, wenn jemand in sein Gebiet eindrang.
Das Dorf erreichten sie wohlbehalten. Aber die Eingeborenen bestätigten ihren Verdacht. In der Nähe befand sich eine Einheit von etwa 20 feindlichen Soldaten. Die waren schwer bewaffnet, suchten nach versteckten Gewehren oder Funkgeräten und hatten aller Wahrscheinlichkeit nach den Marsch durch den Dschungel beobachtet. Es war nur noch eine Frage der Zeit, bis sie aus dem Unterholz auftauchten und alle festnahmen.
Quang und die anderen glaubten nicht, daß dies geschehen würde. Hatten sie sich nicht seit Beginn ihres Marsches beschützt gefühlt? Hatten sie nicht »gebetet ohne Unterlaß«,

wie es die Bibel lehrt? Sie beschlossen, baden zu gehen und sich auszuruhen. »Wir gingen zu einem kalten Gebirgsbach«, erzählt Quang. »Als wir jedoch in seinem kühlen Wasser standen, kamen die Dorfbewohner erschrocken gelaufen – gefolgt von Soldaten.«
Unerbittlich und mit den Gewehren drohend befahlen sie den Missionaren, aus dem Wasser zu steigen und sich aufzustellen. Sie durchwühlten das Gepäck der Missionare auf der Suche nach Funkausrüstungen und Munition oder anderen Dingen, die eine Verbindung zur Regierung verraten hätten. Sie fanden nichts. Frustriert schaute einer der Soldaten auf.
»Wo sind die anderen?« wollte er wissen.
»Die anderen?« fragte Quang. »Meinen Sie die Leute aus dem Stamm?«
»Die nicht«, schrie ihn der Soldat an. »Die anderen aus eurer Gruppe.«
»Da gibt's keine anderen«, erläuterte Quang. »Nur wir fünf.«
»Nicht fünf. Zehn!« Der Soldat war unnachgiebig. Seine Leute nickten. »Ihr kommt mit. Sofort!«
Quang verließ der Mut. Es war fast dunkel, und er war sicher, sie würden sie mitnehmen, um sie einfach so umzubringen. Aber es blieb ihnen nichts anderes übrig, als zu folgen. »Berichtet dem Krankenhaus, was mit uns passiert ist«, befahl er den betroffenen Dorfbewohnern. Er und die anderen mußten einen weiteren Marsch antreten.
Sie erreichten schließlich ein Lager des Vietcong. Anstatt sie jedoch zu erschießen, gaben ihnen die Soldaten etwas zu essen und setzten sich zu ihnen. Folgende Erklärung kam dabei heraus: Wie Quang und die anderen vermutet hatten,

waren die Soldaten ihnen und den Trägern den ganzen Tag lang heimlich gefolgt und wollten sie noch vor Erreichen ihres Zieles umbringen. Wegen der »anderen fünf« aber hätten sie nicht schießen können. Es soll sich um große Männer in strahlendem Weiß gehandelt haben, die die Missionare während des gesamten Marsches begleitet hätten. Die Soldaten wären von diesen Unbekannten in ihrer leuchtenden Kleidung ganz fasziniert gewesen und hätten sich an ihnen nicht satt sehen können. »Wo sind die abgeblieben?« fragte einer erstaunt.

Quang wußte es. Was konnte sonst der Grund für das seltsame Gefühl von Ruhe und Sicherheit sein, das sie von Anfang an begleitet hatte? Aber wie konnte er diesen Männern Engel erklären?

Die Missionare schlossen ihre Aufgabe ab und kehrten ohne Zwischenfall nach Saigon zurück, zum allgemeinen Erstaunen derer, die von ihrem gefährlichen Marsch gehört hatten. Quang heiratete später eine Amerikanerin und lebt jetzt in Florida. Niemand hat je eine Spur von den mysteriösen Beschützern im Dschungel gefunden, aber seiner Meinung nach sind sie heute noch tätig.

Wunder am Himmel

Zwei Dinge erfüllen das Gemüt mit immer neuer und zunehmender Bewunderung und Ehrfurcht: Der bestirnte Himmel über mir und das moralische Gesetz in mir. — IMMANUEL KANT

Dallas Chopping ist mit Flugzeugen aufgewachsen. Schon als Zweijähriger saß er mit Kopfhörern bei seinem Vater auf dem Schoß im Cockpit und »flog«. Während andere Teenager für Autos sparten, kaufte sich Dallas ein Flugzeug. Als er dann zum Chefpilot bei einer Bergwerksfirma in Casper in Wyoming avancierte, war er genau dort, wohin er wollte.

Im Frühjahr 1987 erhielt Dallas einen ungewöhnlichen Auftrag. Ein Ingenieur der Firma, Michael Stevermer, und seine Frau Sandi hatten einen acht Monate alten Säugling, dem eine neue Leber eingepflanzt werden sollte. Der kleine Benjamin war mit einem Gallengangsverschluß geboren und schon mehrmals erfolglos operiert worden, um »Zeit zu gewinnen«, bis eine Spenderleber gefunden war. »Organe für Säuglinge bekommt man sehr selten«, erklärt Sandi Stevermer. »50 Prozent aller Säuglinge sterben beim Warten auf ein Transplantat.«

So ein Transplantat war jetzt für Benjamin die einzige Überlebenschance, und er stand auf den Wartelisten der Krankenhäuser in Omaha und Pittsburgh, die auf Transplantate für Säuglinge spezialisiert sind. Die Lutheran Brotherhood, eine Bruderschaft, die Spenden für Transplantate und andere Zwecke sammelt, hatte mehrere Benefizveranstaltungen durchgeführt, um von der Krankenkasse nicht mitgetragene Kosten zu bezahlen, und die Leute aus Wyoming hatten gern und viel gegeben.

Alles war vorbereitet – nur der Flug an sich mußte noch organisiert werden. Da die Stevermers so abgelegen wohnten, war es unwahrscheinlich, daß sie sofort eine normale Fluggelegenheit zu *irgendeinem* medizinischen Zentrum bekommen würden, insbesondere innerhalb der kurzen Zeitspanne, in der eine Operation erfolgen mußte (gewöhnlich sieben bis acht Stunden nach Verfügbarkeit des Spenderorgans). Auch auf das Wetter konnte man sich nicht verlassen. Als Michael und Sandi einige Monate zuvor Benjamin zu einer Untersuchung nach Denver bringen wollten, hätten sie infolge starken Schneefalls fast ihren Flug verpaßt.

»Die Stevermers tragen jetzt Piepser und warten auf einen Anruf aus einem der Krankenhäuser«, sagte der leitende Geschäftsführer der Firma zu Dallas' Flugabteilung, »und wenn einer kommt, ermächtigen wir Sie, unser Flugzeug zu benutzen bzw. alles Notwendige zu tun, um sie an ihren Bestimmungsort zu bringen.«

Dallas war bisher vom Bundesstaat Mississippi aus selten nach Osten geflogen. Aber das machte nichts; operiert wurde sicherlich in Omaha, weil das näher lag. Es vergingen jedoch sechs Monate, ohne daß die Stevermers nachfragten. Dallas hatte sie schon fast wieder vergessen, als an einem

Spätnachmittag im Herbst das Telefon klingelte, während er gerade in seiner Garage arbeitete.
»In Pittsburgh haben sie eine Leber für Benjamin«, sagte Michael Stevermer aufgeregt zu ihm. »Können wir dort hinfliegen?«
»Wir treffen uns sofort auf dem Flughafen.« Dallas legte auf. Pittsburgh! Viel weiter, als er erwartet hatte. Er besaß auch nicht die erforderlichen Karten. Vielleicht könnte das Firmenflugzeug sie rechtzeitig hinbringen? Als Dallas jedoch seinen Flugplaner anrief, erfuhr er, daß das Firmenflugzeug im Einsatz war und nur eine kleine Turbopropmaschine zur Verfügung stand. Sie flog aber nicht schnell genug und müßte auch noch unterwegs aufgetankt werden, so daß kostbare Zeit draufgegangen wäre.
Schlimmer noch waren die Wetteraussichten. Er würde nicht nur in starken Wind hineinfliegen – über Chicago standen auch noch Gewitter, und für Pittsburgh war Schnee angesagt.
Das ganze Unternehmen begann schiefzugehen. Er konnte doch nicht zu einem Flug starten, von dem er wußte, daß er ihn nicht abschließen würde ... Dallas dachte an seine eigenen zwei kleinen Kinder. Wie würde ihm das vorkommen, wenn *deren* Leben von anderen abhängen würde?
Nein, er wollte nicht aufgeben, bevor er es nicht wenigstens versucht hätte. Besorgt dachte er nach. Vielleicht sollte er mit der Turbopropmaschine *starten* und die Stevermers unterwegs in eine schnellere Maschine umsteigen lassen?
Dallas führte von zu Hause aus mehrere Telefongespräche, um zu versuchen, ein Charterflugzeug ausfindig zu machen. Aber er hatte kein Glück. Er wollte es unterwegs noch ein-

mal probieren. Er fuhr zum Flughafen, und kurz darauf befand er sich mit »Lifeguard 205« und seinen drei wertvollen Passagieren auch schon in der Luft.
Die Stevermers hatten viel zuviel mit sich selber zu tun, um zu bemerken, wie besorgt Dallas war. »Der Anruf aus Pittsburgh war um 15.30 Uhr gekommen, aber ich verlor Zeit, weil ich Michael erst noch auf seiner Arbeitsstelle ausfindig machen mußte«, erzählt Sandi. »Die Nachbarn haben mir schnell beim Packen geholfen und mich zum Flughafen gebracht, wo ich ihn dann traf. Wir konnten Benjamin nichts zu essen und auch nichts zu trinken geben, und er war unausstehlich, bis er dann im Flugzeug einschlief. Ich kannte die Besatzung der Maschine sowieso nicht und hatte nur Gedanken für das ganze Hin und Her. Daher kam es mir überhaupt nicht in den Sinn, daß wir es vielleicht nicht rechtzeitig nach Pittsburgh schaffen könnten.« Erschöpft betete Sandi, wie sie es schon seit Beginn der Krankheit ihres Kindes getan hatte: »Lieber Gott, ich kann doch Ben nicht noch mehr durchmachen lassen. Wenn Du ihn zu Dir nehmen willst, tu es. Ich lege ihn voll und ganz in Deine Hände.« Dann überkam auch sie der so dringend benötigte Schlaf.
Im Cockpit jedoch ging es nicht ganz so ruhig zu. »Erstens fanden der Kopilot und ich kein Charterflugzeug zum Umsteigen«, erinnert sich Dallas. »Weiterhin hatte Mike mir gesagt, Pittsburgh hätte ihn davon informiert, daß Benjamin innerhalb von sechs Stunden im Krankenhaus sein müsse, da sonst ein anderes Kind die Leber bekommt.« Sechs Stunden! Dallas wußte nicht, wieviel Zeit verlorengegangen war, um Michael ausfindig zu machen. Das Ganze schien immer unmöglicher zu werden.

Das Schlimmste war der Gegenwind. »Stellen Sie sich das wie einen rollenden Bürgersteig vor«, erklärt Dallas. »Wenn man auf so einem mit fünf Stundenkilometern dahinrollenden Bürgersteig mit einer Geschwindigkeit von fünf Stundenkilometern läuft, legt man in Wirklichkeit zehn Kilometer pro Stunde zurück. Geht man jedoch in die *entgegengesetzte* Richtung dieses Bürgersteiges, steht man in Wirklichkeit still.« So eine Wirkung hatte auch hier der Gegenwind. Obwohl das Flugzeug mit 240 Knoten (etwa 435 Stundenkilometer) flog, legte es infolge des Gegenwinds nur 190 Knoten zurück.

»Ich hatte ein flaues Gefühl im Magen«, erzählt Dallas, »denn ich wußte, ich müßte den Stevermers sagen, daß alles keinen Zweck hatte.« Sie waren etwas nach 17 Uhr (19 Uhr in Pittsburgh) abgeflogen und hatten somit weniger als fünf Stunden für einen Flug, der seinen Berechnungen nach mindestens sieben Stunden dauern würde. Das war nicht zu schaffen. Auch nicht mit einem Wunder. Dallas schaltete auf den Autopiloten um, lehnte sich zurück und schloß die Augen. »Vater im Himmel, wir brauchen Hilfe«, betete er still. »Dieses Kind muß rechtzeitig ins Krankenhaus.«

Fast sofort ging ein Zittern durch das Flugzeug. Pilot und Kopilot schauten ungläubig auf das Meßgerät für die Bodengeschwindigkeit. Sie flogen immer schneller. Erst 240 und dann erstaunliche 340 Knoten. Da hörte das Zittern auf. Die Stimme des Luftverkehrskontrolleurs von Denver durchbrach die Stille. »Lifeguard 205, Sie sind erheblich schneller geworden. Alles okay?«

»Großartig!« erwiderte Dallas, noch immer erstaunt darüber, daß sich der Wind so plötzlich und so gründlich ge-

dreht hatte. »Wir haben 80 bis 100 Knoten im Rücken, und alles funktioniert reibungslos.«
Piloten größerer Flugzeuge hatten diesen ungewöhnlichen Vorgang auch bemerkt. »Was ist denn da los?« fragten sie einander über Funk. »Heute abend ist auch alles verrückt!«
Dallas wußte, daß sich der Wind zuweilen plötzlich und kräftig dreht. Aber äußerst selten. Und die Chance, dabei im richtigen Augenblick an der richtigen Stelle zu sein, war sogar noch geringer.
Doch vor ihm lagen weitere Hindernisse. Besonders die in Chicago zu erwartende Kaltfront. Wenn sich Kaltluft unter Warmluft schiebt, gibt's ein Gewitter, und das kleine Flugzeug würde kostbare Zeit verlieren, es zu umfahren. Sie näherten sich jetzt dieser Kaltfront und konnten sie wie einen grauen Keil am sternklaren Himmel erkennen. Jedoch ihr Radargerät meldete keine Sturmtätigkeit. »Vater im Himmel«, murmelte Dallas wieder. »Du hast die Verantwortung, und Du weißt, was wir nötig brauchen.«
Die Front kam immer dichter heran ... Aber – es war kaum zu glauben – als sie sich ihr näherten, war sie nur noch dünner Nebel, der langsam in der Dunkelheit verwehte. Kein Gewitter. Nichts mußte erst lange umflogen werden.
Das Flugzeug zog friedlich am Himmel dahin. Nur noch etwas über 300 Kilometer bis nach Pittsburgh. Eigentlich hätte Dallas jetzt nachtanken müssen. Doch der ungewöhnliche Rückenwind hatte das Flugzeug derart schnell vorangebracht, daß noch genug Treibstoff vorhanden war. Sie wollten eigentlich auf dem Allegheny County Airport landen, weil der näher am Krankenhaus lag als der überfüllte Pittsburgher Flughafen. Jedoch das ergab neue Probleme. »Der

Kontrollturm von Allegheny schloß um Mitternacht. Das war normal«, erzählt Dallas. »Aber es wäre niemand vom Bodenpersonal dagewesen, um uns zu sagen, wo wir die Maschine parken und auf den Krankenwagen warten sollen.« Den zu finden hätte auch wieder kostbare Zeit gekostet. Und schneite es in Pittsburgh? Bei geringer Sichtweite hätte er einen zeitaufwendigen Landeanflug mit Hilfe seiner Instrumente machen oder sogar den Flughafen wechseln müssen. Aber wiederum schien jemand anders alle Entscheidungen für sie zu treffen. Durch Dallas' Funkgerät kam knatternd der neueste Wetterbericht. Pittsburgh war klar und die Sicht unbegrenzt. Es hatte auch nicht geschneit. »Oh, und übrigens, Lifeguard 205«, fügte der Kontrolleur wie beiläufig hinzu, »der Turm bleibt offen, bis Sie kommen. Und Ihr Krankenwagen steht bereit.«
Schließlich rollte das kleine Flugzeug zu einem Halteplatz, seine Passagiere purzelten förmlich hinaus und rannten zu den blinkenden roten Lichtern des Krankenwagens. »Auf Wiedersehen und vielen Dank!« Sandi drehte sich um und winkte Dallas zu. Es war geschafft. »Gott sei mit Ihnen«, rief er. »Wir werden für Sie beten.«

Der kleine Ben Stevermer erhielt in Pittsburgh eine neue Leber und war zu Weihnachten wieder gesund zu Hause. Als er zweieinhalb Jahre alt und die Familie inzwischen in den Mittleren Westen gezogen war, erhielt er überraschend einen Brief von Dallas Chopping. »Ich dachte, ich warte lieber noch, bis Du wieder ganz gesund bist, um Dich wissen zu lassen, was für einen besonderen Flug Du da mitgemacht hast …«, begann der Brief.

Erst da wurde Sandi und Michael eigentlich so richtig klar, was sich ereignet hatte. Und wenn Benjamin größer wird, wollen sie ihm mehr erzählen über den Abend, an dem ihm sein himmlischer Vater, einige Pittsburgher Chirurgen und ein gläubiger Pilot ein Wunder beschert haben. Sie werden erklären, daß das Flugzeug zu klein und das Wetter zu schlecht war, daß der Treibstoff nicht ausreichte … und ein siebenstündiger Flug irgendwie nur viereinhalb Stunden gedauert hat.

Denn mit Gott ist nichts unmöglich.

Nachwort

Von der Vergangenheit mußt du wissen, daß alles bisher Geschehene dazu beigetragen hat, dich zu dem jetzigen Augenblick zu bringen, und daß du dich in diesem Augenblick dazu entschließen kannst, alles neu zu machen. Gerade jetzt.

MONICA, *in Touched by an angel*
(Von einem Engel berührt)

Zuweilen fällt es schwer, Gottes Stimme zu hören. Warum sollte Er auch zu uns sprechen? fragen wir uns. Sollte Er nicht lieber seine Zeit mit Weisen, Heiligen und denen verbringen, die es verdient hätten? Aber Gott liebt alle Seine Kinder. Er hat einen Plan für jeden von uns, und in dem will Er der ganz besondere Teil sein. »Denn ich weiß wohl, was ich für Gedanken über euch habe, spricht der HERR: Gedanken des Friedens und nicht des Leides, daß ich euch gebe das Ende, des ihr wartet.« (Jeremia 29,11)
Was flüstert Gott dir zu? Vielleicht sagt Er: »Komm näher heran. Öffne mir die Tür zu deinem Herzen. Versuch nach meinen Gesetzen zu leben. Wenigstens für heute.«
Natürlich kann das ein Risiko sein. Es fällt schwer, alte Haltungen zu verändern, zu lernen, zu vergeben, Verpflichtungen zu erfüllen, sich für die Gerechtigkeit einzusetzen, anderen Mitgefühl und Erbarmen entgegenzubringen und nein zu etwas zu sagen, was der leichte Weg zu sein scheint, weil wir

wissen, daß es nicht Sein Weg ist ... *Hingabe, Gehorsam und dienen wollen* sind keine Worte von dieser Welt. Sind sie aber nicht doch die einzige Möglichkeit, die Welt zu *verändern*, schrittweise vielleicht und bei uns selbst beginnend? Sind sie nicht die einzige Möglichkeit, Seine Stimme, Seine Hände, Sein Herz zu werden?

Wenn wir Ihn leiten lassen, geschieht seltsamerweise immer etwas. Allmählich erleben wir um uns herum kleine Zeichen, liebevoll gefügte Zufälle und richtige Entscheidungen, die wie kleine Wellen auf einem Teich immer größer werden und wie ausgebrachte Saaten immer mehr Früchte bringen. Nicht immer nach unserem Zeitplan; nicht immer so, wie wir es erwarten. Aber sie sind *da*. Dann erfüllt es uns mit Ehrfurcht, wie wunderbar alles ist, wie Türen aufgehen, wenn wir anklopfen, wie wir Wunder suchen und auch finden, weil wir uns endlich dazu entschlossen haben, ja zu sagen.

Dann erhaschen wir einen Blick in den Himmel und verstehen seine unvergängliche Wahrheit, daß wir in dieser Welt des Wandels und der Finsternis nichts zu befürchten haben. Er ist immer da. Und Sein Licht ist ewig. Seine Liebe setzt sich durch.

Anmerkungen

1 Roberts Liardon, *I Saw Heaven* (Tulsa, OK; Harrison House, 1983), S. 17.

2 Rex Hauck, Hrsg., *Angels, The Mysterious Messengers* (New York, Ballantine Books, 1994), S. 97.

3 *In the Company of Angels*, Video (Harrison, NY, Ignatius Press, 1995)

4 Diese Geschichte wurde erstmalig von Arvin S. Gibson für sein Buch *Glimpses of Eternity* (Bountiful, UT, Horizon Publishers, 1992) dokumentiert. Wie er mitteilt, ist Ann jetzt erwachsen und möchte anonym bleiben. Leukämie hat sie nicht wieder bekommen.

5 Lew Baker ist Begründer der Open Hands Prison Ministries, einer geistlichen Mission für Alkoholiker in Gefängnissen. Weitere Informationen erhalten Sie unter P. O. Box 201, Pine Valley, NY 14872.

6 Pythia Peay, »Heaven Sent«, *The Washingtonian*, Dezember 1993, S. 90.

7 Interessenten für eine Tages- oder Abendveranstaltung bzw. für eine Gemeindemission können sich an Deacon Bruce unter der Telefonnummer (800) 375-4561 wenden oder unter P. O. Box 149521, Orlando, FL 32814-9521 an die Simpsons schreiben.

8 Ich möchte mich bei Terry (Teresita) Joaquin Buchholtz, Patricia Joaquin-Burkhalter und Patricias Tochter Kathleen Burkhalter Bell für ihre Hilfe beim Nacherzählen dieser Geschichte bedanken. Kathleen Bell als Herausgeberin des *Cheerful Cherub*, einer Zeitschrift für katholische Familien, hat kürzlich die Firefly Press

(Leuchtkäferpresse) gegründet, »die wir so getauft haben, damit das herrliche Wunder, das unsere Familie erlebt hat, nicht in Vergessenheit gerät.« Weitere Informationen zu Kathleens Veröffentlichungen erhalten Sie über P. O. Box 262302, San Diego, CA 92196.

9 Durch Mickey Robinsons Vorträge lernen Menschen ihre Möglichkeiten, Begabungen und Talente kennen. Informationen dazu oder über sein in Kürze erscheinendes Buch *Falling to Heaven* erhalten Sie über Sea-gate Publications and Events, 5409 Wayneland Dr. Jackson, MS 39211.

Bibliographie und Quellenangaben

SACHBÜCHER

Callanan, Maggie, and Patricia Kelley. *Final Gifts: Understanding the Special Awareness, Needs, and Communications of the Dying*. New York, Poseidon Press, 1992.

Brown, Michael. *The Trumpet of Gabriel*. Milford, OH, Faith Publishing Company, 1994.

—. *The Final Hour*. Milford, OH, Faith Publishing Company, 1992.

Dossey, Larry. *Healing Words: The Power of Prayer and the Practice of Medicine*. San Francisco, HarperSanFrancisco, 1993

Finley, Mitch. *Whispers of Love: Encounters with Deceased Loved Ones*. New York, Crossroad Publishing, 1995.

Fullman, Lynn Grisard. *Alabama Miracles*. Birmingham, AL, Seacoast Publishing, Inc., 1994.

Groeschel, Benedict. *A Still Small Voice: A Practical Guide on Reported Revelations*. San Francisco: Ignatius Press, 1993.

Kreeft, Peter. *Angels and Demons*. San Francisco, Ignatius Press, 1995.

Lewis, C. S. *Miracles*. New York, Macmillan, 1947.

Dr. Morse, Melvin, mit Paul Perry. *Parting Visions*. New York, Villard Books, 1994.

Sanford, John A. *Dreams, God's Forgotten Language*. Philadelphia and New York, J. B. Lippincott Company, 1968.

Schlink, M. Basilea. *Nature Out of Control?* Harpenden, Herts, England, Kanaan Publications, 1994.

Sellier, Charles. *Miracles and Other Wonders*. New York, Dell Publishing, 1994.

Spangler, Ann. *An Angel a Day*. Grand Rapids, MI, Zondervan Publishing House, 1994.

Tyler, Kelsey. *It Must Have Been a Miracle*. New York, Berkley Publishing Group, 1995.

PROSALITERATUR

Pochocki, Ethel. *The Wind Harp and Other Angel Tales*. Cincinnati, OH, St. Anthony Messenger Press, 1995. Eine Liste von Büchern über Engel und Wunder erhalten Sie nach Einsendung eines mit Adresse versehenen frankierten Umschlags an Mamre Press, 107 Second Ave., Murfreesboro, TN 37130.

VERÖFFENTLICHUNGEN

Angels Magazine, GCR Publishing Group, Inc-. 1700 Broadway, New York, NY 10019; Quartalsschrift.

Angels on Earth Magazine, Guideposts, P. O. Box 856, Carmel, NY 10512; Zweimonatsschrift.

ORGANISATIONEN

Angel Collectors Club of America, 16342 W. Fifty-fourth Ave., Golden, CO 80403 (einschließlich staatlicher Filialen).

AngelWatch (Clearingstelle für Informationen über Engel; ein Mitteilungsblatt erscheint alle 14 Tage), P. O. Box 1362, Mountainside, NJ 07092. (908) 232-5240.

International Association of Near Death Studies, P. O. Box 502, East Windsor Hill, CT 06028. (860) 528-5144.

Nachwort der Verfasserin

Ich bin immer daran interessiert, von Menschen zu hören, die Geschichten von Engeln, Heilungen, erhörten Gebeten, Wundern und anderen himmlischen Geschehnissen zu erzählen haben. Schreiben Sie bitte an P. O. Box 127, Prospect Heights, IL 60070, und ich werde mich mit Ihnen in Verbindung setzen, wenn ich in meinen künftigen Arbeiten einen Platz für Ihre Geschichte finde.

J. W. A.